土地增值税风险防控及争议解决研究

廖仕梅 著

Study on Risk Prevention and Dispute Resolution of Land-value Increment Tax

法律出版社
LAW PRESS·CHINA
北京

图书在版编目(CIP)数据

土地增值税风险防控及争议解决研究 / 廖仕梅著
. -- 北京 : 法律出版社, 2022
ISBN 978 - 7 - 5197 - 7198 - 0

Ⅰ. ①土… Ⅱ. ①廖… Ⅲ. ①土地增值税 - 税收管理 - 风险管理 - 研究 - 中国 Ⅳ. ①F812.424

中国版本图书馆 CIP 数据核字(2022)第 191188 号

土地增值税风险防控及争议解决研究
TUDI ZENGZHISHUI FENGXIAN FANGKONG JI ZHENGYI JIEJUE YANJIU

廖仕梅 著

策划编辑 沈小英
责任编辑 毛镜澄 王美懿
装帧设计 李 瞻

出版发行 法律出版社
编辑统筹 法治与经济出版分社
责任校对 李慧艳
责任印制 吕亚莉
经 销 新华书店

开本 710 毫米×1000 毫米 1/16
印张 16.5 字数 293 千
版本 2022 年 12 月第 1 版
印次 2022 年 12 月第 1 次印刷
印刷 固安华明印业有限公司

地址:北京市丰台区莲花池西里 7 号(100073)
网址:www.lawpress.com.cn
投稿邮箱:info@lawpress.com.cn
举报盗版邮箱:jbwq@lawpress.com.cn

销售电话:010 - 83938349
客服电话:010 - 83938350
咨询电话:010 - 63939796

书号:ISBN 978 - 7 - 5197 - 7198 - 0
定价:89.00 元
凡购买本社图书,如有印装错误,我社负责退换。电话:010 - 83938349

前　言

土地增值税是以纳税人转让国有土地使用权、地上建筑物及其附着物(以下简称转让房地产)所取得的增值额为征税对象,依照规定税率征收的一个种税。

土地增值税的征税对象并不局限于“土地”。土地增值税除对土地的增值额征税外,还对房屋的增值额征税。而且,当房地一体时,一般不分别计算土地、房屋各自的增值金额。只有当转让旧房,且转让方不提供购房发票,采用评估方式征收土地增值税时,才会将土地的扣除金额与房屋的扣除金额分别确定,但计算增值额时,仍然会将两者合并计算。①

计算土地增值税的“增值额”并不是纳税人取得的真实增值额。这种“不真实”主要源于清算单位、成本分摊方法以及征管方式等因素。清算单位划分标准不同,计算出来的增值额不同;不同的成本分摊方法会导致各清算单位可以扣除的成本不一样,最终计算出来的增值额也不一样。我国的税收征管方式有两种,分别为查账征收与核定征收。土地增值税的征收既不是纯粹的查账征收,也不完全是核定征收,是查账征收与核定征收的混合体。例如,开发房地产项目的管理费用、销售费用,并不按房地产开发企业的实际支出扣除,而是按照确定的比例进行计算扣除;当某些开发项目的销售收入较低时,税务机关会以纳税人申报的计税依据明显偏低且没有正当理由给纳税人核定一个较高收入;有的支出确实发生,但税务机关认为与开发项目没有联系而拒绝作为成本予以扣除。因此,划分清算单位、选择成本分摊方法、计算扣除金额等方式会使纳税人实际取得的增值额与计算出来的增值额不

① 黄茂荣教授认为,“房屋只有因时间经过而折旧,无增值之可能”。参见黄茂荣:《不动产税及其对不动产产业的经济引导》,载《中国法学》2008 年第 4 期。

一致。

对于转让不动产且利润率高的纳税人来说,会面临较沉重的土地增值税负担,土地增值税税负可能会高出企业所得税、增值税。以“清澜钛矿案”为例,清澜钛矿公司通过拍卖划拨取得的土地使用权取得收入3631余万元,被税务机关要求缴纳土地增值税2166余万元,[①]土地增值税占总收入的比例为59.7%。这并非个案,因为土地增值的税率为30%~60%。而且,有些房地产开发项目实际上没有增值,但由于有些支出不能扣除、有些没有取得收入的被认定为收入等各种原因,导致纳税人需要缴纳土地增值税。因此,土地增值税纳税义务人的税负压力较大。

从税务机关的角度来看,土地增值税的征管是一项繁重的工作负担。由于房地产开发、销售的持续时间较长,监管难度大,加之制度较复杂,导致征管成本高、周期长。因此,税务人员对土地增值税的征管积极性不高。国家税务总局2013年曾专门发文,要求各地税务机关对积压未清算的项目进行全面清理,对不符合核定征收条件的不能核定征收。[②]

目前,查账征收已基本取代核定征收,税务机关执法行为日益规范化,纳税人也更加注重纳税行为的合规性。但是,土地增值税立法有待进一步完善,加上前述诸多因素,导致纳税人与税务机关发生争议,给房地产开发企业甚至税务机关带来了涉税风险。因此,坊间称土地增值税为“土地争执税”。

对于这样一个风险丛生、争执几乎贯穿房地产开发项目自取得土使用权,到汇算清缴全过程的税种,几乎无人从法学角度对其进行系统性研究,究其原因,可能在于研究难度太大。

土地增值税与企业所得税、增值税、印花税、城镇土地使用税、耕地占用税等其他税种关系密切,假如对这些税种法不熟悉,很难理解土地增值税法。但是,土地增值税在计税规则上与其他税种又有很大的区别,如同样的收入,企业所得税、增值税与土地增值税确认的收入金额不一样,同样的支出,不同税种认可的支出金额也不一样,较容易造成混淆。

---

① 海南省文昌市人民法院行政判决书,(2018)琼9005行初42号。

② 国家税务总局《关于进一步做好土地增值税征管工作的通知》(税总发〔2013〕67号)。

土地增值税的征缴建立在纳税人的会计账簿之上，但同一笔收入与支出，会计准则与土地增值税法规的规定也不一致。研究者需要分析已被财会人员计入各会计科目的收入与支出是否符合会计准则，在确定符合会计准则的前提下，再分析这些支出应当放在土地增值税的哪个扣除项目中扣除。

比如，利息支出，财会人员会依据会计准则如实记载，但企业所得税与土地增值税在汇算清缴时一般不会如实扣除。在企业所得税汇算清缴时要关注的是哪些利息应当在支出当期扣除、哪些应当资本化、利息支出是否符合债资比要求、利率是否低于金融企业同期同类贷款利率等。而在土地增值税汇算清缴时，则要关注这些利息支出是否已全部从开发成本中剔除，对于未超过商业银行同期同类贷款利率的，是否能提供金融机构证明，是否能够按转让房地产项目计算分摊等。

想深入研究土地增值税法，研究者应该做到以下几点：一是精通各税种法，有一定的财会知识，能很好地辨析纳税人的财务会计账簿记载的内容是否科学，能厘清各税种法之间的关系；二是对土地管理、城市房地产管理、物权等涉及不动产的法规有深入研究；三是了解一定的评估知识，能厘清土地成本分摊等问题。

笔者已从事税法教学 10 余年，且在从事教学科研的同时代理过一些争议较大的涉税疑难案件，深感土地增值税法的深入研究刻不容缓。希望本书能起到抛砖引玉的作用，若各位发现有不足之处或不同观点，请提出宝贵的批评意见。

廖仕梅

2022 年冬于北京

目　录

导　论 001

第一章　土地增值税纳税主体概述 007

第一节　不同纳税主体的土地增值税纳税申报流程 007

第二节　不同纳税主体的计税方法 011

第三节　房地产开发流程与土地增值税的关系 012

第四节　房地产开发企业财务核算特点与土地增值税的关系 015

第二章　因收入确认引发的风险及争议 016

第一节　因分解销售收入引发的风险 016

第二节　因土地增值税应税收入选用不当引发的风险 017

第三节　因项目公司引发的风险 021

第四节　因政府收回土地使用权引发的争议 023

第五节　因申报的计税依据明显偏低且无正当理由引发的争议 037

第三章　因扣除项目引发的风险及争议 060

第一节　因普通住宅认定标准引发的风险 060

第二节　因税金扣除引发的风险 066

第三节　因利息支出引发的风险 068

第四节　因红线外支出引发的风险 070

第五节　因发票备注栏引发的争议 075

第六节　因转让在建工程引发的争议 076

第七节　因土地成本分摊引发的争议 080

第四章　因收入确认与项目扣除引发的风险及争议 095
第一节　因土地出让金返还引发的风险 095
第二节　因拆迁安置房引发的争议 097
第三节　因停车库(位)引发的争议 101
第四节　因向政府交付保障性住房引发的争议 111

第五章　因其他原因引发的风险及争议 119
第一节　因甲供工程引发的风险 119
第二节　司法拍卖中由受让方缴纳土地增值税引发的争议 121
第三节　因以股权形式转让房地产引发的争议 134
第四节　因转让旧房引发的争议 143
第五节　因土地增值税纳税义务发生时间引发的争议 158
第六节　因先税后证引发的争议 161
第七节　因以土地使用权投资入股引发的争议 168
第八节　因预缴土地增值税引发的争议 172
第九节　因土地增值税清算单位引发的争议 177
第十节　因尾盘处理引发的争议 187

第六章　引发风险及争议的原因分析 190
第一节　部分规范性文件的合法性问题 190
第二节　税务机关执法的规范性问题 196
第三节　纳税人税法遵从度有待提高 199
第四节　民法和税法就同一事实的认定不一致 201

第七章　争议解决机制及风险规避措施 206
第一节　争议解决机制 206
第二节　规避税收风险措施 217

结 语 221

参考文献 222

附件:土地增值税纳税申报表(修订版) 229

土地增值税项目登记表(从事房地产开发的纳税人适用) 229

土地增值税纳税申报表(一)(从事房地产开发的纳税人预征适用) 231

土地增值税纳税申报表(二)(从事房地产开发的纳税人清算适用) 233

土地增值税纳税申报表(三)(非从事房地产开发的纳税人适用) 238

土地增值税纳税申报表(四)(从事房地产开发的纳税人清算后尾盘销售适用) 242

土地增值税纳税申报表(五)(从事房地产开发的纳税人清算方式为核定征收适用) 247

土地增值税纳税申报表(六)(纳税人整体转让在建工程适用) 250

土地增值税纳税申报表(七)(非从事房地产开发的纳税人核定征收适用) 254

导　论

为了运用税收杠杆引导房地产经营的方向，规范房地产市场的交易秩序，合理调节土地增值收益分配，维护国家权益，促进房地产开发的健康发展，国家设立土地增值税，对转让国有土地使用权、建筑物及其附着物所取得的增值额征税。①

土地增值税的高税率，导致增值率高的房地产开发项目税负很重。因此，专业人士更愿意从税收的角度研究筹划方案，以帮助房地产开发企业合法地减轻税负。但由于土地增值税的某些方面立法有待完善，各地制定不同的规范性文件，各省市，甚至各区县的征管依据不一样，税收筹划方案不但难以帮助纳税人，反而会使原本应当享受的优惠政策有时难以落实。

仅从税收或者财会的角度分析这些规范性文件，很难找出症结所在。因为税收不仅是一个税务问题，还是一个法律问题。因此，有必要从法学角度去归纳总结这些风险与争议的具体表现形式，找出产生风险与争议的原因，并就争议的解决与风险的规避提出一些建设性意见。目前，从法学角度分析土地增值税征纳双方面临的风险点、争议焦点的文章并不多。

本书围绕土地增值税，主要从立法宗旨、法律基本原则、保护纳税人合法权益、依法行政等视角，综合运用税法及其他部门法、税收、财会等知识，就征纳双方面临的重大疑难问题逐一进行剖析。在深入研究 60 余个案例的基础上，找出产生风险及争议的原因并提出解决问题的思路与方案。

本书站在客观、公正立场上，尽量厘清税务机关与纳税人之间权力与权利的关系，既保护纳税人的权益，也维护税务机关的权威；在不枯竭税源、不伤及税本的前

① 参见国家税务总局《关于印发〈土地增值税宣传提纲〉的通知》（国税函发〔1995〕110 号）。

提下，讨论如何更好地保证国家税收及时足额入库；在各部门存在冲突、法律法规之间不协调的时候，也注重对纳税人利益的保护。

一、主要内容

土地增值税应纳税额 = ∑（每级距的土地增值额 × 适用税率），税率取决于增值额与扣除项目金额的比率，增值率越高，税率越高。增值额 = 收入 − 扣除项目金额，纳税人的税负在很大程度上取决于增值额。因此，土地增值税的风险和争议主要集中在收入与扣除项目金额的确认上，故本书主要从收入确认、项目扣除的角度分析涉税风险与争议焦点。

1. 第一章介绍不同纳税主体的申报纳税流程、不同纳税主体的计税方法、房地产开发流程与土地增值税的关系、房地产开发企业财务核算特点与土地增值税的关系。此部分内容以介绍为主，目的是为后面的论述做好铺垫。

2. 第二章分析收入确认引发的风险及争议，为本书的重要章节，具体探讨了以下内容：

（1）因分解销售收入引发的风险。分解房地产销售收入有被认定为违法行为的风险，被分解的房地产销售收入则有被征土地增值税的风险。

（2）因土地增值税应税收入选用不当引发的风险。房地产企业一般纳税人可以选择实际缴纳增值税基数的销售额和增值税专用发票上记载的销售额作为计算土地增值税收入的依据，选择前者有多预缴土地增值税的风险，选择后者有多缴土地增值税的风险。

（3）因项目公司引发的风险。项目公司不能扣除土地成本的风险；因被视同销售产生了土地增值税风险。

（4）因政府收回土地使用权引发的争议。土地储备中心与纳税人签订的土地使用权收回协议是否属于行政协议？衡量“国家建设需要”的标准是什么？如何证明土地使用权“被政府收回”？如何认定自行转让？什么情况属于“旧城改造”？免征土地增值税是否应当以税务机关审核为前提？免征土地增值税是否应当以资料备案为前提？

（5）因申报的计税依据明显偏低且无正当理由引发的争议。什么情况属于计税依据明显偏低？什么情况属于无正当理由？税务机关应当采用什么核定方法？

3. 第三章分析扣除项目引发的风险及争议，为本书的重要章节，具体内容如下：

（1）因普通住宅认定标准引发的风险：普通住宅标准制定主体不合法给税务机关带来的风险；普通住宅认定标准不考虑成交价格导致偏离立法本意的风险；将成交价格作为认定普通住宅标准之一带来的不确定性风险；因普通住宅认定标准变动引发的风险；因容积率的计算引发的风险。

（2）因税金扣除引发的风险：因城镇土地使用税扣除引发的纳税风险；因印花税扣除引发的税收执法风险。

（3）因利息支出引发的风险：错误地将利息放在开发成本中扣除的风险；将土地增值税利息扣除标准与企业所得税利息扣除标准混淆的风险。

（4）因红线外支出引发的风险：政府有关责任人被追究法律责任的风险；房地产开发企业有不能扣除红线外支出的风险；税务机关有被起诉的风险；相关规范性文件有被审查的风险。

（5）因发票备注栏引发的风险：发票备注栏不符合要求导致相关支出不能扣除的风险。

（6）因转让在建工程引发的争议：为什么要讨论在建工程？何为在建工程？在建工程转让方和受让方是否都应该享受20%的加计扣除？

（7）因土地成本分摊引发的争议：有哪些土地成本分摊方法？怎么选择土地成本分摊方法？地下建筑物的土地成本应该如何分摊？商品房配套保障性住房的土地成本应该如何分摊？

4. 第四章分析收入确认与项目扣除引发的风险及争议，为本书的重要章节，具体内容如下：

（1）土地出让金返还引发的风险：房地产开发企业将返还款计入收入，导致多缴土地增值税的风险；非从事房地产开发的纳税人将返还款计入收入，导致多缴企业所得税和契税的风险。

（2）因拆迁安置房引发的争议：如何分摊拆迁安置房的收入？如何选择可参照价格？如何分摊拆迁安置房的成本？

（3）因停车库（位）引发的争议：房地产开发企业销售有产权的车位在什么情况

下能确定收入与扣除成本？房地产企业对人防工程车库(位)是否享有所有权？人防工程车库(位)出租收入是否应当计入土地增值税收入？车库(位)的成本应当如何扣除？

(4)因向政府交付保障性住房引发的争议：无偿交付或直接交付给政府的保障性住房是否确认土地增值税收入？成本费用应当如何扣除？

5. 第五章分析其他原因引发的风险及争议，为本书的重要章节，具体内容如下：

(1)因甲供工程引发的风险：少缴纳企业所得税和土地增值税的风险；多缴企业所得税与虚开增值税专用发票的风险。

(2)司法拍卖中由受让方缴纳土地增值税引发的争议：司法拍卖中法院指定的是纳税义务人还是纳税义务人的代理人？法院是否有权且有必要指定纳税义务人？税务机关有权拒绝协助执行法院判决吗？承担土地增值税纳税义务的买受人是否有法律救济权？

(3)因以股权形式转让房地产引发的争议：股权转让收入是否属于土地增值税征税范围？国家税务总局是否有权通过解释扩大法定征税范围？税务机关能否将国家税务总局的批复作为税收征管依据？税务机关是否有必要将股权转让收入纳入土地增值税征税范围？

(4)因转让旧房引发的争议：如何界定旧房？评估价格与购房发票、核定征收是什么关系？如何确定评估价格？购房发票具体包含哪些扣除凭据？如何确定房屋购入时间？

(5)因土地增值税纳税义务发生时间引发的争议：什么时候产生土地增值税纳税义务？

(6)因先税后证引发的争议：先税后证会对房地产开发企业造成哪些不利影响？《土地增值税暂行条例》第12条的规定是否合理？房地产开发企业新建的车库(位)是不是旧房？未在不过产过户登记前缴纳土地增值税是否会导致国家税款流失？

(7)因以土地使用权投资入股引发的争议：投资人是否需要缴纳土地增值税？如何确定投资收入？如何确定被投资人可以扣除的“取得土地使用权所支付的金额”？

(8)因预缴土地增值税引发的争议:保障性住房是否需要预缴土地增值税?预征土地增值税的截止时间是何时?省级以下税务机关是否有权设定土地增值税预征率?

(9)因土地增值税清算单位引发的争议:有关部门是哪个部门?如何划分开发项目与分期项目?真正的清算单位是什么?细化房地产类型的目的是什么?

(10)因尾盘处理引发的争议:尾盘的单位建筑面积可扣除项目金额应该如何计算?能否二次清算?能否就所有尾盘合并缴纳土地增值税?

6. 第六章分析引发风险及争议的原因,具体内容如下:

(1)部分规范性文件不合法,其原因在于:超越制定机关的法定职权或者超越授权范围制定规范性文件;不合法地转授权制定规范性文件;税务规范性文件与上位法冲突;规范性文件之间相互矛盾;没有上位法依据增加纳税人义务或者减损纳税人合法权益等。

(2)税务机关执法存在不规范现象,其原因在于:执法依据不合法;规范性文件的修订过于频繁。

(3)纳税人税法遵从度低,其原因在于:纳税人不愿意遵守土地增值税法规;纳税人守法存在困难。

(4)税收法规与其他法规对同一事件有不同的规定与评价,其原因在于:有些交易模式已在市场经济活动中存在,但民事法规、税收法规未对其进行调整;有些行为民法已作出规定,但税收并未提及;有时候民法和税法对同一个行为都作出了规范,但民法和税法的立法目的、基本原则不一致,作出的规定不一样,从而导致纳税人与税务机关发生争议。

7. 第七章就争议解决机制及风险规避措施进行分析,具体内容如下:

(1)税收行政争议解决机制:沟通、听证;税务行政复议、税务行政诉讼;调解、和解。

(2)规避税收风险措施:树立风险防范意识;树立正确的纳税意识和税收筹划意识;定期进行税收风险自查。

二、需要特别予以说明之处

1. 笔者对本书所引用法律法规虽一一进行了核查，但仍可能存在以下问题：一是因写作、出版历时近3年，书中部分引用税收文件虽被修改，但仍有研究价值，笔者均在脚注中予以标注。在以后的年度中，法律法规被修改的情况有可能会频频发生，笔者会努力更新。二是百密难免一疏，针对具体内容有可能没有找到更确切的规范性文件。若因疏漏之处给大家造成不便，还请大家提出宝贵意见并海涵。

2. 引用的案例所跨年度较长。因中国裁判文书网等公开的涉及土地增值税的案例不多，难以找到最近发生且与所论述主题密切相关的案例。但是，所引用的有些案例虽然距今已有5~10年，但所涉及的问题仍有研究价值。在分析过程中，笔者会依据目前有效的法律法规对案例进行分析，尽量避免根据已废止条文写出浪费读者时间的内容。

第一章　土地增值税纳税主体概述

《土地增值税暂行条例》(2011 年 1 月 8 日中华人民共和国国务院令第588 号修改)第 2 条规定,土地增值税的纳税义务人是转让国有土地使用权、地上建筑物及其附着物并取得收入的单位和个人。以这些单位和个人是否专门从事房地产开发为标准,可以将其划分为从事房地产开发的纳税人与非从事房地产开发的纳税人两类。这两类纳税人在纳税申报流程、计税方法等方面有比较大的差异。

第一节　不同纳税主体的土地增值税纳税申报流程

《土地增值税暂行条例》第 10 条规定,纳税人应当自转让房地产合同签订之日起 7 日内向房地产所在地主管税务机关办理纳税申报,并在税务机关核定的期限内缴纳土地增值税。该条规定虽未区分从事房地产开发的纳税人与非从事房地产开发的纳税人,但这两类纳税人申报缴纳土地增值税的流程、计税方法是不同的,适用的纳税申报表也不一样。从国家税务总局《关于修订土地增值税纳税申报表的通知》(以下简称税总函〔2016〕309 号)附件可以看出,一共有 7 种不同类型的土地增值税纳税申报表,分别为从事房地产开发的纳税人预征适用的《土地增值税纳税申报表(一)》、从事房地产开发的纳税人清算适用的《土地增值税纳税申报表(二)》、从事房地产开发的纳税人清算后尾盘销售适用的《土地增值税纳税申报表(四)》、从事房地产开发的纳税人清算方式为核定征收适用的《土地增值税纳税申报表(五)》、非从事房地产开发的纳税人适用的《土地增值税纳税申报表(三)》、非从事房地产开发的纳税人核定征收适用的《土地增值税纳税申报表(七)》、纳税人整体转让在建工程适用的《土地增值税纳税申报表(六)》。此外,还有从事房地产开发的纳税人适用的《土地增值税项目登记表》。从这些申报表就可以看出,从事房地产开发的纳税人与非从事房地产开发的纳税人的纳税申报流程不一样。

一、从事房地产开发的纳税人的纳税申报流程

房地产开发企业申报缴纳土地增值税需要经历 3 个阶段。

第一阶段,到主管税务机关备案。在房地产开发项目立项之后,开发之前,房地产开发企业需要到项目所在地主管税务机关备案,同时向主管税务机关提交土地使用权受让合同、房地产转让合同等相关资料。各地对备案所需要提交的资料要求不一样。以 2016 年北京为例,房地产开发企业应在取得土地使用权并获得房地产开发项目开工许可后,根据税务机关确定的时间,向主管税务机关报送《土地增值税项目登记表》,并按照房地产项目管理的要求和清算管理规定,自取得相关主管部门批复手续后,向主管税务机关提供立项批复、土地出让合同、建设用地规划许可证、建设工程规划许可证、施工许可证、竣工验收备案表、预(销)售许可证等材料。①

第二阶段,预缴土地增值税。房地产开发企业在项目全部竣工结算前转让房地产取得的收入,由于涉及成本确定或其他,而无法据以计算土地增值税的,可以预征土地增值税,待项目全部竣工、办理结算后再进行清算,多退少补,具体办法由各省、自治区、直辖市税务局根据当地情况制定。② 为了发挥土地增值税在预征阶段的调节作用,除保障性住房外,东部地区省份(自治区、直辖市)预征率不得低于 2%,中部和东北地区省份(自治区、直辖市)预征率不得低于 1.5%,西部地区省份(自治区、直辖市)预征率不得低于 1%,各地要根据不同类型房地产确定适当的预征率(地区的划分按照国务院有关文件的规定执行)。③

各地对房地产的分类不一样,预征率也不一样。以烟台为例,当地政府将房地产分为普通住房、非普通住房和其他房地产 3 类。在长岛县地域范围内开发的房地

① 参见北京市地方税务局《关于修订土地增值税纳税申报表的公告》(北京市地方税务局公告 2016 年第 12 号);《北京市地方税务局土地增值税清算管理规程》(以下简称北京市地方税务局公告 2016 年第 7 号)第 8 条。

② 参见《土地增值税暂行条例实施细则》第 16 条;财政部、国家税务总局《关于土地增值税一些具体问题规定的通知》(以下简称财税字〔1995〕48 号)第 14 条。

③ 国家税务总局《关于加强土地增值税征管工作的通知》(以下简称国税发〔2010〕53 号)。

产项目,普通住房预征率为2%,非普通住房和其他房地产预征率为3%。在长岛县地域范围外,即全市其他地域范围内开发的房地产项目,普通住房、非普通住房和其他房地产预征率为3%。[①] 2015年湖南省将房地产分为普通标准住宅、非普通标准住宅、非住宅、单纯转让土地使用权4类,预征率分别为1.5%、2%、3%、5%。[②]

房地产开发企业因分次转让房地产而频繁发生预缴土地增值税纳税义务,难以在每次转让后申报纳税的,可按月或按各省、自治区、直辖市和计划单列市税务局规定的期限申报纳税。房地产开发企业选择定期申报方式的,应向纳税所在地的税务机关备案。定期申报方式确定后,1年内不得变更。[③]

第三阶段,汇算清缴。符合下列条件之一的,房地产开发企业应当在满足条件的90日内主动进行土地增值税清算:(1)房地产开发项目全部竣工、完成销售的;(2)整体转让未竣工决算房地产开发项目的;(3)直接转让土地使用权的。

符合下列条件之一的,主管税务机关可以要求纳税人进行土地增值税清算。对于确定需要进行清算的项目,由主管税务机关下达清算通知,房地产开发企业应当在自收到清算通知之日起90日内办理清算手续。

(1)已竣工验收的房地产开发项目,已转让的房地产建筑面积占整个项目可售建筑面积的比例在85%以上,或该比例虽未超过85%,但剩余的可售建筑面积已经出租或自用的;(2)取得销售(预售)许可证满3年仍未销售完毕的;(3)纳税人申请注销税务登记但未办理土地增值税清算手续的;(4)省税务机关规定的其他情况。[④]

根据从事房地产开发的纳税人清算适用的《土地增值税纳税申报表(二)》的要求,税款所属期是项目预征开始的时间,截止日期是税务机关规定(通知)的申报期限的最后一日(自应清算项目达到清算条件起90日的最后一日/自可清算项目税务机关通知书送达起90日的最后一日)。对于可清算项目,即符合清算条件但未完成

---

① 参见国家税务总局烟台市税务局《关于调整土地增值税预征率和核定征收率有关问题的公告》(国家税务总局烟台市税务局2018年第8号)。

② 参见湖南省地方税务局《关于加强土地增值税管理的公告》(以下简称湖南省地方税务局公告2015年第4号,部分失效)。

③ 参见国家税务总局《关于加强土地增值税管理工作的通知》(国税函〔2004〕938号)。

④ 参见国家税务总局《关于房地产开发企业土地增值税清算管理有关问题的通知》(以下简称国税发〔2006〕187号文)第2条。

销售而被税务机关要求汇算清缴的项目，假如刚好在第90日销售“N”套房子，则纳税申报数据需要作相应修改，申报材料需要重新组织，这繁重的工作几乎不可能在一夜之间完成。因此，对房地产开发企业来说，比较安全的做法是在截止日的前几日暂停销售。

办理汇算清缴时，房地产开发企业需要提交相关信息资料，但各地对信息资料的提交要求不一样。以2016年北京市为例，纳税人在办理清算申请手续时，应该填写《土地增值税清算材料要求及清单》并报送有关资料：项目竣工清算报表，当期财务会计报表［包括损益表、主要开发产品（工程）销售明细表、已完工开发项目成本表］等；国有土地使用权证书；取得土地使用权时所支付的地价款有关证明凭证及国有土地使用权出让或转让合同；房地产项目的预算、概算书，项目工程合同结算单；能够按房地产项目支付贷款利息的有关证明及借款合同；销售商品房有关证明资料，以商品房购销合同统计表并加盖公章的形式报送（包含销售项目栋号、房间号、销售面积、销售收入、用途）；清算项目的工程竣工验收报告；清算项目的销售许可证；与转让房地产有关的完税凭证（包括已缴纳的增值税、城市维护建设税、教育费附加、地方教育附加等）；《鉴证报告》或《清算报告》；《土地增值税纳税申报表（二）》，以及税务机关要求报送的其他与清算有关的证明资料等。①

二、非从事房地产开发的纳税人的申报缴纳流程

非从事房地产开发的纳税人不经历土地增值税预缴和清算程序，其一般不会在房地产合同签订后的7日内，按照《土地增值税暂行条例》第10条的规定，到房地产所在地主管税务机关办理纳税申报，而是在就存量房办理房地产过户手续的当天或者前一天，根据国家税务总局《关于实施房地产税收一体化管理若干具体问题的通知》（以下简称国税发〔2005〕156号，部分失效）的规定，就增值税、土地增值税、印花税、城市维护建设税及教育费附加、所得税等“一窗式”申报缴纳。

① 北京市地方税务局公告2016年第7号第18条。

第二节　不同纳税主体的计税方法

土地增值税实行四级超率累进税率，应纳税额按纳税人转让房地产所取得的增值额和规定的税率计算征收，即应纳税税额 = ∑（每级距的土地增值额 × 适用税率）①，增值额 = 收入 − 扣除项目金额。在这组计算公式里，无论纳税人从事房地产开发，还是非从事房地产开发，收入的确定、适用的税率没有区别，主要区别在于扣除项目金额的确定，即不同的纳税主体，在销售同类不动产时，扣除项目是不一样的。

一、不同纳税主体销售新房的扣除项目不一样

房地产开发企业销售新房，在计算增值额时可扣除项目包括：取得土地使用权所支付的金额、开发土地和新建房及配套设施的成本（以下简称开发成本）、开发土地和新建房及配套设施的费用（以下简称开发费用）、与转让房地产有关的税金，以及取得土地使用权所支付的金额与开发成本之和的 20% 加计扣除。

部分地区，如湖南省②规定，非从事房地产开发的纳税人转让房屋，即使是自建的新房，也不能按新房销售。因为非从事房地产开发的纳税人只能在取得不动产产权证书之后才能转让房产，一旦其取得不动产产权证书，转让时即使是未使用过的新房，也需要按销售旧房缴纳土地增值税。

二、不同纳税主体销售旧房的扣除项目不一样

从事房地产开发的纳税人，将开发产品转为自用、出租等用途且已达到主管税

---

① 为计算方便，一般采用速算扣除法计算，(1) 增值额未超过扣除项目金额 50% 时，计算公式为：土地增值税税额 = 增值额 × 30%；(2) 增值额超过扣除项目金额 50%，未超过 100% 时，计算公式为：土地增值税税额 = 增值额 × 40% − 扣除项目金额 × 5%；(3) 增值额超过扣除项目金额 100%，未超过 200% 时，计算公式为：土地增值税税额 = 增值额 × 50% − 扣除项目金额 × 15%；(4) 增值额超过扣除项目金额 200% 时，计算公式为：土地增值税税额 = 增值额 × 60% − 扣除项目金额 × 35%。

② 湖南省财政厅、湖南省地方税务局《关于土地增值税新旧房界定问题的通知》（湘财税〔2015〕13 号）第 1 条规定，新建非商品房取得房屋所有权证后、新建商品房实现销售（或视同销售）取得房屋所有权证（或办理房屋产权登记）后，即为旧房，转让时按照旧房的有关规定征收土地增值税。

务机关旧房界定标准后，又将该房对外出售的，与非从事房地产开发的纳税人一样适用《土地增值税纳税申报表（三）》。

旧房销售的扣除项目的确定分两种情况：一种情况是按旧房及建筑物的评估价格扣除，可扣除项目包括房屋及建筑物的评估价格，①取得土地使用权所支付的地价款、评估费用，与转让房地产有关的税金（城市维护建设税、印花税、教育费附加、地方教育费附加）；另一种情况是按购房发票记载金额扣除，扣除项目为购房发票所载金额×（1+5%×房产实际持有年数）②、购房契税、与转让房地产有关的税金（城市维护建设税、印花税、教育费附加、地方教育费附加）。

若从事房地产开发的纳税人销售的是自建的旧房，因不能提供购房发票，计算增值额时只能按旧房及建筑物的评估价格扣除。

三、不同纳税主体销售在建工程的扣除项目不一样

假如销售的是在建工程，则无论卖方是从事房地产开发的纳税人，还是非从事房地产开发的纳税人，均需填写《土地增值税纳税申报表（六）》，扣除项目包括：取得土地使用权所支付的金额、房地产开发成本、房地产开发费用、与转让房地产有关的税金等。不同的是，从事房地产开发的纳税人可以按取得土地使用权所支付的金额与房地产开发成本之和的20%加计扣除，而非从事房地产开发的纳税人不能享受加计扣除优惠。

第三节　房地产开发流程与土地增值税的关系

一、前期准备阶段

房地产开发企业在签订土地使用权合同后，开工建设前，需要向有关部门申请

---

① 《土地增值税暂行条例实施细则》第7条第4项规定，旧房及建筑物的评估价格，是指在转让已使用的房屋及建筑物时，由政府批准设立的房地产评估机构评定的重置成本价乘以成新度折扣率后的价格。

② 国家税务总局《关于土地增值税清算有关问题的通知》（以下简称国税函〔2010〕220号）第7条规定，计算扣除项目时“每年”按购买发票所载日期起至售房发票开具之日止，每满12个月计算1年；超过1年，未满12个月但超过6个月的，可以视同为1年。

建筑用地规划许可证、建设工程规划许可证和不动产权证书等。

准备阶段与土地增值税的关系非常密切，具体表现如下：

1. 土地使用权的取得方式决定取得土地使用权所支付的金额。房地产开发企业取得土地使用权的方式主要有3种，分别为出让、划拨、二级市场购买。采用出让方式取得土地使用权的，房地产开发企业需要支付土地出让金；采用划拨方式取得土地使用权的，房地产开发企业不用支付土地出让金，但可能有土地征用及拆迁补偿费用支出；从二级市场购买的房地产开发企业需要支付对价。房地产开发企业需要将取得土地使用权所支付的金额在不同开发项目甚至是不同类型的房地产之间进行成本分摊，不同的成本分摊方法，会产生不同的增值率，从而影响房地产开发企业的土地增值税。

2. 由有关审批部门决定土地增值税清算单位。对于如何确定土地增值税的清算单位，相关法规没有明确规定，这就导致全国各地的执行口径不一样，有的税务机关从建设用地规划许可证、建设工程规划许可证、建筑施工许可证、商品房预售许可证中选择一个作为划分清算单位的依据，有的税务机关综合几个证决定清算单位。

3. 在房地产未开发之前，房地产开发企业需要到税务机关备案。虽然各地对备案所需材料的要求有细微区别，但这些备案材料都是将来土地增值税清算的重要依据。

二、建筑施工阶段

建筑施工阶段是房地产开发成本的产生阶段，产生的开发成本包括土地的征用及拆迁补偿费、前期工程费、建筑安装工程费、基础设施费、公共配套设施费、开发间接费用等。在这个阶段，相较而言容易引发房地产开发企业虚增成本等违法行为。

1. 虚增拆迁补偿费

对于支付给个人的拆迁补偿费的扣除，房地产开发企业只需要提供拆迁（回迁）合同、签收花名册或签收凭证等。① 因无须提供发票，这给房地产开发企业造假留出

① 《国家税务总局海南省税务局土地增值税清算审核管理办法》第14条第1项规定，拆迁补偿费、青苗补偿费、迁坟补偿费、安置补偿费等允许据实扣除，其扣除金额根据补偿协议、清册、收付款凭据等相关资料确定。

了一定的空间。造假方式有虚增拆迁户数、虚增补偿金额等。税务稽查人员可以通过抽取部分拆迁户,审查比对补偿形式、补偿金额、支付方式、有无资金回流款、安置用房面积、安置地点等信息,了解房地产开发企业是否存在逃税行为。

2. 通过关联公司虚增成本

房地产开发公司从关联公司购进建筑材料、建筑施工服务、绿化苗木,以虚增建安成本。对于这种行为,部分地区的税务机关采取限定建安成本的方式,要求每平方米建安成本不能超过税务机关确定的价格。这个方法虽然可以打击虚增成本行为,但过于简单粗暴,容易引发争议。因此,税务机关可以通过掌握关联企业的信息、审查建筑工程的真实性及合理性、进行工程质量和工程造价评估的方式,分辨房地产开发企业的建安成本是否真实。

三、销售阶段

为了应对国家的房价调控政策,少缴纳土地增值税,房地产开发企业在销售房屋的过程中,主要有以下行为:

1. 拆解销售收入。房地产开发企业转让房地产的收入才需要缴纳土地增值税,其他收入则无须缴纳土地增值税。因此,房地产开发企业想办法将销售房地产收入分解成其他收入,比如,以诚意金、意向金、订金、认筹金、排号费等名义收取销售收入,以达到不缴或少缴土地增值税的目的。

2. 将房屋低价销售给员工,或用房屋抵员工工资。房地产开发企业通过低价转让房屋给员工,再以员工名义高价卖出的方式,以及以房屋抵员工工资的方式,希望达到少缴土地增值税、企业所得税、增值税等目的。

四、土地增值税清算阶段

房地产开发企业自行进行土地增值税清算时,应提供清算资料,各地对清算资料的要求不一样。房地产开发企业在土地增值税清算阶段,往往会采取以下方法应对巨额土地增值税:

1. 虚开增值税发票。对于由房地产开发企业购买建筑材料的甲供工程,房地产开发企业会要求建筑施工企业开具包含建筑材料的发票,甚至从第三方购买虚开的增值税专用发票。

2. 将开发费用列入房地产开发成本中扣除。有的房地产开发企业未将利息从开发成本中剔除，同时在财务费用中计算扣除利息，导致利息支出被重复扣除；有的房地产开发企业将管理费用列入间接开发费用扣除。

第四节　房地产开发企业财务核算特点与土地增值税的关系

房地产开发企业的会计核算相较一般生产企业的会计核算而言，主要有以下两个特点：

一是复杂性。房地产项目开发周期长，自取得土地使用权至土地增值税清算，少则3～5年，多则10余年，且开发流程复杂，历经征地、拆迁、勘察、设计、评估、施工、绿化、销售、售后等阶段，交易对象有建筑施工企业、勘察设计单位、装修企业、安装企业、建筑材料销售企业、房屋买受人等，资金流多且金额巨大。

二是重复性。由于房地产开发风险高，房地产开发企业会在项目投资的规划阶段对项目成本进行初步核算和估计。在开发过程中，房地产开发企业会根据支出的实际情况，对成本进行核算，根据预收房款预缴土地增值税。在房屋修建完工后，对直接开发费用和间接开发费用进行重新核算，并记入相应的账户明细。将预收房款记入收入中，然后进行土地增值税清算。

第二章　因收入确认引发的风险及争议

第一节　因分解销售收入引发的风险

国家只对转让国有土地使用权、地上建筑物及因其附着物取得的收入征收土地增值税，对其他收入并不征收土地增值税。因此，房地产开发企业通过将收入分解为房地产销售收入与其他收入的方式，达到少缴土地增值税的目的。房地产开发企业主要采用以下几种方法分解销售收入：(1)于取得预售许可证之前，向客户收取诚意金、意向金、订金、认筹金、排号费等；(2)价外收取装修费，即捆绑销售，要求购房者必须购买装修，将部分售房款分解写入装修合同；(3)以服务费、团购费、指标费的名义收取。房地产开发企业的上述行为将产生大量风险。

首先，分解房地产销售收入有被认定为违法行为的风险。住房和城乡建设部等7个部委发布的《关于在部分城市先行开展打击侵害群众利益违法违规行为治理房地产市场乱象专项行动的通知》(建房〔2018〕58号)第2条第3款规定，房地产开发企业在取得商品房预售许可前，以认购、认筹、预订、排号、售卡等方式向购房人收取或者变相收取定金、预订款、诚意金等费用的行为，是违法违规行为。浙江省住房和城乡建设厅规定，房地产承销机构及其人员代理销售商品房时，应向购房人表明身份，不得以提供居间服务等名义变相收取由开发企业支付的佣金以外的“电商费”“服务费”“咨询费”等价外费用。[①] 严厉禁止房地产开发企业在取得商品房预售许可前，以自己的名义或者通过中介、电商平台等机构采取认购、认筹、预订、排号、售

---

① 参见浙江省住房和城乡建设厅《关于进一步规范商品房委托销售行为的通知》(浙建〔2020〕15号)第2条第5项。

卡等方式向购房人收取或者变相收取定金、预订款、诚意金等费用。①

其次,被分解的房地产销售收入有被征土地增值税的风险。房地产开发企业普遍认为,在未取得售房许可证的情况下,房子的销售时间、销售价格等并不确定,此时收取的诚意金、排号费不属于预收款或定金,所以未将这些收入当成销售收入预缴土地增值税。但是,大部分税务机关会将此类预收款、不合理的装修款以及以其他名义收取的销售款认定为土地增值税收入。比如,安徽省税务局规定,房地产开发企业转让房地产时收取的定金、诚意金等,应一并计入销售收入预征土地增值税。② 海南省地方税务局规定,房地产开发企业在开发、销售商品房过程中,以各种名目收取的认筹款、诚意金、意向金、订金、看房费等以及销售购房卡、选房卡、VIP卡等取得的款项,都是为了使购房者在购房时获得房屋的优先购买权或者在房价上享受一定的优惠,其性质均属于预收性质的款项,其增值税纳税义务发生时间为收到预收款的当天。③ 河北省税务局认为,房地产开发企业以订金、意向金、诚意金、认筹金等各种名目向购房人收取的款项不同时符合下列条件的均属于预收款性质,应按规定预缴增值税:(1)收取的款项金额不超过5万元(含5万元);(2)将收取的款项从收取之日起3个月内退还购房人。④

第二节　因土地增值税应税收入选用不当引发的风险

一、土地增值税应税收入确认不当会导致多交土地增值税

假设A地的土地出让金为2亿元,在该地上建商品房销售,含增值税销售金额为3亿元,增值税税率9%,则:

---

① 参见浙江省建设厅等10部门《关于在全省开展打击侵害群众利益违法违规行为治理房地产市场乱象专项行动的通知》(建房发〔2018〕197号)第3条第3款。

② 国家税务总局安徽省税务局《关于若干税收政策问题的公告》(国家税务总局安徽省税务局公告2019年第3号)第7条。

③ 海南省地方税务局《关于房地产开发企业收取的认筹款诚意金等款项是否缴纳营业税问题的批复》(琼地税函〔2014〕804号)。

④ 河北省国家税务局《关于全面推开营改增有关政策问题的解答(之八)》。

增值税发票上的销售额 =3/(1 +9%) =2.752 亿元;①

销项税 =2.752 ×9% =0.248 亿元。

因房地产开发企业向政府支付土地出让金,但不能从政府处取得增值税专用发票,为避免房地产开发企业增值税税负过重,国家税务总局《关于发布〈房地产开发企业销售自行开发的房地产项目增值税征收管理暂行办法〉的公告》(国家税务总局公告 2016 年第 18 号,已被修改)规定,②对于房地产开发企业中的一般纳税人销售自行开发的房地产项目:

作为计算实际缴纳增值税基数的销售额 =(全部价款和价外费用 - 当期允许扣除的土地价款)/(1 + 税率)。

因此,上述 A 地开发项目中:

用于计算缴纳增值税基数的销售额 =(3 -2)/(1 +9%) =0.917 亿元③;

计算出来的销项税 =0.917 ×9% =0.083 亿元;

增值税发票中记载的税额比计算出来销项税额大,即 0.248 -0.083 =0.165 亿元,其中 0.165 亿元由房地产开发企业以增值税名义收取,但不需要缴纳给国家。

有人认为,增值税发票上记载的销售额即为计算土地增值税的收入,其依据是国税函〔2010〕220 号第 1 条,该条规定,"土地增值税清算时,已全额开具商品房销售发票的,按照发票所载金额确认收入"。④ 笔者认为,以这个文件作为依据并不合适,因为 2010 年对房地产行业征收的是营业税,没有增值税价税分离问题,更未考

---

① 《增值税暂行条例实施细则》第 14 条规定,一般纳税人销售货物或者应税劳务,采用销售额和销项税额合并定价方法的,按下列公式计算销售额:销售额 = 含税销售额/(1 + 税率)。

② 国家税务总局《关于发布〈房地产开发企业销售自行开发的房地产项目增值税征收管理暂行办法〉的公告》(国家税务总局公告 2016 年第 18 号)第 4 条规定,房地产开发企业中的一般纳税人(以下简称一般纳税人)销售自行开发的房地产项目,适用一般计税方法计税,按照取得的全部价款和价外费用,扣除当期销售房地产项目对应的土地价款后的余额计算销售额。销售额的计算公式如下:销售额 =(全部价款和价外费用 - 当期允许扣除的土地价款)/(1 +11%)。[注:财政部、国家税务总局、海关总署《关于深化增值税改革有关政策的公告》(中华人民共和国财政部、国家税务总局、中华人民共和国海关总署公告 2019 年第 39 号)第 1 条规定,增值税一般纳税人销售不动产,增值税税率调整为 9%。]

③ 国家税务总局《关于发布〈房地产开发企业销售自行开发的房地产项目增值税征收管理暂行办法〉的公告》(国家税务总局公告 2016 年第 18 号)第 4 条规定,销售额 =(全部价款和价外费用 - 当期允许扣除的土地价款)/(1 + 税率)。

④ 参见于芳芳:《房地产增值税差额征税对土地增值税计算的影响》,载《财务与会计》2020 年第 19 期。

虑到房地产企业差额征收增值税问题。

将计算增值税的销售额作为土地增值税收入更不合适,因为作为计算增值税的销售额不含土地价款,而在土地增值税扣除项目里有取得土地使用权所支付的金额。因此,为了使收入与支出相匹配,作为土地增值税收入的计算增值税的销售额必须包含土地销售款。

在正常情况下,收入不变,成本减少0.165亿元,与成本不变,收入增加0.165亿元算出的差额结果是一样的。但房地产开发企业不同于非从事房地产开发的纳税人,房地产开发企业所支付的土地价款可以加计20%扣除。因此,实务中争议的焦点在于,对于以增值税名义收取但未缴纳给国家的差额部分,计算土地增值税时是应该计入收入,还是应当抵减取得土地使用权所支付的价款?有些人认为,应将开出的增值税发票上记载的销售额确认为土地增值税收入,其理由是,未缴给国家的增值税应该抵减土地价款,①依据是《增值税会计处理规定》第2部分(三)的规定。②假如上述差额抵减土地成本,以上述A公司为例,成本扣除金额则少了0.165×20%=0.033亿元。

由于法规未规定房地产开发企业一般纳税人的土地增值税收入的确定方式,也未规定开出的增值税发票中的税额多于销项税的部分是确定为收入还是抵减土地价款,笔者认为,从有利于纳税人的原则出发,对于以增值税名义收取但未缴纳给国家的差额部分,房地产开发企业可以选择计入收入,用来计算土地增值税应纳税额。海南省税务也是这样规定的,适用增值税一般计税方法的纳税人,转让房地产取得的不含增值税收入=转让收入-应缴纳增值税销项税额。③

---

① 参见于芳芳:《房地产增值税差额征税对土地增值税计算的影响》,载《财务与会计》2020年第19期。

② 《增值税会计处理规定》第2部分(三)规定的是差额征税的账务处理。企业发生相关成本费用允许扣减销售额的财务处理。按照现行增值税制度规定企业发生相关成本费用允许扣减销售额的,发生成本费用时,按应付或实际支付的金额,借记"主营业务成本""存货""工程施工"等科目,贷记"应付账款""应付票据""银行存款"等科目。待取得合规增值税扣税凭证且纳税义务发生时,按照允许抵扣的税额,借记"应交税费—应交增值税(销项税额抵减)"或"应交税费—简易计税"科目(小规模纳税人应借记"应交税费—应交增值税"科目),贷记"主营业务成本""存货""工程施工"等科目。

③ 《国家税务总局海南省税务局土地增值税清算审核管理办法》第4条。

二、因预缴土地增值税计税依据选择不当导致多预缴土地增值税

国家税务总局《关于营改增后土地增值税若干征管规定的公告》(以下简称国家税务总局公告2016年第70号)规定,"营改增"之后,纳税人转让房地产的土地增值税应税收入不含增值税。适用增值税一般计税方法的纳税人,其转让房地产的土地增值税应税收入不含增值税销项税额;适用简易计税方法的纳税人,其转让房地产的土地增值税应税收入不含增值税应纳税额。为方便纳税人,简化土地增值税预征税款计算,房地产开发企业采取预收款方式销售自行开发的房地产项目的,可按以下方法计算土地增值税预征计征依据:土地增值税预征的计征依据 = 预收款 - 应预缴增值税税款。

从上述规定可以看出,房地产开发企业可以在以下两个公式中选择一个作为预缴土地增值税的计征依据:

公式(1)土地增值税收入 = 销售额/(1 + 税率或预征率);

公式(2)土地增值税预征的计征依据 = 预收款 - 应预缴增值税税款。

应预缴增值税税款 = 预收款/(1 + 适用税率或征收率) ×3%,①即土地增值税预征的计征依据 = 预收款 - [预收款/(1 + 适用税率或征收率) ×3%]。

实际上,公式(1)中的土地增值税收入即为土地增值税预征的计征依据,公式(1)中的销售额等于公式(2)中的预收款。假设某开发项目的预收款为109亿元,增值税税率为9%或者征收率为5%,则:

公式(1)土地增值税收入 = 109/(1 +9%) =100亿元,或者土地增值税收入 = 109/(1 +5%) =103.8亿元;

公式(2)土地增值税预征的计征依据 = 预收款 - 应预缴增值税税款 = 109 - [109/(1 +9%) ×3%] =106亿元,或者土地增值税预征的计征依据 = 预收款 - 应预缴增值税税款 =109 - [109/(1 +5%) ×3%] =105.88亿元。

根据上述的计算可以看出,公式(2)计算出来的结果大于公式(1),假如房地产

---

① 国家税务总局《关于发布〈房地产开发企业销售自行开发的房地产项目增值税征收管理暂行办法〉的公告》(国家税务总局公告2016年第18号)第11条规定,应预缴税款按照以下公式计算:应预缴税款 = 预收款/(1 + 适用税率或征收率) ×3%。

开发企业选用公式(2)作为预缴土地增值税的计征依据,则需要预缴更多的土地增值税。

第三节　因项目公司引发的风险

部分房地产开发企业拿到土地使用权后会成立一个项目公司进行房地产开发。设立项目公司主要有以下原因:一是规避债务风险。项目公司是独立法人,一旦该宗土地开发出现亏损状况,不会过度影响母公司,母公司仅需以投资为限对项目公司承担民事责任。二是规避资质风险。即使在宗地开发过程中存在不良经营行为,被降级或者注销资质证书的也是项目公司,不会连累母公司。三是方便与其他公司合作。宗地开发过程中需要注入资金,寻求合作伙伴的,设立项目公司更方便操作,宗地项目开发完,合作即自然解除,不涉及母公司股东和股权的变更。四是方便土地使用权的转让。因项目公司的绝大部分资产是土地使用权,其可以通过转让股权的形式达到转让土地使用权的目的,以避免土地使用权转让过程中烦琐的招拍挂程序和缴纳巨额的土地增值税、增值税。

房地产开发企业将土地使用权转入项目公司的,根据财政部、国家税务总局《关于继续实施企业改制重组有关土地增值税政策的公告》(以下简称财政部、国家税务总局公告2021年第21号)的规定,不能适用企业重组特殊性税务处理,需要按视同销售承担企业所得税和土地增值税纳税义务。① 这个规定在一定程度上阻碍了房地产企业的发展,财政部、国家税务总局《关于明确金融、房地产开发、教育辅助服务等增值税政策的通知》(以下简称财税〔2016〕140号)规定,同时符合下列条件的,可由项目公司按规定扣除房地产开发企业向政府部门支付的土地价款:(1)房地产开发企业、项目公司、政府部门三方签订变更协议或补充合同,将土地受让人变更为项目公司;(2)政府部门出让土地的用途、规划等条件不变的情况下,签署变更协议或补

① 财政部、国家税务总局公告2021年第21号第3条规定,按照法律规定或者合同约定,企业分设为两个或两个以上与原企业投资主体相同的企业,对原企业将房地产转移、变更到分立后的企业,暂不征土地增值税。第5条规定,上述改制重组有关土地增值税政策不适用于房地产转移任意一方为房地产开发企业的情形。

充合同时，土地价款总额不变；(3)项目公司的全部股权由受让土地的房地产开发企业持有。此时，房地产开发企业无须就该土地使用权承担土地增值税纳税义务。在实务中，房地产开发企业在适用这个规定时容易操作错误，从而产生下文所列风险。

一、项目公司不能扣除土地成本风险

房地产开发企业先与其他投资者成立项目公司，再将土地交由项目公司开发的，不符合财税〔2016〕140号关于“项目公司的全部股权由受让土地的房地产开发企业持有”的要求，项目公司不能扣除土地成本。正确的做法是房地产开发企业先成立全资项目公司，与项目公司、政府部门签订三方协议，将土地使用权的受让人变更为项目公司后，再引进投资人。

二、被视同销售产生土地增值税风险

将土地使用权受让人变更为项目公司后，房地产开发企业又撤回土地使用权的，即使项目公司是房地产开发企业的全资子公司，因财政部、国家税务总局公告2021年第21号的规定，项目公司也仍然是土地增值税的纳税义务人。假如项目公司是非全资子公司，则房地产开发企业从项目公司撤回不动产的，项目公司更应该就增值额缴纳土地增值税。下面的案例能很好地说明这点。

国家电投广东分公司与松山电厂共同投资设立中电投汕头松山热电有限公司(以下简称项目公司)从事热电联产机组项目建设，松山电厂以土地使用权及部分建筑物按评估值14,003.09万元投资，国家电投广东分公司、松山电厂、项目公司三方约定：如果汕头松山热电项目未能在两年内获国家发改委的批准或当地政府调整项目用地规划，则丙方公司(项目公司)应将项目用地国有土地使用权按注入时的评估价值人民币14,003.09万元由乙方原值回购。办理项目用地土地使用权回购时，乙方(松山电厂)将回购款及利息付给丙方。后汕头松山热电项目未获批准，松山电厂依约定收回土地使用权，税务机关要求项目公司缴纳土地增值税7000余万元。①

① 广东省高级人民法院执行裁定书，(2019)粤执复702号。

项目子公司因故不能继续运营，交易当事人解除合同，房地产恢复至原产权人名下，①即当事人之间没有发生交易，无论母公司、投资方还是项目公司，都没有取得财产。因缺乏征税基础，不仅在项目公司将房地产退还给母公司时，税务机关不应当征土地增值税，而且在母公司将房地产过户给项目公司时，已缴纳过土地增值税的，税务机关也应当退还。

但在实务中，部分税务机关不会退税，更不会认为在房地产产权归还环节可以不征土地增值税，究其原因是税收立法的不充分。《土地增值税暂行条例》第12条规定，纳税人未按照本条例缴纳土地增值税的，土地管理部门、房产管理部门不得办理有关的权属变更手续。国家税务总局《关于进一步加强房地产税收管理的通知》（国税发〔2005〕第82号）以及国税发〔2005〕156号规定，税务机关对存量房交易环节所涉及的税收实行“一窗式”征收管理，买受人在申报契税时必须有卖方销售不动产的营业税（增值税）、土地增值税、印花税、城市维护建设税及教育费附加、所得税等发票，否则税务机关不会受理买受人的契税纳税申报。买受人不缴纳契税的，根据《契税法》第11条的规定，②不能办理土地、房屋权属变更手续。

第四节　因政府收回土地使用权引发的争议

《土地增值税暂行条例》第8条规定，因国家建设需要依法征收、收回的房地产，免征土地增值税。③ 征收的房地产，包括农村集体经济组织所有的土地以及国有、农村集体经济组织所有的土地上的房屋及其他建筑物。对于依法征收的房地产，在土地增值税免除方面没有什么争议。收回的房地产，是指收回国有建设用地使用权。对于未办理房屋征收手续的房地产收回，以及未办理征收手续的国有土地上的房屋

---

① 《民法典》第566条第1款规定，合同解除后，尚未履行的，终止履行；已经履行的，根据履行情况和合同性质，当事人可以请求恢复原状或者采取其他补救措施，并有权请求赔偿损失。

② 《契税法》第11条规定，纳税人办理纳税事宜后，税务机关应当开具契税完税凭证。纳税人办理土地、房屋权属登记，不动产登记机构应当查验契税完税、减免税凭证或者有关信息。未按照规定缴纳契税的，不动产登记机构不予办理土地、房屋权属登记。

③ 《土地增值税暂行条例》第8条规定，有下列情形之一的，免征土地增值税……（2）因国家建设需要依法征收、收回的房地产。

及建筑物的拆除，则有可能因是否属于“国家”收回，是否符合“国家建设需要”等问题在实务中产生比较大的争议。

大宇陶瓷公司（以下简称大宇公司）于2011年9月与恩平市土地储备中心签订《收回土地使用权协议书》，由土地储备中心收回恩平市横陂镇虾山村水泥厂侧的土地使用权，大宇公司取得土地补偿款1583万元。恩平市地方税务局认为，大宇公司应当就这笔收入缴纳土地增值税，并于2013年从大宇公司银行账户扣缴土地增值税786万元。大宇公司不服，向法院提起诉讼，要求恩平市地方税务局退回已征收的土地增值税。大宇公司认为，其土地使用权是因临港工业园的规划而被政府强制收回的，根据《土地增值税暂行条例》等相关法规的规定，其所得补偿款不应该被征土地增值税。恩平市地方税务局认为，涉案土地是因闲置被土地储备中心收回，而不是因国家建设需要而被收回的，不符合《土地增值税暂行条例》第8条第2款规定的免征土地增值税条件。一审、二审法院皆判大宇公司败诉，大宇公司向广东省高院提请再审，再审申请于2018年被广东省高院裁定驳回。①

大宇公司是因土地闲置被收回土地使用权吗？假如是因闲置被土地管理中心收回，其所得补偿款是否应该缴纳土地增值税？假如是因为临港工业园规划的需要被土地储备中心收回，是否应该缴纳土地增值税？

一、闲置土地被收回的情形

实际上，大宇公司的土地不符合闲置土地的条件，《关于同意恩平市大宇陶瓷有限公司项目备案的函》（恩发改函〔2009〕45号）显示，大宇公司的土地开工期限是2011年10月15日，②而大宇公司与恩平市土地储备中心签订《收回土地使用权协议书》的时间是2011年9月21日。也就是说，收回土地使用权的时间早于恩平市发展和改革局规定的动工开发日期。③

---

① 广东省开平市人民法院行政赔偿判决书，（2014）江开法行初字第21号；广东省江门市中级人民法院行政赔偿判决书，（2015）江中法行终字第59号；广东省高级人民法院行政裁定书，（2017）粤行申1253号。

② 广东省高级人民法院行政裁定书，（2017）粤07行终50号。

③ 该案的处理适用《闲置土地处置办法》（中华人民共和国国土资源部令第5号），中华人民共和国国土资源部令第5号于2012年被《闲置土地处置办法》（中华人民共和国国土资源部令第53号）废止。

闲置土地被收回有两种情形。闲置土地,是指房地产开发企业依法取得国有建设用地使用权后,超过国有建设用地使用权有偿使用合同或者划拨决定书约定、规定的动工开发日期满一年未动工开发的国有建设用地。① 对于未动工开发满两年的建设用地,政府才能无偿收回。因政府、政府有关部门的行为导致土地闲置的,政府收回土地使用权需要征得土地使用权人的同意。因房地产开发企业自己的原因导致土地闲置,政府无偿收回的,政府不会给予房地产开发企业补偿。② 因政府、政府有关部门的行为导致土地闲置,属于《闲置土地处置办法》第 8 条规定的情形之一的,③政府只能在与房地产开发企业协商的基础上收回土地使用权,不会采取强行收回措施。④ 也就是说,虽然土地使用权被政府收回,但这种收回以房地产开发企业自愿为前提,假如房地产开发企业不同意,政府是不会强制收回土地使用权的。因此,对于后一种情形,税务机关一般会认为,虽然有些合同使用了"收回"二字,但这种收回实质是政府与房地产开发企业协商的结果。在这种情况下,房地产开发企业取得的收入,属于转让土地使用权取得的收入,应该纳入土地增值税的征税范围。但纳

---

① 《闲置土地处置办法》(中华人民共和国国土资源部令第 53 号)第 2 条规定,闲置土地,是指国有建设用地使用权人超过国有建设用地使用权有偿使用合同或者划拨决定书约定、规定的动工开发日期满 1 年未动工开发的国有建设用地。

② 2019 年《城市房地产管理法》第 26 条规定,以出让方式取得土地使用权进行房地产开发的,必须按照土地使用权出让合同约定的土地用途、动工开发期限开发土地。超过出让合同约定的动工开发日期满 1 年未动工开发的,可以征收相当于土地使用权出让金 20% 以下的土地闲置费;满 2 年未动工开发的,可以无偿收回土地使用权;但是,因不可抗力或者政府、政府有关部门的行为或者动工开发必需的前期工作造成动工开发迟延的除外。

③ 《闲置土地处置办法》(中华人民共和国国土资源部令第 53 号)第 8 条规定,有下列情形之一,属于政府、政府有关部门的行为造成动工开发延迟的,国有建设用地使用权人应当向市、县国土资源主管部门提供土地闲置原因说明材料,经审核属实的,依照本办法第 12 条和第 13 条规定处置:(1)因未按照国有建设用地使用权有偿使用合同或者划拨决定书约定、规定的期限、条件将土地交付给国有建设用地使用权人,致使项目不具备动工开发条件的;(2)因土地利用总体规划、城乡规划依法修改,造成国有建设用地使用权人不能按照国有建设用地使用权有偿使用合同或者划拨决定书约定、规定的用途、规划和建设条件开发的;(3)因国家出台相关政策,需要对约定、规定的规划和建设条件进行修改的;(4)因处置土地上相关群众信访事项等无法动工开发的;(5)因军事管制、文物保护等无法动工开发的;(6)政府、政府有关部门的其他行为。因自然灾害等不可抗力导致土地闲置的,依照前款规定办理。

④ 《闲置土地处置办法》(中华人民共和国国土资源部令第 53 号)第 12 条规定,因本办法第 8 条规定情形造成土地闲置的,市、县国土资源主管部门应当与国有建设用地使用权人协商,选择下列方式处置……(4)协议有偿收回国有建设用地使用权……

税人会认为,不能因为有协商的因素存在,就将政府收回行为视为民事合同行为,因为行政协议也有协调因素的存在。

假如土地储备中心代表国家收回土地使用权,与纳税人就闲置土地签订的土地使用权收回协议就是行政协议,且收回闲置土地是为了国家建设的需要,则纳税人取得的补偿收入应该属于土地增值税的免税范畴。

二、土地储备中心与纳税人签订的土地使用权收回协议是否是行政协议

关于土地储备中心与纳税人签订的土地使用权收回协议的性质,实务中的认定仍有分歧,有的合同措辞使用"收回",①有的合同使用"收购"。② 因"收回"或者"收购"产生的合同纠纷,有的在民事庭审判,有的在行政庭审判,这表明各法院对土地储备中心签订的土地使用权收回或者收购合同的性质的认定不一样,有的法院将其认定为民事合同,有的认定为行政协议。比如,在"武汉金宝实业有限公司(以下简称金宝实业)与土地储备事务中心土地使用权收回补偿纠纷案"中,武汉金宝实业以民事合同纠纷起诉,湖北省高级人民法院按民事纠纷进行了判决,即法院认为,土地储备中心与金宝实业签订的土地使用权回收协议是民事合同。③而在"大连宏基清洁剂有限公司以及大连葆宸实业发展有限公司诉大连市人民政府、大连市土地储备中心案"中,辽宁省高级人民法院认为,行政相对人与土地储备中心为了实现行政管理或公共服务目标而签订的《国有土地使用权收储补偿协议书》是行政协议。④

根据最高人民法院《关于审理行政协议案件若干问题的规定》第 1 条,行政机关为了实现行政管理或者公共服务目标,与公民、法人或者其他组织协商订立的具有行政法上权利义务内容的协议,属于《行政诉讼法》第 12 条第 1 款第 11 项规定的行

① 湖南省岳阳市中级人民法院民事判决书,(2019)湘06民终4123号。

② 福达公司与土地储备中心签订《临海市国有土地收购合同》。参见浙江省台州市中级人民法院民事判决书,(2015)浙台民终字第325号。

③ 湖北省高级人民法院民事判决书,(2014)鄂民一初字第00026号。

④ 辽宁省高级人民法院行政裁定书,(2019)辽行终1326号。

政协议。[①] 根据该规定对行政协议的定义，行政协议应当具备以下 4 个要素：(1)主体要素，签订行政协议的一方当事人是行政机关；(2)目的要素，签订行政协议的目的是实现行政管理或公共服务目标；(3)内容要素，协议内容具有行政法上的权利义务内容；(4)意思要素，协议各方协商一致。

根据原国土资源部等 4 部门《土地储备管理办法》的规定，土地储备中心是事业单位，[②]不属于行政机关。基于此，有人认为，土地储备中心与房地产开发企业签订的土地使用权流转合同，无论采用收回、收购还是其他用语，都不属于行政协议。实际上，行政主体包括具有法定行政职权的行政机关以及法律、法规授权的组织。[③] 土地储备中心收回土地使用权的行为来自《土地储备管理办法》的行政授权，该法授权土地储备中心承担土地储备的具体实施工作，其土地储备工作统一归口由国土资源主管部门管理。[④] 也就是说，土地储备中心是法规授权行使行政职权的组织。

土地储备中心从事的土地储备行为是行政行为，其收回土地使用权是为了调控土地市场，促进土地资源合理利用，依法取得土地、组织土地前期开发、储存土地以备供应。[⑤] 在"金宝实业与土地储备中心案"中，土地储备中心之所以从金宝实业处收回土地使用权，是因为武汉市人民政府《关于加快推进我市三环线内化工生产企业搬迁整治工作的意见》(武政〔2008〕50 号)要求将化工企业从武汉市三环内搬出。

因此，区分民事合同与行政协议的关键，主要在于订立的合同目的是不是实现行政管理或者公共服务的目标。根据原国土资源部等 4 部门《土地储备管理办法》的规定，土地储备中心"收购"或者"收回"土地使用权的目的是调控土地市场、促进

---

① 《行政诉讼法》第 12 条第 1 款第 11 项规定，认为行政机关不依法履行、未按照约定履行或者违法变更、解除政府特许经营协议、土地房屋征收补偿协议等协议的。

② 原国土资源部等 4 部门《土地储备管理办法》第 1 条第 3 款规定，土地储备机构应为县级(含)以上人民政府批准成立、具有独立的法人资格、隶属于所在行政区划的国土资源主管部门、承担本行政辖区内土地储备工作的事业单位。

③ 参见姜明安主编：《行政法与行政诉讼法》(第 6 版)，北京大学出版社、高等教育出版社 2015 年版，第 311 页。

④ 原国土资源部等 4 部门《土地储备管理办法》第 1 条第 2 款规定，"……土地储备工作统一归口国土资源主管部门管理，土地储备机构承担土地储备的具体实施工作……"。

⑤ 原国土资源部等 4 部门《土地储备管理办法》第 1 条第 2 款规定，"土地储备是指县级(含)以上国土资源主管部门为调控土地市场、促进土地资源合理利用，依法取得土地，组织前期开发、储存以备供应的行为……"。

土地资源合理利用。毋庸置疑,土地储备中心"收购"或者"收回"土地使用权的协议属于行政协议。

以行政协议的方式收回的,是否就属于因"国家建设需要"收回的土地使用权?

三、衡量"国家建设需要"的标准是什么

根据《土地增值税暂行条例实施细则》的规定,因国家建设需要,征收、收回房地产,是指因城市实施规划、国家建设的需要而被政府批准征用的房地产或收回的土地使用权。① 财政部、国家税务总局《关于土地增值税若干问题的通知》(以下简称财税〔2006〕21 号,部分失效)第 4 条进一步解释,因"城市实施规划"而搬迁,是指因旧城改造或因企业污染、扰民(是指产生过量废气、废水、废渣和噪声,使城市居民生活受到一定危害),而由政府或政府有关主管部门根据已审批通过的城市规划确定进行搬迁的情况;因"国家建设的需要"而搬迁,是指因实施国务院、省级人民政府、国务院有关部委批准的建设项目而进行搬迁的情况。财税〔2006〕21 号的上述解释存在以下两个问题。

首先,只有因实施国务院、省级人民政府、国务院有关部委批准的建设项目而进行的搬迁,才符合"因国家建设的需要而搬迁"的条件,这个条件太严格。根据有关文件的规定,市、县级人民政府因为建设需要要求搬迁的,纳税人不能享受土地增值税免税优惠政策。

其次,"因城市实施规划搬迁"对审批部门的要求相对较低,但是存在以下两个方面的问题:一是相关规定比较模糊,比如,"旧城改造"的含义不明确;二是适用的范围过小,除旧城改造外,只规定了因企业污染、扰民而搬迁的纳税人可以享受土地增值税免税优惠政策。其他原因导致城市规划变更需要搬迁的,纳税人不能享受土地增值税免税优惠政策。

基于上述两个原因,下列搬迁是否适用土地增值税免税政策,在税务机关与纳税人之间就容易产生争议:(1)因市、县级人民政府组织实施的能源、交通、水利等基

---

① 《土地增值税暂行条例实施细则》第 11 条规定,条例第 8 条第 2 项所称的因国家建设需要依法征用、收回的房地产,是指因城市实施规划、国家建设的需要而被政府批准征用的房产或收回的土地使用权。

础设施建设的需要实施的搬迁;(2)因市、县级政府组织实施科技、教育、文化、卫生、体育、环境和资源保护、防灾减灾、文物保护、社会福利、市政公用等公共事业的需要实施的搬迁;(3)因市、县级政府组织实施的保障性安居工程建设的需要实施的搬迁;(4)因市、县级人民政府组织实施的其他公共利益需要而进行的搬迁。①

以"淮安第一美术高级中学(以下简称美术中学)诉淮安市淮阴地方税务局案"为例,2008 年 10 月,淮阴区政府与美术中学、淮州中学签订《美术高中项目整体回收(划拨)合同》,由淮阴区人民政府将美术中学的土地使用权整体收回,回收价为 3070 万元,同时,淮阴区人民政府将收回的土地使用权划拨给淮州中学,淮阴地方税务局要求美术中学就 3070 万元缴纳土地增值税。淮阴地方税务局之所以要求美术中学缴纳土地增值税,是因为收回土地使用权的主体是淮阴区人民政府,没有达到"因国家建设需要"所要求的省人民政府的级别,收回的土地用于淮州中学的修建,也不属于"因城市实施规划"所包含的搬迁、旧城改造、企业污染、扰民情形。

笔者认为,美术中学有权拒绝缴纳土地增值税,理由如下:

首先,淮阴区人民政府收回土地修建淮州中学就是基于国家建设的需要。教育,尤其是基础教育是一个国家发展科学技术和培养人才的基础,直接关系国民素质的提高和国家振兴,教育是国之大计、党之大计。修建淮州中学既不是私人行为,也不是为了个人或个别公司的利益,淮州中学从修建计划、投资、管理,到最终产权归属,都属于国家,不能因为这个学校的修建没有得到省级以上人民政府的批准,就认定它没有达到"因国家建设需要"的要求。

其次,对于修建学校需要用地的,市、县级人民政府拥有房屋征收权,也有补偿

① 《国有土地上房屋征收与补偿条例》第 8 条规定,为了保障国家安全、促进国民经济和社会发展等公共利益的需要,有下列情形之一,确需征收房屋的,由市、县级人民政府作出房屋征收决定:(1)国防和外交的需要;(2)由政府组织实施的能源、交通、水利等基础设施建设的需要;(3)由政府组织实施的科技、教育、文化、卫生、体育、环境和资源保护、防灾减灾、文物保护、社会福利、市政公用等公共事业的需要;(4)由政府组织实施的保障性安居工程建设的需要;(5)由政府依照《城乡规划法》有关规定组织实施的对危房集中、基础设施落后等地段进行旧城区改建的需要;(6)法律、行政法规规定的其他公共利益的需要。

方案决定权。① 对于市、县级人民政府的征收决定以及补偿决定,房屋所有权人、土地使用权人只能接受,没有拒绝的权利。该案虽然不是土地使用权征收,而是土地使用权收回,但是美术中学面对当地政府收回土地使用权的决定,只能服从。也就是说,美术中学将土地使用权退回给淮阴区政府,并不是《土地增值税暂行条例》第2条规定的转让房屋、土地使用权的行为,本不属于土地增值税的征税范围。

最后,财税〔2006〕21号第4条的规定不合法。财税〔2006〕21号第4条既增加了纳税人的负担,又违反了《土地增值税暂行条例》第2条的规定,根据最高人民法院《关于适用〈中华人民共和国行政诉讼法〉的解释》,②该条应该属于不合法的条文。最高人民法院《关于适用〈中华人民共和国行政诉讼法〉的解释》第148条规定,与法律、法规、规章等上位法的规定相抵触的,或者没有法律、法规、规章依据,违法增加公民、法人和其他组织义务或者减损公民、法人和其他组织合法权益的,都属于不合法的规范性文件。

再回到"大宇公司案"。大宇公司的土地使用权被收回,即使按财税〔2006〕21号对"国家建设需要"的严苛解释,也属于因"国家建设的需要"而被收回,符合《土地增值税暂行条例》第8条规定的免征土地增值税条件。理由如下:首先,大宇公司是为了国家建设需要而搬迁。从《关于拨款收回恩平市大宇陶瓷有限公司土地的请示》(恩国土资〔2011〕76号)以及恩平市土地储备中心与大宇陶瓷公司签订的《收回土地使用权协议书》可以看出,土地储备中心收回大宇公司的土地使用权是为了确

① 《国有土地上房屋征收与补偿条例》第8条规定,为了保障国家安全、促进国民经济和社会发展等公共利益的需要,有下列情形之一,确需征收房屋的,由市、县级人民政府作出房屋征收决定……(3)由政府组织实施的科技、教育、文化、卫生、体育、环境和资源保护、防灾减灾、文物保护、社会福利、市政公用等公共事业的需要……第10条第1款规定,房屋征收部门拟定征收补偿方案,报市、县级人民政府。

② 最高人民法院《关于适用〈中华人民共和国行政诉讼法〉的解释》第148条规定,人民法院对规范性文件进行一并审查时,可以从规范性文件制定机关是否超越权限或者违反法定程序、作出行政行为所依据的条款以及相关条款等方面进行。有下列情形之一的,属于《行政诉讼法》第64条规定的"规范性文件不合法"……(2)与法律、法规、规章等上位法的规定相抵触的;(3)没有法律、法规、规章依据,违法增加公民、法人和其他组织义务或者减损公民、法人和其他组织合法权益的……

保临港工业园规划的顺利实施,①不是为了个别公司、个人的利益而收回土地使用权。其次,临港工业园的建设经过省级人民政府批准。根据广东省人民政府《关于进一步加强工业园区管理的指导意见》(粤府函〔2011〕214 号),在广州市内设立工业园区需要通过国家公告或者国家和省有关部门批准,未经批准不得擅自设立、变更和扩大工业园区,不得以任何形式将工业集中发展区命名为工业园。② 由此推定,该案涉及的临港工业园的设立应该已经过省级人民政府批准。

四、如何证明土地使用权"被收回"

在一些旧城改造项目、地铁修建项目中,虽然事实上是政府收回土地使用权,但是政府既没有依据《国有土地上房屋征收与补偿条例》(中华人民共和国国务院令第 590 号)进行征地公告,③也不与原土地使用权人签订土地使用权收回合同,原土地使用权人在组织证据证明土地使用权被政府收回时存在困难。"武汉万吨冷储物流有限公司(以下简称万吨公司)与武汉市人民政府、湖北省人民政府诉讼案"就很好地诠释了原土地使用权人的这种困境。

---

① 恩平市大宇陶瓷有限公司、广东省恩平市地方税务局税务行政管理(税务)二审行政判决书,(2017)粤 07 行终 50 号,2011 年 7 月 22 日恩平市国土局向市政府请示,在请示文件《关于拨款收回恩平市大宇陶瓷有限公司土地的请示》(恩国土资〔2011〕76 号)说明收回土地的理由是,"根据临港工业园统一规划,统一开发的建设要求,尽快解决市某某公司搬迁用地问题……为了确保临港工业园规划的顺利实施"。2011 年 8 月 1 日,在《关于拨款收回恩平市大宇陶瓷有限公司土地的复函》(恩府办函〔2011〕491 号)中恩平市人民政府同意请示,批复"由市财政按 10 万/亩,总价 1583 万元的补偿价格委托市土地储备中心收回土地使用权"。2011 年 9 月 21 日,恩平市土地储备中心与大宇公司签订《收回土地使用权协议书》,该协议书约定:"因恩平市某某化工实业有限公司的搬迁建设需要,为盘活土地,经市政府批准,双方通过充分协商,签订如下协议。"

② 《关于进一步加强工业园区管理的指导意见》(粤府函〔2011〕214 号)第 1 条规定,全省各地、各有关部门要严格按照国家和省有关政策法规设立工业园区,工业园区的设立、变更、扩园等应符合主体功能区规划、土地利用总体规划和城乡规划,通过环境影响评价审查、符合环保政策要求,并按国家和省有关规定程序报批,未经批准不得擅自设立、变更和扩园,不得以任何形式将工业集中发展区命名为工业园。各地级以上市人民政府要加强对工业园区的清理整顿和督查工作,全面清理未通过国家审核公告或未经国家和省有关部门批准而自行设立的各类工业园区,对涉及违法违规的相关责任人,要依照有关规定严肃处理。各地自行命名的各类工业集中发展区,在未获国家和省批准认定前不得加挂各种园区牌子、不得成立专门管理机构、不得以产业转移园或其他工业园区名义对外开展招商活动。

③ 《国有土地上房屋征收与补偿条例》第 13 条第 1 款规定,市、县级人民政府作出房屋征收决定后应当及时公告。公告应当载明征收补偿方案和行政复议、行政诉讼权利等事项。

2009 年,武汉市政府为“向辛亥革命 100 周年献礼”发起“武汉大道综合改造工程”重点项目,市政府办公室于 2009 年 9 月颁发《关于明确武汉大道综合改造工程拆迁工作任务的通知》,并于 2009 ~ 2011 年,以武汉大道综合改造现场指挥部名义连续 7 次向万吨公司发送《督办单/任务通知单》,要求万吨公司停业拆迁。万吨公司书面同意拆迁。武汉市国土资源和规划局于 2015 年 10 月将该地块挂牌出让,后武汉昌联地产有限公司(以下简称昌联公司)与武汉市国土局签订《国有建设用地使用权出让合同》,同时按照挂牌文件的要求与万吨公司签订了《国有建设用地使用权转让补偿合同》,并直接向万吨公司支付了补偿金 173,480 万元。万吨公司为了享受土地增值税免税政策,诉求武汉市人民政府出具“收回国有土地使用权”的正式文件,但最终败诉。法院判决万吨公司败诉的主要理由是,万吨公司直接向武汉市人民政府提出出具收回国有土地使用权的函的申请行为没有事实和法律依据。①

笔者认为,《土地增值税暂行条例》第 8 条之所以规定因国家建设需要收回的房地产免征土地增值税,应当是因为在这种情况下原土地使用权人并不是自愿转让土地,是基于国家建设的需要而不得已作出的一种让步,而且这种出让的补偿款的决定权在政府,原土地使用权人没有可议价空间或者可议价空间不大。

万吨公司的下列证据能证明其丧失 80,815.27 平方米的土地使用权是基于国家建设的需要且非自愿处理:(1)市政府办公室于 2009 年 9 月颁发的《关于明确武汉大道综合改造工程拆迁工作任务的通知》。(2)武汉市人民政府组建的临时机构,即武汉大道综合改造现场指挥部,连续 7 次向万吨公司发送的《督办单/任务通知单》,强制要求万吨公司停业拆迁。(3)涉案地块由武汉市国土局出让给昌联公司,①昌联公司与武汉市国土局签订《国有建设用地使用权出让合同》;②万吨公司拥有土地使用权时,土地用途为“仓储、其他商服”,昌联公司取得的土地使用权是“住宅、商服、公园绿地”;③昌联公司取得的是住宅用地 70 年使用权,商业用地 40 年使用权。如果是万吨公司转让土地使用权给昌联公司,则武汉市国土局无权再就同一块土地与昌联公司签订土地出让合同,且未经审批程序,不能改变土地用途,②

---

① 湖北省中级人民法院行政裁定书,(2017)鄂 01 行初 168 号。

② 《民法典》第 350 条规定,建设用地使用权人应当合理利用土地,不得改变土地用途;需要改变土地用途的,应当依法经有关行政主管部门批准。

而且昌联公司取得的土地使用权年限应该是万吨公司剩下的土地使用权年限,[①]而非最高土地使用权年限。[②]

万吨公司提供的上述证据应该足以证明其土地使用权属于被政府收回,再由政府出让的情况。但武汉市人民政府认为,与万吨公司签订合同的是昌联公司,万吨公司没有与政府签订土地使用权收回协议,土地补偿金并非由政府发放,而是由昌联公司支付的。因此,万吨公司的土地使用权不是由政府收回。

实际上,只要万吨公司有证据证明其土地使用权转让是因为武汉大道综合改造工程导致的,就有权享受免征土地增值税优惠,因为《土地增值税暂行条例实施细则》第 11 条规定,因城市实施规划、国家建设的需要而搬迁,由纳税人自行转让原房地产的,同样免征土地增值税。[③] 万吨公司无须证明土地使用权被政府收回。

五、如何认定自行转让

根据《土地增值税暂行条例实施细则》第 11 条的规定,因城市实施规划、国家建设的需要而搬迁,由纳税人自行转让原房地产的,免征十地增值税。但如何认定自行转让?法规并未对其作进一步说明,因此税务机关与纳税人之间可能会产生纠纷。

在"关某华诉佛山市南海区税务局狮山税务分局(以下简称狮山税务分局)案"中,关某华是狮山镇某五宗土地的使用权人。2016 年这五宗土地在佛山市南海区人民法院民事诉讼执行程序中被拍卖,拍卖款 17.5 亿余元。狮山税务分局要求关某华缴纳土地增值税 9.96 亿元。关某华认为,其处置土地完全是因城市实施规划的需要,虽然不是政府批准征收或收回的情形,但属于自行转让,依据《土地增值税暂

---

① 《民法典》第 354 条规定,建设用地使用权转让、互换、出资、赠与或者抵押的,当事人应当采取书面形式订立相应的合同。使用期限由当事人约定,但是不得超过建设用地使用权的剩余期限。

② 《城镇国有土地使用权出让和转让暂行条例》第 12 条规定,土地使用权出让最高年限按下列用途确定:(1)居住用地 70 年;(2)工业用地 50 年;(3)教育、科技、文化、卫生、体育用地 50 年;(4)商业、旅游、娱乐用地 40 年;(5)综合或者其他用地 50 年。

③ 《土地增值税暂行条例实施细则》第 11 条第 3 款、第 4 款规定,条例第 8 条第 2 项所称的因国家建设需要依法征用、收回的房地产,是指因城市实施规划、国家建设的需要而被政府批准征用的房产或收回的土地使用权。因城市实施规划、国家建设的需要而搬迁,由纳税人自行转让原房地产的,比照本规定免征土地增值税。

行条例实施细则》第 11 条的规定,应该当免征土地增值税。再审法院认为,出让宗地虽属南海区节能减排项目用地及“三旧”改造项目用地,但根据涉案土地使用权挂牌转让须知及(2010)南法执字第 5138 - 9 号《执行裁定书》可知,涉案土地使用权并不存在关某华自行转让的情形。①

笔者认为,法院认为土地使用权通过拍卖方式转让不属于自行转让缺乏依据。首先,自行转让不等同自愿主动转让。法院之所以作出如此判决,应该是将自行转让等同自愿主动转让,可没有法规作如此规定。其次,即使是纳税人直接将土地使用权转让给他人,也不能得出自愿主动的结论。最后,《土地增值税暂行条例实施细则》第 11 条赋予自行转让人免税权,其重点不在于纳税人在转让土地使用权时是主动还是被动,而在于自行转让人是否因城市实施规划、国家建设的需要而搬迁。假如纳税人被动转让土地使用权不符合免税条件,则由政府征收、收回土地使用权都属于纳税人被动的情形。既然纳税人被动地被征收、收回土地使用权可以享受免税政策,被动转让也应该可以享受。

六、免征土地增值税是否应当以税务机关审核为前提

符合《土地增值税暂行条例》第 8 条第 2 项免税条件的纳税人是否能直接享受免税待遇,在实务中存在争议。

大鹏科技公司于泾河工业园内有建设用地 60 多亩,原决定用于水苏糖项目建设,在建设项目备案过程中,被原高陵县(现高陵区)发改委告知泾河工业园规划有调整,县政府要求工业企业搬出泾河工业园。2011 年,大鹏科技公司将泾河工业园内的 60 多亩土地使用权转让给陕西华宇公司,并按土地评估价值 1715 万元缴纳各种税费总计 553 万元。转让合同签订 3 年后,因泾河工业园内的气象站搬迁问题未得到解决,泾河工业园的容积率被改为 1.2,华宇公司与大鹏科技公司因此就土地使用权转让价格发生争议,经一审、二审以及最高人民法院再审,法院最终判决土地使用权转让价格为 732 万元。

大鹏科技公司认为,其将土地使用权转让给华宇公司,是因为政府对泾河工业

① 广东省高级人民法院行政裁定书,(2019)粤行申 2657 号。

园的规划进行了调整，根据《土地增值税暂行条例》第 8 条第 2 项的规定，应该免征土地增值税。即使需要缴纳土地增值税，也应该以法院判决并已执行的土地使用权转让价格作为计税依据，而不应该以之前的评估价作为纳税依据。高陵区地税局认为，法院判决认定的交易额不能作为计税依据，且大鹏科技公司提出的退税申请已超过《税收征收管理法》第 51 条规定的 3 年时效期限①，免税需要经纳税人申请和税务机关审批，故拒绝了大鹏科技公司的退税请求。大鹏科技公司诉至西安铁路运输法院，法院以已超 3 年时效为由，驳回大鹏科技公司的退税诉求。②

在该案中，高陵区地税局认为免税需要经纳税人申请和税务机关审批的法律依据是 2013 年修正版《税收征收管理法》第 33 条③以及《土地增值税暂行条例实施细则》第 11 条的规定，④即纳税人欲享受土地增值税免税优惠政策的，需要向税务机关提出书面申请，经有权税务机关依法审批后，才能享受。若未提出申请，即使符合免税的条件，也不能享受免税优惠政策。

2015 年《税收征收管理法》第 33 条将书面申请以及有权税务机关审批的内容删除。⑤《税收征收管理法》之所以作出修改，是因为 2001 年开始的行政审批制度

---

① 《税收征收管理法》第 51 条规定，纳税人超过应纳税额缴纳的税款，税务机关发现后应当立即退还；纳税人自结算缴纳税款之日起 3 年内发现的，可以向税务机关要求退还多缴的税款并加算银行同期存款利息，税务机关及时查实后应当立即退还……

② 西安市铁路运输法院行政判决书，(2018)陕 7102 行初 367 号。

③ 2013 年《税收征收管理法》第 33 条规定，纳税人可以依照法律、行政法规的规定书面申请减税、免税。减税、免税的申请须经法律、行政法规规定的减税、免税审查批准机关审批。地方各级人民政府、各级人民政府主管部门、单位和个人违反法律、行政法规规定，擅自作出的减税、免税决定无效，税务机关不得执行，并向上级税务机关报告。

④ 《土地增值税暂行条例实施细则》第 11 条规定，条例第 8 条第 1 项所称的普通标准住宅，是指按所在地一般民用住宅标准建造的居住用住宅。高级公寓、别墅、度假村等不属于普通标准住宅。普通标准住宅与其他住宅的具体划分界限由各省、自治区、直辖市人民政府规定。纳税人建造普通标准住宅出售，增值额未超过本细则第 7 条第 1 项、第 2 项、第 3 项、第 5 项、第 6 项扣除项目金额之和 20% 的，免征土地增值税；增值额超过扣除项目金额之和 20% 的，应就其全部增值额按规定计税。条例第 8 条第 2 项所称的因国家建设需要依法征用、收回的房地产，是指因城市实施规划、国家建设的需要而被政府批准征用的房产或收回的土地使用权。因城市实施规划、国家建设的需要而搬迁，由纳税人自行转让原房地产的，比照本规定免征土地增值税。符合上述免税规定的单位和个人，须向房地产所在地税务机关提出免税申请，经税务机关审核后，免予征收土地增值税。

⑤ 2015 年《税收征收管理法》第 33 条规定，纳税人依照法律、行政法规的规定办理减税、免税。地方各级人民政府、各级人民政府主管部门、单位和个人违反法律、行政法规规定，擅自作出的减税、免税决定无效，税务机关不得执行，并向上级税务机关报告。

改革,改革要求按照“应减必减、该放就放”的原则,进一步取消和调整行政审批项目。凡可以采用事后监管和间接管理方式的,一律不设置审批。① 虽然《税收征收管理法》将免税审批的内容删除,但是《土地增值税暂行条例实施细则》第11条并未删除免税审批的内容。但是,国家税务总局于2019年11月1日出台的《税收征管操作规范》规定,对免征土地增值税的3种情形,实行备案制。②

但是,个别税务机关在实际操作中没有跟上国家行政审批制度改革的步伐。2019年5月4日,辽宁省税务局于其官网发布《土地增值税优惠核准》,要求因以下情况享受土地增值税免税优惠的纳税人,应该向税务机关填报《纳税人减免税申请核准表》:(1)建造普通住宅出售,增值额未超过扣除项目金额之和20%的土地增值税减免优惠;(2)因城市实施规划、国家建设需要而搬迁,纳税人自行转让房地产土地增值税减免优惠;(3)因国家建设需要依法征用、收回的房地产土地增值税减免优惠。③

七、免征土地增值税是否应当以资料备案为前提

国家税务总局《关于进一步深化税务领域“放管服”改革 培育和激发市场主体活力若干措施的通知》(税总征科发〔2021〕69号)规定,简化土地增值税免税事项办理,由事前备案改为纳税人自行判别、自主申报享受、相关资料留存备查。自此,税务机关不能再要求享受土地增值税免税的纳税人在规定期限报送资料备案,该规定符合放管服改革的要求。国家税务总局《关于进一步深化税务系统“放管服”改

---

① 参见《温家宝:深化行政审批制度改革推动政府职能转变》,载中央人民政府官网,http://www.gov.cn/ldhd/2011－11/14/content_1992715.htm。

② 《税收征管操作规范》第1.1.5.1条规定,税收减免备案……15.因城市实施规划、国家建设需要而搬迁,纳税人自行转让房地产免征土地增值税:因城市实施规划、国家建设的需要而搬迁,由纳税人自行转让原房地产的,免征土地增值税。16.因国家建设需要依法征用、收回的房地产土地增值税减免:因国家建设需要依法征用、收回的房地产,是指因城市实施规划、国家建设的需要而被政府批准征用的房产或收回的土地使用权。17.普通标准住宅增值率不超过20%的土地增值税减免:纳税人建造普通标准住宅出售,增值额未超过取得土地使用权所支付的金额、开发土地和新建房及配套设施(以下简称房增开发)的成本、开发土地和新建房及配套设施的费用、与转让房地产有关的税金扣除项目金额之和20%的,免征土地增值税……

③ 参见国家税务局辽宁省税务局:《土地增值税优惠核准》,载辽宁省税务局官网,http://liaoning.chinatax.gov.cn/art/2019/5/4/art_1911_15519.html。

革 优化税收环境的若干意见》(税总发〔2017〕101号)规定,改进各税种优惠备案方式,基本实现税收优惠资料由报送税务机关改为纳税人留存备查,减轻纳税人备案负担。

第五节 因申报的计税依据明显偏低且无正当理由引发的争议

纳税人既是税收法律关系的主体,也是民事法律关系的主体,同时受税法与民法的约束,因此,就同一笔财产、所得,或者交易,其民事权利义务的确认与纳税义务方面会存在千丝万缕的联系。一方面,民事法律关系是税收法律关系产生的前提和基础,计税依据建立在民法规范对财产和所得的归属、交易、金额等方面的确认之上;另一方面,民法规范与税收法律规范分属于不同的法律部门,有各自需要遵循的基本原则和立法目的。民法的基本原则之一是意思自治,即民事主体有权决定是否交易、和谁交易、怎么交易、以多少价格进行交易等,不受他人限制。民法的立法日的之一是保护民事主体的财产权。税法的基本原则之一是税收法定,即没有法律的明确规定,税务机关不能征税。税法的立法目的是保障国家税收及时足额入库。由于上述的不同,在某些时候,税法与民法会对同一事实作出不同评价。

为避免纳税人滥用意思自治原则,通过降低交易价格的方式逃避缴纳税款,《税收征收管理法》第35条第1款第6项规定,纳税人申报的计税价格明显偏低,又无正当理由的,税务机关有权核定其应纳税额。税务机关通过行使该条赋予的核定征收权,为国家挽回了不少税收损失,但同时也因行使该条规定的核定征收权与纳税人发生过不少税务行政争议。就《税收征收管理法》第35条第1款第6项规定的核定征收而言,纳税人与税务机关主要在以下几个方面发生争议。

一、稽查局有哪些职权

《税收征收管理法》第 35 条规定，税务机关有权核定应纳税额。[①] 虽然税务机关包括税务局、税务分局、税务所、稽查局，[②]但是不能直接得出稽查局拥有所有税收核定征收权的结论。首先，根据《个体工商户税收定期定额征收管理办法》第 3 条的规定，对依法可以不设置账簿的个体工商户进行定期定额征收的工作，并不由稽查局负责。其次，对于《税收征收管理法实施细则》第 9 条，不同的人理解不一样：有人认为，稽查局只能专门从事偷税、逃避追缴欠税、骗税、抗税案件的查处，除此之外的事情，稽查局都无权处理；有人认为，偷税、逃避追缴欠税、骗税、抗税案件只能由稽查局查处，其他税务机关无权查处，稽查局除有权查处偷税、逃避追缴欠税、骗税、抗税案件外，还有其他职权；有人认为，《税收征收管理法实施细则》第 9 条关于偷税、逃避追缴欠税、骗税、抗税案件的列举式表述并不能包括所有的税收违法行为，稽查局有权对其他税收违法行为进行查处。由于《税收征收管理法实施细则》第 9 条第 1 款对稽查局的职责范围界定不明确，因此该条第 2 款规定，为避免稽查局与其他税务机关发生职责交叉，由国家税务总局明确划分税务局和稽查局的职责。国家税务总局先后颁布了《关于稽查局职责问题的通知》（以下简称国税函〔2003〕140 号）、《关于进一步加强税收征管工作的若干意见》（国税发〔2004〕108 号）、《税务稽查工作规程》（以下简称国税发〔2009〕157 号，已失效）3 个文件，但这 3 个文件并没有将稽查局的职责范围界限清楚。

根据国税函〔2003〕140 号的规定，稽查局的职责包括 3 个部分：稽查业务管理、

---

① 2015 年《税收征收管理法》第 35 条第 1 款规定，纳税人有下列情形之一的，税务机关有权核定其应纳税额：(1) 依照法律、行政法规的规定可以不设置账簿的；(2) 依照法律、行政法规的规定应当设置账簿但未设置的；(3) 擅自销毁账簿或者拒不提供纳税资料的；(4) 虽设置账簿，但账目混乱或者成本资料、收入凭证、费用凭证残缺不全，难以查账的；(5) 发生纳税义务，未按照规定的期限办理纳税申报，经税务机关责令限期申报，逾期仍不申报的；(6) 纳税人申报的计税依据明显偏低，又无正当理由的。

② 《税收征收管理法》第 14 条规定，本法所称税务机关是指各级税务局、税务分局、税务所和按照国务院规定设立的并向社会公告的税务机构。《税收征收管理法实施细则》第 9 条第 1 款规定，《税收征收管理法》第 14 条所称按照国务院规定设立的并向社会公告的税务机构，是指省以下税务局的稽查局。

税务检查和税收违法案件查处。[①] 该规定将所有的税收违法行为都划归稽查局处理,且增加了税务检查,规定的职责范围广于《税收征收管理法实施细则》第 9 条的规定,使税务局与稽查局的职权范围界限更加模糊。

其他税务机关有权对纳税人进行税务检查,稽查局也有权进行税务检查。那么,如何对两者进行职责划分?国家税务总局《关于进一步加强税收征管工作的若干意见》规定,日常税务检查与税务稽查的职责范围要按照国家税务总局《关于进一步加强税收征管基础工作若干问题的意见》(国税发〔2003〕124 号)规定的 3 条原则予以划分。各级税务机关要根据各地实际情况,制定具体管理办法,从税务检查的对象、范围、性质、时间等方面划清日常税务检查与税务稽查的业务边界。国税函〔2003〕140 号的这个规定也没有明确稽查局与税务局的职责边界。首先,笔者反复研读,没有发现国税函〔2003〕140 号规定了能划分职责边界的 3 条原则。其次,国税函〔2003〕140 号将划分职责范围的任务交给了地方各级税务机关。

《税务稽查案件办理程序规定》(国家税务总局令第 52 号)再次提及稽查局的职责权限。该文件极大地拓宽了稽查局的职责范围,规定稽查局有权对所有涉税事项进行检查处理,有权围绕检查处理开展其他相关工作。但该文件表现出了一定程度的不确定性,规定稽查局的具体职责由国家税务总局依据《税收征收管理法》《税收征收管理法实施细则》的有关规定予以确定。[②]

由于法规及国家税务总局颁布的上述文件没有明确稽查局的职责范围,导致税收实务中就稽查局的职责权限容易发生争议,司法机关在审判过程中也非常为难。司法机关的这种窘迫淋漓尽致地体现在"安徽合肥晨阳橡塑有限公司(以下简称晨阳公司)诉长丰县地方税务局稽查局(以下简称长丰稽查局)案"[③]以及"广州德发房

---

① 国税函〔2003〕140 号规定,稽查局的现行职责是指:稽查业务管理、税务检查和税收违法案件查处;凡需要对纳税人、扣缴义务人进行账证检查或者调查取证,并对其税收违法行为进行税务行政处理(处罚)的执法活动,仍由各级稽查局负责。

② 《税务稽查案件办理程序规定》(国家税务总局令第 52 号)第 4 条规定,稽查局主要职责是依法对纳税人、扣缴义务人和其他涉税当事人履行纳税义务、扣缴义务情况及涉税事项进行检查处理,以及围绕检查处理开展的其他相关工作。稽查局具体职责由国家税务总局依照《税收征收管理法》《税收征收管理法实施细则》有关规定予以确定。

③ 安徽省合肥市中级人民法院行政判决书,(2015)合行再终字第 00002 号。

产建设有限公司(以下简称德发公司)诉广东省广州市地方税务局第一稽查局(以下简称广州税稽一局)案"中。

晨阳公司在2008年5月新增注册资本时,以资本公积金转增注册资本630万元,其中500万元是未分配利润。长丰稽查局认为,以该500万元资本公积金转增注册资本,实际上是晨阳公司将公积金向股东分配了股息、红利,股东再以该股息、红利增加注册资本,股东应就该500万元股息、红利缴纳个人所得税,晨阳公司应该代扣代缴个人所得税。长丰稽查局因晨阳公司未履行代扣代缴个人所得税义务,对其罚款50万元。晨阳公司不服,向法院提起诉讼,认为其在得知500万元利润转增资本需要缴纳个人所得税后,经税务机关同意,已将500万元转回,即公司的利润并未分配,长丰稽查局不应该对其罚款50万元。

一审法院认为,长丰稽查局作为查处偷税、逃避追缴欠税、骗税、抗税案件的税务机构,根据税收专项检查的规定,在该县范围内对2008~2010年的税收开展专项检查工作,是其法定职责。晨阳公司作为已向税务机关申报办理税务登记的纳税人、扣缴义务人,有向税务机关如实申报的义务。长丰稽查局实施税务检查时,向被检查人晨阳公司送达了税务检查通知书,在税务检查过程中,税务机关检查了晨阳公司的相关资料,制作了税务稽查(检查)底稿,并与晨阳公司的有关人员核对且签字认可,故,长丰稽查局以晨阳公司未履行代扣代缴义务为由,对其处以50万元罚款是正确的。因此,一审判决驳回晨阳公司的诉讼请求。[①]

晨阳公司对一审判决不服,提出上诉。合肥市中级人民法院认为,根据《税收征收管理法实施细则》第9条的规定,稽查局是专司偷税、逃避追缴欠税、骗税、抗税案件查处的税务机构。长丰稽查局对晨阳公司作出的行政处罚,是对未履行代扣代缴义务的单位的处罚,从处罚内容上看,不属于稽查局的法定职责范围,长丰稽查局在该案中作出的行政处罚属于超越职权。因此,二审法院于2014年10月15日判决撤

① 参见安徽省长丰县人民法院行政判决书,(2014)长行初字第00007号。

销一审法院的判决,同时也撤销长丰稽查局作出的《税务行政处罚决定书》。①

长丰稽查局不服二审判决,申请再审。合肥市中级人民法院于 2015 年 4 月 12 日受理了该案。法院再审时认为,国税函〔2003〕140 号与国税发〔2009〕157 号都规定,稽查局可以对各类税收违法案件进行查处,因此,长丰稽查局具有查处该案晨阳公司税务违法行为的法定职权。② 法院最终判决维持安徽省长丰县人民法院(2014)长行初字第 00007 号行政判决,驳回原告晨阳公司的诉讼请求。

在"广州德发房产建设有限公司诉广东省广州市地方税务局第一稽查局案"中,德发公司于 2004 年通过拍卖方式以 1.3 亿港元的价格将位于广州市天河区的房产卖给唯一竞拍人。广州税稽一局认为该交易有瑕疵,通过调查 2003 ~ 2005 年周边楼盘的交易价格,认定德发公司的交易价格过低,故依据《税收征收管理法》第 35 条第 1 款第 6 项"申报的计税依据明显偏低,且无正当理由"的规定对此次交易收入进行核定,要求德发公司按核定的 3.1 亿元销售金额补缴税款及滞纳税金共计1000 余

① 二审法院认为,根据《税收征收管理法》第 14 条的规定,本法所称税务机关是指各级税务局、税务分局、税务所和按照国务院规定设立的并向社会公告的税务机构。《税收征收管理法实施细则》第 9 条第 1 款规定,《税收征收管理法》第 14 条所称按照国务院规定设立的并向社会公告的税务机构,是指省以下税务局的稽查局。稽查局专司偷税、逃避追缴欠税、骗税、抗税案件的查处。在该案中,长丰稽查局对晨阳公司作出的行政处罚的内容均为对单位少申报缴纳税款或者对个人所得税未履行代扣代缴的法定义务的行为进行处罚,从上述处罚的内容上看,不属于税务稽查局的法定职责。长丰稽查局在该案中作出的行政处罚属于超越职权,一审部分事实认定不当,依照原《行政诉讼法》第 54 条第 2 项 4 目之规定,判决:(1)撤销安徽省长丰县人民法院行政判决书,(2014)长行初字第 00007 号;(2)撤销长丰县地方税务局稽查局长地税稽罚(2013)4 号《税务行政处罚决定书》。参见安徽省合肥市中级人民法院行政判决书,(2014)合行终字第 00164 号。

② 再审法院认为,根据《税收征收管理法》第 14 条的规定,本法所称税务机关是指各级税务局、税务分局、税务所和按照国务院规定设立的并向社会公告的税务机构;《税收征收管理法实施细则》第 9 条第 1 款规定,《税收征收管理法》第 14 条所称按照国务院规定设立的并向社会公告的税务机构,是指省以下税务局的稽查局。稽查局专司偷税、逃避追缴欠税、骗税、抗税案件的查处。又依据该实施细则第 9 条第 2 款的规定,"国家税务总局应当明确划分税务局和稽查局的职责,避免职责交叉"。根据此款授权,国家税务总局于 2003 年下发了国税函〔2003〕140 号,对稽查局的职责范围进行了界定,明确规定稽查局可以对各类税收违法案件进行查处。此后,国家税务总局于 2009 年印发了国税发〔2009〕157 号,对稽查局职责范围进行了再次明确。故依据上述规定,长丰稽查局具有查处该案晨阳公司税务违法行为的法定职权。参见安徽省合肥市中级人民法院行政判决书,(2015)合行再终字第 00002 号。

万元。①

一审法院判决,《税收征收管理法》第5条第1款规定:“国务院税务主管部门主管全国税收征收管理工作。各地国家税务局和地方税务局应当按照国务院规定的税收征收管理范围分别进行征收管理。”因此,依法核定、征收税款是广州税稽一局应履行的法定职责。在《税收征收管理法实施细则》第9条对税务局与稽查局的职责权限有比较清晰划分的情况下,该判决书未选择其作为判案依据,是因为一审法院意识到,德发公司的行为不属于违法行为,只能通过适用《税收征收管理法》第5条进行处理。德发公司不服一审判决,提请二审。二审法院判决认定,一审法院适用法律正确,驳回其诉讼请求。②

德发公司向最高人民法院提起申诉,请求最高人民法院能依法就稽查局的职责范围作出公正的判决。2017年4月7日,最高人民法院作出(2015)行提字第13号行政判决书。判决书提到,对于税务局稽查局是否具有《税收征收管理法》第35条规定的核定应纳税额的具体职权,法律没有明确规定。但是,人民法院应当尊重稽查局依据《税收征收管理法》第35条的规定核定税额的行为。因为稽查局查处涉嫌违法行为不可避免地需要对纳税行为进行检查和调查,如果稽查局不能行使应纳税款核定权,将会影响稽查工作的效率和效果,甚至对税收征管形成障碍。而且,广州税稽一局根据《税收征收管理法》第35条的规定核定应纳税款的行为是在广州税稽一局对德发公司销售涉案房产涉嫌偷税进行税务检查的过程中作出的,不违反《税收征收管理法实施细则》第9条的规定。

最高人民法院(2015)行提字第13号行政判决书对稽查局是否有权对德发公司的涉税房产核定应纳税额的判决,违反行政合法性原则。行政合法性原则,是指行

① 广州德发房产建设有限公司与广州市地方税务局第一稽查局申诉行政裁定书,(2013)行监字第270号;罗书臻:《最高人民法院公开开庭审理新修改行政诉讼法实施后第一起行政案件》,载《人民法院报》2015年6月30日,第1版。广州德发房产建设有限公司与广东省广州市地方税务局第一稽查局再审行政判决书,(2015)行提字第13号。

② 二审法院认为,广州税稽一局作出的税务处理决定,认定事实清楚,证据充分,适用法律正确,德发公司诉讼请求撤销该处理决定理据不足,其要求退回已缴税款、滞纳金以及堤围防护费、滞纳金,并赔偿因缴纳税款、滞纳金以及堤围防护费、滞纳金产生的利息损失的诉讼请求亦缺乏事实和法律依据,一审法院驳回其诉讼请求正确。

政职权来源合法和行政行为受法律约束,[①]即行政机关的职权由法律设定。最高人民法院明知法律没有规定稽查局有依据《税收征收管理法》第35条对纳税人进行应纳税额核定的权力,但是仍然认为法院应该尊重稽查局在工作中形成的惯例,这种观点显然违了背行政合法性原则。因为依据这个判决,只要行政机关非法行政形成惯例,或者为了提高效率和达到某种效果,即使超越法定职权,法院也会尊重。

而且,最高人民法院(2015)行提字第13号行政判决书关于稽查局职责权限范围的判定有差异。该判决书之所以认为广州税稽一局不违反《税收征收管理法实施细则》第9条的规定,其对德发公司的交易行为有核定征收权,是因为"广州税稽一局根据《税收征收管理法》第35条的规定核定应纳税款的行为是在广州税稽一局对德发公司销售涉案房产涉嫌偷税进行税务检查的过程中作出的""稽查局在查处涉嫌税务违法行为"。但在事实认定部分,再审法院认为,"广州税稽一局自2006年对涉案纳税行为进行检查,虽经3年多调查后,未查出德发公司存在偷税、骗税、抗税等违法行为"。然后,最高人民法院作出结论:"广州税稽一局认定德发公司存在违法违章行为没有事实和法律依据。"也就是说,该判决书,一方面,认为德发公司涉嫌税收违法,广州税稽一局对其交易行为有权进行核定征收;另一方面,又肯定地给出结论,德发公司没有违法行为。假如稽查局有权以纳税人涉嫌违法为由行使核定征收权,则稽查局的权力将是无限的,因为稽查局很容易就能找到纳税人涉嫌违法的证据。

根据最高人民法院的判决可以推导出,最高人民法院认为,稽查局可以涉嫌违法为由,根据《税收征收管理法》第35条第1款第6项的规定对任何不动产转让方进行土地增值税核定征收。这个判决不仅没有厘清稽查局的职责权限,而且无限放大了稽查局的权限范围。

综上所述,无论是税收法规还是司法判例,都未能明确划清稽查局的职责权限。尽管如此,房地产开发企业在税务机关确定的时间内进行土地增值税清算的,稽查局也无权参与清算,因为土地增值税征管是税务局财产行为科的职责范围,除非稽查局有证据证明,房地产开发企业在土地增值税清算过程中有税收违法行为。

---

① 参见胡建淼:《行政法学》,法律出版社2015年版,第51页。

二、如何衡量申报的计税依据明显偏低

1. 计税依据明显偏低的参考价格是什么

判断纳税人申报的计税价格是否偏低，关键在于参考价格。关于税务机关应当选择什么作为参考价格、如何选择参考价格，法律、行政法规、行政规章以及国家税务总局制定的规范性文件都未予以规定。

有的地方税务机关就如何确定参考价格作了规定，如海南省地方税务局《关于土地增值税清算有关问题的通知》（以下简称琼地税发〔2009〕187号）规定，海南省计税价格的参考价格包括本企业同期、同类商品房的平均销售价格，本企业近期、同类商品房的平均销售价格，当地当年、同类商品房的市场价格或者评估价。①

在本企业没有同期或近期、同类商品房平均价格的情况下，税务机关一般会选择“市场价格”作为参考价格。在“广州德发房地产建设公司诉广东省广州市地方税务局第一稽查局案”中，广州税稽一局声称，德发公司委托拍卖的房产的交易价格明显低于市场交易价格。在“新疆瑞成房地产开发有限公司（以下简称瑞成公司）诉新疆维吾尔自治区地方税务局稽查局（以下简称新疆地稽局）案”中，新疆地稽局认定，瑞成公司于2010年销售给某投资发展有限公司离退休职工的住宅价格低于市场价格。②

何为“市场价格”？亚当·斯密在《国富论》中对它的定义是，“市场价格为商品一般出卖的实际价格”③。亚当·斯密对市场价格的定义来自经济学思维，“一般”这种不确定、不严谨的措辞应该很难被法律接受，法律对“市场价格”应该有一个科学的界定。但遗憾的是，法律未对其予以定义，从而导致税务机关在税收征管中，对市场价格的把握千差万别。广州税稽一局参考的市场价格来自房屋管理部门2003～2005年的性质相同的房产交易档案材料，新疆地稽局参考的市场价格来自瑞

① 琼地税发〔2009〕187号第3条第1款规定，对商品房销售价格明显偏低的，其收入按下列方法和顺序确认：（1）按本企业同期、同类商品房的平均销售价格确定；（2）按本企业近期、同类商品房的平均销售价格确定；（3）由税务机关参照当地当年、同类商品房的市场价格或评估价值确定。

② 新疆维吾尔自治区地方税务局稽查局与新疆房地产开发有限公司税务行政处罚二审行政判决书，（2014）乌中行终字第95号。

③ 参见［英］亚当·斯密：《国富论》，孙善春、李春长译，中国华侨出版社2015年版，第353页。

成公司2010年的销售价格。

2. 计税依据明显偏低的衡量标准是什么

相对参照物，纳税人申报的计税价格低到什么程度属于明显偏低？对此，税收立法未予以明确。海南省税务局规定，低于同期、同类房地产平均销售价格30%的是明显偏低。① 有的税务机关认为，低于同期同类房地产价格20%的，可认定为明显偏低。② 有人认为，可参照适用《白酒消费税最低计税价格核定管理办法（试行）》（国税函〔2009〕380号）第2条的规定，该条规定，白酒生产企业销售给销售单位的白酒，生产企业消费税计税价格低于销售单位对外销售价格（不含增值税）70%以下的，税务机关应核定消费税最低计税价格，即当计税依据低于具有可比性市场价格的70%时，可认定明显偏低。③ 有人认为，可以适用最高人民法院《关于适用〈中华人民共和国合同法〉若干问题的解释（二）》（以下简称法释〔2009〕5号）第19条的规定，④即转让价格达不到交易时交易地的指导价或者市场交易价70%的，一般可以视为明显不合理的低价。⑤

笔者认为，上述观点有不足之处。首先，低于同季、同类型房地产20%的价格即认定为价格偏低没有任何法律依据。其次，《白酒消费税最低计税价格核定管理办法（试行）》第2条规定的是白酒生产企业销售白酒的情况，这个规定并不适用于消费税纳税义务人销售其他产品的情形。在除白酒生产企业销售白酒外的其他消费税行为都不参考适用这个规定的情况下，土地增值税参照适用这个规范性文件缺乏法律依据。最后，税务机关不能将法释〔2009〕5号第19条作为衡量计税价格明显偏低的法律依据。其原因有以下两点：其一，合同法属于民商法范畴，税收征收管理

① 《国家税务总局海南省税务局土地增值税清算审核管理办法》第6条。

② 国家税务总局海口市税务局、国家税务总局海南省税务局与海南华城房产开发有限公司其他行政行为二审行政判决书，（2018）琼01行终273号。

③ 参见翟继光：《论"计税依据明显偏低又无正当理由"的判断标准》，载《税务研究》2016年第8期。

④ 法释〔2009〕5号已于2021年1月1日被最高人民法院《关于废止部分司法解释及相关规范性文件的决定》废止。法释〔2009〕5号第19条第1款、第2款规定，对于原《合同法》第74条规定的"明显不合理的低价"，人民法院应当以交易当地一般经营者的判断，并参考交易当时交易地的物价部门指导价或者市场交易价，结合其他相关因素综合考虑予以确认。转让价格达不到交易时交易地的指导价或者市场交易价70%的，一般可以视为明显不合理的低价；对转让价格高于当地指导价或者市场交易价30%的，一般可以视为明显不合理的高价。

⑤ 参见朱长胜：《"计税依据明显偏低，又无正当理由"在实践中的应用》，载《税务研究》2017年第9期。

法属于行政法范畴，两者的立法目的，所需要遵循的立法、执法基本原则有明显区别，税务机关在税收征管过程中不宜直接借用合同法的规定作为执法依据。其二，纳税人申报的计税依据明显偏低且无正当理由的，税务机关对其交易价格可以直接予以否定并核定应纳税额。《合同法》第74条以及法释〔2009〕5号第19条并未规定债务人以明显不合理的低价转让财产的行为无效，其仅仅赋予了债权人在受让人明知该种情形的情况下，有请求人民法院撤销债务人行为的权利，而最终该行为是否被撤销，还需要法院综合各种因素作出判断。需要引起各位注意的是，由于《民法典》的实施，《合同法》已被废止，法释〔2009〕5号也被最高人民法院《关于废止部分司法解释及相关规范性文件的决定》(法释〔2020〕16号)予以废止。

3. 如何协调计税依据明显偏低与意思自治原则的关系

纳税人滥用意思自治原则逃避缴纳税款会导致国家税收流失，应该被及时纠正，但税务机关随意以计税价格明显偏低为由，对纳税人实行核定征收也会破坏民商法确定的意思自治原则。意思自治原则，是指各个民事主体根据自己的意志自主形成法律关系的原则，①被规定在《民法典》第5条中。② 意思自治原则主要体现为契约自由。契约自由意味着当事人在法律没有禁止的前提下有决定是否缔结合同的自由、与谁缔结合同的自由、决定合同内容的自由、缔结合同方式的自由等。

决定合同内容的自由包括当事人有决定交易价格的自由。当事人有权根据商品的成本、市场需求、竞争、国家政策等决定交易价格，个别商品的交易价格既有可能高于市场价格，也有可能低于市场价格，但一般不会等于该类商品的市场价格，因为“市场价格为商品一般出卖的实际价格”，③即一类商品在一定地区、一定时期内的平均价格。

意思自治是民法的核心和灵魂，④是促进市场经济活跃的原动力。市场经济主

① 参见[德]迪特尔·梅迪库斯：《德国民法总论》，邵建东译，法律出版社2000年版，第142页。

② 《民法典》第5条规定，民事主体从事民事活动，应当遵循自愿原则，按照自己的意思设立、变更、终止民事法律关系。

③ 参见[英]亚当·斯密：《国富论》，孙善春、李春长译，中国华侨出版社2011年版，第23页。

④ 参见赵万一：《对民法意思自治原则的伦理分析》，载《河南省政法管理干部学院学报》2003年第5期。

体是自己利益价值的判断者和利益最大化的追求者，在法律规定的范围内有能力、也有权利对交易价格作出合理判断和决定，法律应该对市场主体依据意思自治原则作出的民事行为予以支持和鼓励。所以，并不是所有计税依据明显偏低的交易，都要进行核定征收，只有在“无正当理由”且计税依据明显偏低的情况下，税务机关才能进行核定征收。

三、什么情况属于无正当理由

我国法律对什么是“正当理由”，什么是“无正当理由”没有作出细化规定。海南省税务局规定了什么是正当理由，[①]但该规定并不明确，因为几乎没有税务机关认定“人民法院判决或裁定的转让价格、政府有关部门确定的转让价格”偏低是无正当理由，也不会有税务机关认为自己已经认可的偏低价格无正当理由。

有人认为，销售价格受客观因素的影响，在讨论申报的计税依据是否明显偏低时应该综合考虑客观因素，考虑是否具有“正当理由”应该从客观因素以外的因素（主要是纳税人自身的主观因素）入手，不违法、不违反道理底线的理由都是正当理由，凡以避税为主要目的的均可认定为无正当理由。[②] 也有人认为，“无正当理由”可以理解为“不具有合理商业目的”，比如，《企业所得税法》第 47 条规定，企业实施其他不具有合理商业目的的安排而减少其应纳税收入或者所得额的，税务机关有权按照合理方法予以调整。[③] 不具有合理商业目的，是指以减少、免除或者推迟缴纳税款为主要目的。[④] 综合上述两种观点，“无正当理由”，是指纳税人主观上有减少、免除或者推迟缴纳税款的目的。假如纳税人没有逃避缴纳税款的目的，计税依据偏低是客观因素造成的，则税务机关无权核定应纳税额。

首先，假如纳税人没有逃避缴纳税款的主观故意，交易价格低不是纳税人主观

① 《国家税务总局海南省税务局土地增值税清算审核管理办法》第 7 条规定，符合下列条件之一的房地产销售价格明显偏低，视为有正当理由：(1)人民法院判决或裁定的转让价格；(2)政府有关部门确定的转让价格；(3)经主管税务机关认定的其他情形。

② 参见翟继光：《论“计税依据明显偏低又无正当理由”的判断标准》，载《税务研究》2016 年第 8 期。

③ 参见朱长胜：《“计税依据明显偏低，又无正当理由”在实践中的应用》，载《税务研究》2017 年第 9 期。

④ 《企业所得税法实施条例》第 120 条规定，《企业所得税法》第 47 条所称不具有合理商业目的，是指以减少、免除或者推迟缴纳税款为主要目的。

追求的目标,而是客观因素造成的,则交易价格即为这种客观条件下的市场价格,因为无论客观因素的存在是否合理,其都不以人的意志为转移,没有理由让纳税人为自己不能控制的客观因素承担法律责任。

其次,利润最大化是市场主体的追求目标,在供需关系、产品质量等客观因素的综合作用下,销售方很难左右市场价格,假如纳税人毫无过错,却在已惨遭低价销售的打击下,再被超负荷征税,违背税收公平原则①。

最后,假如不考虑纳税人的主观因素即调增应纳税额,会导致国家多收税款。以"广州市德发房地产有限公司诉广东省广州市地方税务局第一稽查局案"为例,假设德发公司没有逃避缴纳税款的目的,税务机关将其销售金额由 1.3 亿元调增到 3.1 亿元,则德发公司对增加的 1.8 亿元需要补缴营业税、企业所得税、土地增值税等。而购买方取得的发票注明的价款依然是 1.3 亿元,在折旧或者成本扣除时,其所在地税务机关并不会因为销售方被调增 1.8 亿元收入而直接调增购买方 1.8 亿元成本。

因减少、免除或者推迟缴纳税款的目的是一种主观心理态度,需要通过外部行为表现出来才能被人认知,所以《税收征收管理法》第 35 条第 1 款第 6 项规定的"无正当理由"应该不包括《税收征收管理法》第 63 条、《刑法》第 201 条规定的逃税行为,因为这些逃税行为已经属于违法行为的范畴,且已经被规定在《税收征收管理法》第 35 条第 1 款的第 2 项至第 5 项。综观整个税收立法,明确规定纳税人主观上具有减少、免除或者推迟缴纳税款目的而行为不违法的只有《企业所得税法》第 41 条规定的不符合独立交易原则而减少企业或者其关联方应纳税收入或者所得额的关联交易。对于《企业所得税法》第 47 条规定的"其他不具有合理商业目的"的行为是什么,则需要税务机关在执法过程中具体把握。

在"广州德发房地产有限公司诉广东省广州市地方税务局第一稽查局案"中,广州税稽一局在一审、二审过程中提交的德发公司无正当理由的证据包括:只有一个竞买人,拍卖保证金门槛设置过高,拍卖底价设置过低。即使法律对什么是"无正当

① 税收公平,是指国家征税应使各纳税人的税负与其负担能力相适应,并使纳税人之间的负担水平保持平衡。

理由”没有明确定义，广州税稽一局提出的这些证据也难以让人认同其对“无正当理由”的判断。因为拍卖保证金门槛设置过高虽然有可能减少参与竞买的人数，但过低的拍卖底价（广州税稽一局认为拍卖底价过低）足以吸引更多人参与竞拍，在拍卖信息被依法公之于众的情况下，有几个竞买人是转让方很难控制的，而且，假如转让方不能从其他渠道得到补偿的话，其绝不会仅仅为了少缴税款而费力降低售价。但当广州税稽一局在再审答辩中提到竞买人在拍卖前知道拍卖底价，交易双方的法定代表人曾经是夫妻关系时，就形成了一个完整的“无正当理由”的证据链条，从而得到最高人民法院的认可。

在“新疆瑞成房地产开发有限公司诉新疆维吾尔自治区地方税务局稽查局案”中，瑞成公司应上级主管部门要求以低于自己同类、同期商品房20%的价格将房屋销售给关联公司的离退休职工，该行为被三级人民法院认定为低价转让有正当理由。① 二审法院认为，考虑关联企业的离退休人员为供销合作事业作出的贡献，切实解决信访突出等问题，瑞成公司为维护社会大局稳定，以低价出让房屋以解决老职工收入低、住房条件差、生活困难等问题是善举，并无不当。因此，二审法院与再审法院对一审法院撤销新地税稽罚〔2010〕12号税务行政处罚决定的判决予以维持。

四、应当采用什么核定征收方法

纳税人申报土地增值税的计税依据明显偏低且无正当理由的，该如何核定应纳税额，土地增值税法规未对此作具体规定。但《税收征收管理法实施细则》第47条关于如何核定应纳税额的规定适用于所有税种。该条规定，纳税人有《税收征收管理法》第35条或者第37条所列情形之一的，税务机关有权采用以下任何一种方式核定其应纳税额：（1）参照当地同类行业或者类似行为中经营规模和收入水平相近的纳税人的税负水平核定；（2）按照营业收入或者成本加合理的费用和利润的方法核定；（3）按照耗用的原材料、燃料、动力等推算或者测算核定；（4）按照其他合理方

---

① 参见乌鲁木齐中级人民法院行政判决书，（2014）乌中行终字第95号；新疆维吾尔自治区高级人民法院再审裁定书，（2015）新行监字第54号。

法核定。采用前款所列一种方法不足以正确核定应纳税额时，可以同时采用两种以上的方法核定。

《税收征收管理法实施细则》第47条规定的核定方法存在以下问题。

首先，《税收征收管理法实施细则》第47条与《增值税暂行条例实施细则》第16条的规定相冲突。税务机关适用《税收征收管理法》第35条第1款第6项核定的应纳税额，包括增值税及附加、所得税、土地增值税等。因此，《税收征收管理法实施细则》第47条规定的核定方法应当适用于所有税种应纳税额的核定。而且，税务机关无论用哪种方法核定应纳税额，都应当先核定销售额，然后通过核定的销售额计算出应纳税额。但是，《增值税暂行条例实施细则》第16条规定必须按照下列顺序确定销售额：(1)按纳税人最近时期同类货物的平均销售价格确定；(2)按其他纳税人最近时期同类货物的平均销售价格确定；(3)按组成计税价格确定。纳税人没有最近时期同类货物销售的，选择第二种方法予以核定；只有其他人也没有同类货物销售的，才能选择第三种方式。《增值税暂行条例实施细则》第16条的前述规定与《税收征收管理法实施细则》第47条税务机关可以随意选择自认为合理的核定方法的规定有明显不同。

《税收征收管理法实施细则》由国务院制定颁布，属于行政法规，《增值税暂行条例实施细则》由财政部与国家税务总局制定颁布，属于行政规章，根据上位法优先于下位法的基本原则，税务机关应当适用《税收征收管理法实施细则》第47条规定的方法对计税依据明显偏低且无正当理由的交易行为核定应纳税额。

其次，税务机关的自由裁量权过大。这种自由裁量权一方面来自法律规定的模糊性，比如，多大地理范围内属于"当地"？"类似行业"如何界定？经营规模和收入水平相差多少属于"相近"？另一方面来自法律法规的明确授权，比如，税务机关有权任意选择核定方法，纳税人提出异议的，需要提供证据，纳税人即使有充分的证据证明税务机关采用的核定方法存在问题，是否调整应纳税额的决定权仍然由税务机关掌控。[①] 在"上海湘维化纤经营部(以下简称上海湘维)与上海市地方税务局普陀

① 《税收征收管理法实施细则》第47条第3款规定，纳税人对税务机关采取本条规定的方法核定的应纳税额有异议的，应当提供相关证据，经税务机关认定后，调整应纳税额。

区分局第十三税务所(以下简称十三所)案”很好地诠释了税务机关在核定征收中的自由裁量权。[①]

上海湘维于2014年10月28日将房产通过拍卖公司拍卖,拍卖价为162万元,并于2015年11月13日到十三所申报缴纳土地增值税、营业税及附加。十三所认为,交易价格明显偏低,要求上海湘维通过有资质的房地产评估公司对涉案房地产进行评估,房地产评估公司以2015年12月2日为价格时点,评估涉案房产的市场价格为214.5万元。十三所即要求上海湘维将214.5万元作为收入申报缴纳土地增值税。

评估价格,是指依据一定的评估方法对房地产的客观合理价格所估计。对同一宗房地产利用不同的评估方法,得出的评估价格是不一样的,而且,受供求关系、环境因素等影响,不同的时间段,即使使用同一种评估方法,得出的评估价格也可能不一样。上海市房地产行业协会《2015年上海房地产市场调研报告》披露,2015年12月上海全市新建商品房价格比2014年同期上涨18.2%,二手房比上年上涨17.8%。[②] 由此可见,2014年11月与2015年12月的房价区别极大,以2015年12月为价格时点去评估2014年11月交易的房价显然是不合理的。但是,在十三所未提供法律作为否定拍卖价及选择评估价作为计算土地增值税的依据,也未就其选用的评估方法作详细说明的情况下,十三所的核定征收行为即得到了一审与二审法院的支持。

综上所述,笔者认为,对于土地增值税的核定征收,我国相关立法有待进一步完善,具体表现在:缺乏科学的参考物;如何评判计税依据明显偏低成为一个难题;立法对何为不正当理由、何为正当理由并未进行定义,需要税务机关在个案中予以把握。由于立法的不完善,税务机关在核定土地增值税应纳税额的过程中,享有极大的自由裁量权,有时难免对纳税人的权益造成影响,从而与纳税人产生争议。

---

① 上海市第三中级人民法院行政判决书,(2017)沪03行终515号。

② 上海市房地产行业协会:《2015年上海房地产市场调研报告》,载百度网,https://wenku.baidu.com/view/e1385b97148 884868762caaedd3383c4ba4cb441.htm,最近访问日期:2022年10月26日。

附案例分析

一、基本案情

原告澄迈某旅业有限公司(以下简称澄迈公司)于2006年取得“盈滨雅园别墅小区”项目所在的土地使用权后,于2007年开工建设,后因建设资金不足,以每平方米4000元的价格预售12套别墅,另以每平方米6580元的价格销售两套给两位股东。澄迈公司在2011年给购房客户办理房屋产权证时,得知税务机关已经对此类别墅设定了每平方米6580元的最低计税价格。澄迈公司为了顺利办理房产证,在未向购房者加收价款的情况下补签购房合同,并以每平方米6580元的价格开具发票,预缴土地增值税1,077,122.97元。2014年2月28日,被告澄迈县地税局第二分局(以下简称第二税务分局)作出澄地税二分局清缴〔2014〕001号《土地增值税清算税款缴纳通知书》,要求澄迈公司于2014年3月15日前,对12套别墅以每平方米9450元、2套别墅以每平方米6580元的价格补缴土地增值税870余万元,营业税及附加68万余元。①

二、争议焦点

(1)税务机关在程序上是否有违法行为?

(2)税务机关适用《税收征收管理法》第35条第1款第6项对应纳税额进行核定征收是否有错误?

(3)计税价格是否偏低?是否有正当理由?

三、澄迈公司的观点

(一)澄迈公司认为第二税务分局在程序上存在违法行为

首先,税务机关聘请的鉴证机构不合格。第二税务分局作出的清缴〔2014〕001号《土地增值税清算税款缴纳通知书》所依据的《土地增值税清算定项鉴证报告》由海南鹏林会计师事务所出具,根据《土地增值税清算鉴证业务准则》(国税发〔2007〕132号)、国税发〔2010〕53号和《关于调整土地增值税征管工作流程(试行)的通知》(以下简称琼地税发〔2013〕16号)的规定,土地增值税清算鉴证应当由有资质的税

① 海南省澄迈县人民法院行政判决书,(2014)澄行初字第10号。

务师事务所出具，海南鹏林会计师事务所并非税务师事务所，相关经办人也不是税务师。因此，该《土地增值税清算定项鉴证报告》不能作为第二税务分局清算澄迈公司土地增值税的合法依据。

其次，核定价格的程序不合规。琼地税发〔2013〕16 号文件规定，在清算审核过程中需要进行实地核查的，由清算审核小组提交《土地增值税清算下户核查申请》，经相关领导批准，持《实地核查通知书》和税收执法检查证下户核查，检查人员不少于 2 名。但是，第二税务分局提供的《初审报告》《审核报告》《会议记录》均未显示第二税务分局曾亲自或委派他人实地核查澄迈公司别墅项目的土地性质、临海位置、绿化景观、容积率，而且第二税务分局也不能提供实地核查中所应具备的经澄迈县地税局局长批准的《土地增值税清算下户申请》和《实地核查通知书》，第二税务分局不能证明其确实进行过对澄迈公司项目销售价的实地查看和比对，进行过价格确定工作。未经过任何现场勘验核定出来的价格自然难以让人信服。

（二）澄迈公司认为第二税务分局所作的《土地增值税清算税款缴纳通知书》适用法律错误

首先，《税收征收管理法》第 35 条是关于核定征收的规定，第二税务分局在该案中所采取的是查账征收，故第二税务分局在此引用该法条作为法律依据显属适用法律错误。其次，国税函〔2010〕220 号规定，土地增值税清算时，已全额开具商品房销售发票的，按照发票所载金额确认收入。在澄迈公司的开发项目已经全额开具发票的情况下，第二税务分局不需要对作为纳税人的澄迈公司的收入再行确认。最后，琼地税发〔2009〕187 号明确规定了核定收入的方法和顺序。[①] 在澄迈公司同期（近期）、同类商品房平均销售价格已明确的情况下（澄迈公司两名股东的购房价格为每平方米 6580 元），第二税务分局却忽视法律规定的价格确认顺序，跳过第（一）项、第（二）项，直接采用第（三）项来确定澄迈公司商品房销售价格无法律依据。

（三）澄迈公司的房产销售价格不低且有正当理由

之所以以每平方米 4000 元的价格提前出售 12 套房，是因为澄迈公司缺乏建设

① 琼地税发〔2009〕187 号规定，对商品房销售价格明显偏低的，其收入按下列方法和顺序确认：（1）按本企业同期、同类商品房的平均销售价格确定；（2）按本企业近期、同类商品房的平均销售价格确定；（3）由税务机关参照当地当年、同类商品房的市场价格或评估价值确定。

资金,各购房者实际上是在澄迈公司正式预售房产之前就先期认购、先行出资参与建设,且该小区的实际环境、配套设施、环境景观等一般。

(四)第二税务分局确定的参考价格有误

澄迈公司房产的销售发生时间为2008~2009年,2011年是开具发票的时间,而非销售房产时间。第二税务分局将澄迈公司的销售时间定为2011年,2008~2009年与2011年的房价是不一样的。而且,第二税务分局选择的参考价来自澄迈县住房保障与房产管理局(澄房管〔2012〕14号)复函,以该复函记载的数据作为参考价是错误的。首先,该复函是该局为回应澄迈县地税局对海南双菱房地产开发有限公司销售价格的调查之用,只对澄迈县的5个项目在2011年1月至5月的销售情况作了回应,根本不能体现澄迈县2011年整体房地产市场价格。其次,该复函只列出了5个项目中的3个,即中华坊、桃花涧(2011年1~5月,桃花涧销售2套,均价为每平方米11,474.61元;阳光花苑销售1套,均价为每平方米11,440.34元。两个项目的销售均价为每平方米11,460.85元)。第二税务分局委托的中介机构在使用上述复函时,只选取售价10,000元以上的后两个项目,而对售价为每平方米6500元的中华坊项目未予考虑,又未说明理由,故第二税务分局所谓"市场价格"的依据不足。

四、法院终审判决

1. 撤销被告海南省澄迈县地税局第二税务分局于2014年2月28日作出的澄地税二分局《土地增值税清算税款缴纳通知书》(清缴〔2014〕001号)和2014年4月10日作出的《限期缴纳税款通知书》(澄迈地税限缴〔2014〕6号)。

2. 被告第二税务分局应重新对原告澄迈公司开发的"盈滨雅园别墅小区项目"进行土地增值税清算。

五、法理分析

(一)程序正义是实体正义的前提和保障

《土地增值税清算定项鉴证报告》是该案第二税务分局作出补税通知的主要依据之一,但该报告的制作人不符合国家税务总局文件的规定。虽然《涉税专业服务监管办法(试行)》规定,会计师事务所、律师事务所、代理记账机构、税务代理公司、财税类咨询公司等机构有权从事涉税鉴证服务，[①]但是，根据《国家税务总局关于印发〈土地增值税清算鉴证业务准则〉的通知》（国税发〔2007〕132号）的规定，土地增值税清算鉴证服务，只能由税务师事务所提供。[②] 文件之所以要求由税务师事务所提供土地增值税清算鉴证服务，主要原因是土地增值税清算具有复杂性与极强的专业性，只有具备专业知识的税务师才能更好地提供服务。而该案税务机关委托海南鹏林会计师事务所出具《土地增值税清算定项鉴证报告》，一方面违反了国家税务总局制定的规范性文件，另一方面其可信度不高。会计与税务虽然具有一定的关联性，但会计学与税收学分属于两个不同的学科领域，一般情况下，财会人员对税法的了解和掌握不及税务师，其所作鉴证报告的可信度不如税务师。

第二税务分局否定澄迈公司的纳税行为，以核定征收的方式要求澄迈公司补税，应该有充分的法律与事实依据，而可靠的事实依据的来源之一就是税务机关的实地核查。但是，根据《土地增值税清算管理规程》（以下简称国税发〔2009〕91号）以及琼地税发〔2013〕16号，实地查验并不是税务机关的必须行为。[③] 也就是说，第二税务分局未就澄迈公司的建设项目进行实地查验即作出补税通知，在程序上并未违法。因为国税发〔2009〕91号规定的是“必要时，主管税务机关‘可’通过实地查验”，没有规定在任何时候都必须通过实地查验；琼地税发〔2013〕16号规定的是“在清算审核过程中需要进行实地核查的，由清算审核小组提交《土地增值税清算下户核查申请》经相关领导批准”，即是否实地查验取决于是否需要以及领导是否

---

① 《涉税专业服务监管办法（试行）》第4条规定，涉税专业服务机构是指税务师事务所和从事涉税专业服务的会计师事务所、律师事务所、代理记账机构、税务代理公司、财税类咨询公司等机构。第5条规定，涉税专业服务机构可以从事下列涉税业务……（5）涉税鉴证。按照法律、法规以及依据法律、法规制定的相关规定要求，对涉税事项真实性和合法性出具鉴定和证明……

② 《土地增值税清算鉴证业务准则》第2条规定，本准则所称土地增值税清算鉴证，是指税务师事务所接受委托对纳税人土地增值税清算税款申报的信息实施必要审核程序，提出鉴证结论或鉴证意见，并出具鉴证报告，增强税务机关对该项信息信任程度的一种鉴证业务。第3条规定，纳入税务机关行政监管并通过年检的税务师事务所，均可从事土地增值税清算鉴证工作。

③ 国税发〔2009〕91号第18条第2款规定，必要时，主管税务机关可通过实地查验，确认有无少计、漏计事项，确认有无将开发产品用于职工福利、奖励、对外投资、分配给股东或投资人、抵偿债务、换取其他单位和个人的非货币性资产等情况。琼地税发〔2013〕16号第2条第3款第2项规定，在清算审核过程中需要进行实地核查的，由清算审核小组提交《土地增值税清算下户核查申请》经相关领导批准（海口、三亚和儋州市局须报经主管税务分局局长批准，其他市县区局须报经局长批准），持《实地核查通知书》和税收执法检查证下户核查，检查人员不少于2名。

批准。

但是，第二税务分局在实地查验方面存在虚假陈述。第二税务分局提供的《土地增值税清算定项鉴证报告》《土地增值税清算的初审意见》写明，第二税务分局在涉案项目土地增值税清算过程中，已经实地查看和对比。但从第二税务分局所提供的证据来看，其既未显示第二税务分局曾在清算过程中亲自或委托他人实地核查澄迈公司建设项目的土地性质、临海位置、绿化景观、容积率，也未提供实地核查中所应具备的经相关领导批准的《土地增值税清算下户申请》和《实地核查通知书》。

作为第二税务分局作出《土地增值税清算税款缴纳通知书》重要依据的《土地增值税清算定项鉴证报告》，是由第二税务分局委托的不合法的主体出具的，且第二税务分局在未对澄迈公司建设项目进行实地查验的情况下声称已进行过实地查验，这两个行为足以让人怀疑第二税务分局所作的补税通知的合法性，因为程序的不合法很有可能导致实体上的不合法。

（二）《税收征收管理法》第 35 条第 1 款第 6 项的适用条件

我国税收征管方式有两种，分别为查账征收和核定征收。其中，以查账征收为主，核定征收为辅。根据《税收征收管理法》第 35 条第 1 款第 6 项、国税发〔2006〕187 号第 7 条以及《企业所得税核定征收办法》（国税发〔2008〕30 号）等的规定，核定征收在 3 种情况下适用：第一种情况是纳税人依照法律、行政法规的规定可以不设置账簿，由税务机关对其直接使用核定征收方式进行税收征管。比如，根据《个体工商户税收定期定额征收管理办法》的规定，经主管税务机关认定和县以上税务机关批准的生产、经营规模小，达不到《个体工商户建账管理暂行办法》规定设置账簿标准的个体工商户，由税务机关对其实行个人所得税定期定额征收。第二种情况是因纳税人的违法行为导致其无法适用查账征收方式，只能采取核定征收的情形，具体包括：依照法律、行政法规的规定应当设置但未设置账簿的；擅自销毁账簿或者拒不提供纳税资料的；虽设置账簿，但账目混乱或者成本资料、收入凭证、费用凭证残缺不全，难以查账的；发生纳税义务，未按照规定的期限办理纳税申报，经税务机关责令限期申报，逾期仍不申报的。税务机关在对这些纳税人核定征收税款的同时，还会要求纳税人缴纳滞纳金，并对其处以行政罚款，甚至将案件移送公安机关追究其刑事责任。第三种情况是《税收征收管理法》第35条第1款第6项规定的纳税人申报的计税依据明显偏低,又无正当理由。纳税人的这种行为不会被认定为违法行为,税务机关只会要求纳税人补缴税款。只要纳税人按税务机关的要求补缴了税款,则不会有滞纳金和行政处罚。

税务机关适用《税收征收管理法》第35条第1款第6项对纳税人核定土地增值税的,与纳税人按查账征收方式缴纳税款是不冲突的,在这种情况下的核定征收是为了防止某些纳税人利用查账征收方式逃避缴纳税款。纳税人通过恶意降低交易价格少缴纳税款的,税务机关可以通过该条赋予的核定征收权,及时防止国家税款流失。因此,假如该案纳税人真存在申报的计税价格明显偏低又无正当理由的情形,则不能以其原本是以查账征收方式缴纳税款为由抗辩税务机关适用《税收征收管理法》第35条第1款第6项。

(三)税务机关的核定征收权与纳税人已开具发票不冲突

国税函〔2010〕220号第1条关于"已全额开具商品房销售发票的,按照发票所载金额确认收入"的规定,与第二税务分局依《税收征收管理法》第35条第1款第6项进行核定征收不矛盾。

首先,国税函〔2010〕220号第1条的适用前提是纳税人"已全额"开具商品房销售发票,假如税务机关认为纳税人"未全额"开具发票,则不能适用该规定。其次,国税函〔2010〕220号只是国家税务总局制定的一个规范性文件,不属于法律、行政法规、规章的范畴。而《税收征收管理法》是法律,根据"上位法优先于下位法"的原则,《税收征收管理法》第35条第1款第6项不会因为国税函〔2010〕220号而无效。因此,只要税务机关认为纳税人"未全额"开具商品房销售发票,税务机关就有权根据《税收征收管理法》第35条第1款第6项的规定对纳税人进行核定征收。

(四)核定征收的方法与顺序

依据《税收征收管理法》第35条第1款第6项的规定对纳税人的土地增值税进行核定征收的,先要核定销售收入,然后根据销售收入计算出土地增值税。根据《税收征收管理法实施细则》第 47 条的规定,①只要是税务机关认为合理的方法,可以随意选用,没有先后顺序的规定,纳税人对税务机关采用该条规定的方法核定的应纳税额有异议的,应当提供相关证据。是否接受纳税人提出的异议取决于税务机关,税务机关认为有理的,可以采纳并调整应纳税额;税务机关认为纳税人提出的异议缺乏合理性的,可以置之不理,因为法律没有规定税务机关必须就纳税人的异议作出回应。

琼地税发〔2009〕187 号作为地方税务机关制定的规范性文件,明确规定了税务机关核定售房价格的方法和顺序,其规定与上位法《税收征收管理法实施细则》第 47 条相冲突,理应无效。但是,第二税务分局作为海南省的税务机关,在适用该条文作出核定征收的情况下,难以再反过来否定该条文的效力。在第二税务分局无法否定该条文的法律效力而又不依该条文进行收入核定的情况下,法院自然可以认定第二税务分局的核定行为不合法。

(五)第二税务分局败诉的真实原因

法律对申报的计税价格低到什么程度属于明显偏低,什么情况属于无正当理由没有明确,因此,税务机关行使核定征收权时有极大的自由裁量权,若因核定征收发生争议,税务机关在诉讼中的败诉概率很低。该案第二税务分局败诉的根源并不是其不能证明澄迈公司"申报的计税依据明显偏低"和"没有正当理由",而是第二税务分局提供的证据瑕疵太多。

首先,参照物选择不合适。琼地税发〔2009〕187 号规定,在纳税人有同期同类商品房销售的情况下,应该按照澄迈公司同期同类商品房的平均销售价格确定销售收入。第二税务分局依据琼地税发〔2009〕187 号作出补税通知,也认可澄迈公司以每平方米 6580 元的销售价格销售别墅属于正常价格,没有对这两套别墅的价格进

---

① 《税收征收管理法实施细则》第 47 条规定,纳税人有《税收征收管理法》第 35 条或者第 37 条所列情形之一的,税务机关有权采用下列任何一种方法核定其应纳税额:(1)参照当地同类行业或者类似行业中经营规模和收入水平相近的纳税人的税负水平核定;(2)按照营业收入或者成本加合理的费用和利润的方法核定;(3)按照耗用的原材料、燃料、动力等推算或者测算核定;(4)按照其他合理方法核定。采用前款所列一种方法不足以正确核定应纳税额时,可以同时采用两种以上的方法核定。纳税人对税务机关采取本条规定的方法核定的应纳税额有异议的,应当提供相关证据,经税务机关认定后,调整应纳税额。

行调整,可第二税务分局在没有任何合理说明的情况下,未以每平方米 6580 元的价格对其他 12 套别墅进行核定。

其次,选择的参照价格的时间不合适。第二税务分局依据琼地税发〔2009〕187 号规定的“当地当年、同类商品房的市场价格或评估价值”对澄迈公司的 12 套别墅进行核定,但其选择的时间点并不是澄迈公司销售房产的 2008 ~ 2009 年,而是 2011 年商品房的市场价格。

最后,第二税务分局没有足够证据证明其所选参考价格为同类商品房的市场价格。商品房的价格取决于地理位置、周边环境、综合配套设施等因素,但第二税务分局未进行实地查验,对澄迈公司所售别墅的质量、综合环境、配套设施并不了解,且随意选择两个别墅项目的销售价格作为参考,对其他别墅项目未被选中未予说明理由。而且,作为参考物的两个别墅项目的已售房价格并不能代表这两个别墅项目的平均价格,因为其中一个别墅项目只销售了 1 栋,另一个别墅项目只销售了 2 栋。

第三章　因扣除项目引发的风险及争议

第一节　因普通住宅认定标准引发的风险

《土地增值税暂行条例》规定，房地产开发企业建造普通标准住宅出售，增值额未超过扣除项目金额之和20%的，免征土地增值税。这个优惠政策对房地产开发企业来说意义重大，这意味着在增值率相同的情况下，建造普通住宅比建造非普通住宅、非住宅有更高的利润率。但是，对于普通住宅与非普通住宅的划分标准，国家没有统一规定，《关于土地增值税普通标准住宅有关政策的通知》（以下简称财税〔2006〕141 号）、[①]财税〔2006〕21 号将这个标准的制定权授予各省、自治区、直辖市人民政府，具体标准由其自行制定。[②]

有的地区综合容积率、建筑面积、成交价格这三个方面衡量房屋是否属于普通

---

① 财税〔2006〕141 号规定，"普通标准住宅"的认定，可在各省、自治区、直辖市人民政府根据国务院办公厅转发原建设部等部门《关于做好稳定住房价格工作意见的通知》（以下简称国办发〔2005〕26 号）制定的"普通住房标准"的范围内从严掌握。

② 财税〔2006〕21 号第 1 条规定，《土地增值税暂行条例》第 8 条中"普通标准住宅"和财政部、国家税务总局《关于调整房地产市场若干税收政策的通知》（财税字〔1999〕210 号）第 3 条中"普通住宅"的认定，一律按各省、自治区、直辖市人民政府根据国办发〔2005〕26 号制定并对社会公布的"中小套型、中低价位普通住房"的标准执行。

住宅,比如,北京市①、深圳市②。有的地区综合容积率、建筑面积两个方面衡量,比如,海南省规定,自2008年11月19日起,普通住房的标准为住宅小区建筑容积率在1.0以上且单套建筑面积144平方米以下。③ 有的地区使用排除法确定普通住宅,比如,福建省规定,除高级住宅外的其余住宅建设项目均为普通住宅。④ 有的地区综合面积、装修标准、设施标准、建筑标准等因素进行衡量,如河北省。⑤

因全国各地制定的普通住宅认定标准不一,在土地增值税清算时存在下文所列风险。

---

① 北京市住房和城乡建设委员会、北京市财政局、北京市地方税务局《关于调整本市享受税收优惠政策普通住房平均交易价格有关问题的通知》(京建发〔2014〕382号)第1条规定,本市享受税收优惠政策的普通住房,原则按照住宅小区建筑容积率在1.0(含)以上、单套建筑面积在140平方米(含)以下,并参考其实际成交价格确定。实际成交价格原则上应当低于按本通知确定的所在区域住房平均交易单价或套总价的1.2倍。

② 深圳市住房和建设局等8部门《关于进一步促进我市房地产市场平稳健康发展的通知》(深建字〔2020〕137号)第4条规定,享受优惠政策的普通住房应当同时满足以下条件:住宅小区建筑容积率在1.0(含)以上;单套住房套内建筑面积120(含本数)平方米以下或者单套住房建筑面积144(含本数)平方米以下;实际成交总价低于750(含本数)万元。

③ 海南省地方税务局《关于普通住宅执行标准有关问题的通知》(以下简称琼地税发〔2009〕9号)规定,海南省政府下发的《关于促进房地产产业持续稳定健康发展的意见》(琼府〔2008〕74号,已失效)第9条将海南省享受税收优惠政策普通住房标准调整为:同时具备住宅小区容积率1.0以上,单套建筑面积144平方米以下(含144平方米)两个条件,该文从2008年11月19日起执行。

④ 福建省财政厅、福建省地方税务局《关于调整房地产税收中普通住宅和高级住宅界定标准的通知》(以下简称闽财税〔2003〕27号,已失效)第1条规定,凡符合下列条件之一的住宅建设项目均为高级住宅:(1)建设项目审批部门立项审批确定为别墅、度假村。(2)单位面积售价。单位面积售价超过当时。当地经济适用住房平均建筑单位面积售价的1.5倍(乘以2.5)以上的房地产住宅项目。第2条规定,除高级住宅外的其余住宅建设项目均为普通住宅。

⑤ 河北省地方税务局、河北省财政厅《关于普通住宅与其他住宅的划分标准》第2条规定,划分标准。新建城镇职工住宅及商品房符合下列标准的按普通标准住宅对待。(1)面积标准。套型住宅每套建筑面积在85平方米以下(含85平方米)的列为普通标准住宅。(2)装修标准。采用普通等级的装修,除卫生间、厨房外,以下内装修条件成立之一者,不得列为普通标准住宅。①壁纸(布);②瓷砖;③木制地板;④木墙裙;⑤吊顶;⑥喷涂;⑦塑料贴面;⑧其他高级装饰材料。(3)设施标准。居室、卫生间设施应采用普通标准,凡有下列设施条件之一者,不得按普通标准住宅对待。①空调设施;②高级厨房设施;③其他高级设施;④建筑标准。7层以下(含7层)采用砖混结构、木制门窗。以下条件成立之一者不得按普通标准住宅对待。①非结构要求而采用钢筋混凝土结构;②铝合金等高级门窗;③以贴面砖、马赛克等高级材料进行大面积外装修(城市规划部门特殊要求除外)。8层以上(含8层)住宅采用铝合金门窗、国产电梯,外墙采用较耐久的饰面材料,可视为普通标准住宅。采用进口电梯及特别高级建筑材料的不得按普通标准住宅对待。

一、标准制定主体不合法给税务机关带来的风险

关于财政部、国家税务总局是否有权授权省级人民政府制定普通住宅标准，本书在第六章第一节就授权制定规范性文件问题对其专门进行论述。在此仅讨论，假设财政部、国家税务总局有权将普通住宅的认定标准授予省级人民政府制定，则当非被授权者制定该标准时，该标准的有效性问题。

财税〔2006〕21 号仅将普通住宅标准的制定权授予了各省、自治区、直辖市人民政府，并未授权省级人民政府的下属单位。但实际上，部分地区有违反该规定的情形。比如，《关于调整普通住房认定标准的函》（深建字〔2019〕198 号）的制定者是深圳市住房和建设局；①闽财税〔2003〕27 号由福建省财政厅、福建省地方税务局制定；琼地税发〔2009〕9 号由海南省地方税务局制定；江苏省财政厅、江苏省国家税务局、江苏省地方税务局转发《关于印发〈中华人民共和国土地增值税暂行条例实施细则〉的通知》的通知（以下简称苏地税发〔1995〕103 号）由江苏省财政厅、省国税局、省地税局于 1995 年发布，上述标准的制定者都不是省级人民政府，由此会产生争议。在“江苏金诺置业公司诉金湖县税务局戴楼税务分局案”中，浙江金诺置业公司对苏地税发〔1995〕103 号文件的制定主体提出质疑，认为一审法院不应该依据该文件作出行政判决，金湖县税务局以该文件系经江苏省人民政府同意作出的关于普通标准住宅的补充规定为由作出抗辩，理由有点牵强。但遗憾的是，二审法院支持了金湖县税务局的主张。②

二、普通住宅认定标准不考虑成交价格会导致偏离立法本意的风险

有学者认为，普通住宅认定标准不应考虑成交价格，因为成交价格上下波动，会导致认定标准变动频繁。问题是，不考虑价格因素有可能将价格极高的房屋认定为普通住宅，这种情况会违背制定免税政策的初衷。财税〔2006〕141 号、财税〔2006〕

① 深圳市住房和建设局《关于调整普通住房标准及商务公寓政策的报告》（深建字〔2019〕198 号）规定，深圳市辖区内（含深汕特别合作区）享受优惠政策的普通住房为：同时满足住宅小区建筑容积率在 1.0 以上、单套建筑面积 144 平方米以下的住房。

② 江苏省淮安市中级人民法院行政判决书，（2020）苏 08 行终 202 号。

21号将普通住宅标准制定权授予省级人民政府时，均要求各省级人民政府根据国办发〔2005〕26号制定并公布普通住宅标准。财税〔2006〕21号规定的普通住宅标准要求为“中小套型、中低价位普通住房”。也就是说，制定普通住宅税收优惠政策的目的之一就是抑制房价过快上涨。

同时，国办发〔2005〕26号对于享受优惠政策的住房的实际成交价格也确定了参照标准，即原则上应同时满足实际成交价格低于同级别土地上住房平均交易价格1.2倍以下的条件。并允许各省、自治区、直辖市根据实际情况，制定本地区享受优惠政策的普通住房的具体标准。允许单套建筑面积和价格标准适当浮动，但向上浮动的比例不得超过上述标准的20%。

三、将成交价格作为认定普通住宅标准之一带来的不确定性风险

首先，住房成交价格会随着时间的变化而变化。住房成交价格会随着市场供应量、需求量、通货膨胀等因素上下波动。因此，一旦将成交价格作为划分普通住宅与非普通住宅的标准，则同样一栋楼，有可能前一年是普通住宅，第二年因通货膨胀，就变成了非普通住宅。有些项目本来是按普通住宅设计的，但是经过一段时间的修建，市场价格高出预期价格，从而变成非普通住宅。

其次，住房平均交易价格具有不确定性。房屋预售与办理过户的时间不一致，大部分房地产项目的预售时间与办理过户的时间相差数年，而在这数年期间，同级别土地上住房平均交易价格是变化的，而且可能变化极大。应当以什么时间点的同级别土地上住房平均交易价格为可参照价格？是立项日、交易合同签订日、网签日、工程竣工日、①房屋交付日、办理过户登记之日，还是清算通知书确定的清算开始之日？纳税人无论采用哪个日期对应年度的平均交易价格都有被税务机关否定的风险。

① 天津曾经规定，以政府相关部门核发的《建设工程竣工验收备案书》记载的时间为准，但这个文件已经失效。天津市地方税务局《关于土地增值税清算有关问题的公告》（以下简称天津市地方税务局公告2015年第9号）第10条规定，房地产开发项目中普通住宅，按我市公布的普通住宅标准为依据进行确定，其适用时间以纳税人取得政府相关部门核发的《建设工程竣工验收备案书》记载的时间为准。但是，这个文件已被天津市地方税务局《关于土地增值税清算有关问题的公告（2016）》（天津市地方税务局公告2016年第25号）废止。

四、因普通住宅认定标准变动引发的风险

各地普通住宅的认定标准经常变化，当某个开发项目在销售过程中遇到普通住宅认定标准变化时，税务机关与房地产开发企业容易就新标准出台后出售的房产是否应当适用新标准的问题产生争议。在“华城公司诉海口市税务局案”中，华城公司认为，海南省地方税务局《关于土地增值税若干政策问题的通知》（以下简称琼地税发〔2004〕122 号）已被 2005 年 6 月 1 日实施的海南省地方税务局、海南省财政厅、海南省建设厅转发国家税务总局、财政部、建设部《关于加强房地产税收管理的通知》（以下简称琼地税发〔2005〕89 号）废止，因此，2005 年 6 月 1 日之后销售的房产应当以琼地税发〔2005〕89 号为认定普通住宅的依据。海口市美兰区人民法院认为，海口市税务局对 2005 年 6 月 1 日以前及以后销售的房产都引用琼地税发〔2004〕122 号作为判断普通住宅与非普通住宅的标准虽然欠妥，但这对华城公司的权益并未产生实质性的影响。因此，华城公司认为，海口市税务局“适用失效文件”确定“普通住宅”显属错误，该理由不成立。①

笔者不认同海口市美兰区人民法院的前述判决。“法不溯及既往”是一个基本原则，同理，在判决书中不再引用已被废止的法律法规是一个法官应当具备的基本常识，法官不能以被废止的法规有部分条款被新颁布的法规吸收为由，将已被废止的法规作为判案依据。

五、因容积率的计算引发的风险

容积率，是指一定地块内，总建筑面积与建筑用地面积的比值。② 容积率直接涉及居住的舒适度，因此，北京市、深圳市、海南省等地都规定，住宅小区的容积率在 1.0 以上的，才符合普通住宅标准，否则，即使交易价格低，面积小，也属于非普通住宅范围。

在实务中，当房地产开发企业在同一宗地上既可以建住宅、又可以建商业用房

① 海南省海口市中级人民法院行政判决书，（2018）琼 01 行终 273 号。

② 参见《建设用地容积率管理办法》第 3 条第 1 款。

时,或者当同一块地上建有多个住宅小区时,容积率该如何计算,成为税企争议的焦点。因为我国没有一个统一的容积率计算规则,具体怎么计算,由省(自治区、直辖市)、市、县人民政府城乡规划主管部门依据国家有关标准规范确定。[①] 但遗憾的是,并不是所有地方政府都制定了详细的计算规则。

在"欧博公司诉海南省税务局稽查局案"中,"博鳌 · 香槟郡"项目的土地用途为旅游、商住用地,项目建设包括住宅、酒店、绿化用地等,规划指标为:容积率0.8,建筑密度19.8%,绿地率51.8%。"博鳌 · 香槟郡"项目统一规划、整体报建,海南省琼海市规划建设局对整个项目颁发了建设工程规划临时许可证。"博鳌 · 香槟郡"项目建成后,将该项目作为一个单位计算,其容积率低于1.0,住宅部分不属于普通住宅,即使增值额未超过扣除项目金额之和的20%,也不能享受免征土地增值税优惠政策。假如对住宅与酒店等非住宅分别计算容积率,则住宅部分的容积率为1.07,若增值额未超过扣除项目金额之和20%,可以认定住宅部分为普通住宅,可以享受免征土地增值税优惠政策。

欧博公司认为,根据国税发〔2006〕187号第1条[②]和国税发〔2009〕91号第17条[③]的规定,同一清算单位的房地产项目中同时包含普通住房和非普通住房的,应该分别计算普通住房和非普通住房的增值额、增值率。而且,琼海市规划建设局作出的《关于博鳌 · 香槟郡项目的规划意见》(海建规函〔2013〕25号)已经根据欧博公司的申请,将土地性质分为居住用地和酒店用地,并核定了不同的容积率。海南省税务局稽查局认为,以项目整体容积率评判开发项目是否满足税收优惠条件,具有合理的理论基础与现实意义,以0.8容积率认定该项目为非普通住宅具有充分的法律依据。一审、二审法院以及再审法院都赞同海南省税务局稽查局的观点。[④]

笔者赞同欧博公司的观点,在国家税务总局有文件明确规定应该分别计算住

① 参见《建设用地容积率管理办法》第3条第2款。

② 该条规定,土地增值税以国家有关部门审批的房地产开发项目为单位进行清算,对于分期开发的项目,以分期项目为单位清算。开发项目中同时包含普通住宅和非普通住宅的,应分别计算增值额。

③ 该条规定,清算审核时,应审核房地产开发项目是否以国家有关部门审批、备案的项目为单位进行清算;对于分期开发的项目,是否以分期项目为单位清算;对不同类型房地产是否分别计算增值额、增值率,缴纳土地增值税。

④ 最高人民法院行政裁定书,(2019)最高法行申7713号。

宅、非住宅增值额、增值率的情况下，容积率也应该按住宅与非住宅分别计算。

综上所述，房地产开发企业开发普通住宅，虽然增值额未超过扣除项目金额之和20%的，可以免征土地增值税，但普通住宅的认定主要存在三个方面的问题，分别为：各地区对普通住宅的认定标准不一致；以房屋交易价格作为认定普通住宅的标准虽然必要，但会使衡量普通住宅的标准经常发生变化从而引发不确定的风险；容积率的计算规则不统一、不确定。

第二节　因税金扣除引发的风险

有人看到城镇土地使用税，马上会联想到与转让房地产有关的税金，并将其作为税金项目扣除。实际上，《土地增值税暂行条例实施细则》第7条第5项没有规定城镇土地使用税。与转让房地产有关的税金，是指在转让房地产时缴纳的营业税、城市维护建设税、印花税以及不属于税收范畴但被视为税金的因转让房地产缴纳的教育费附加。能扣除的税金重点要落在"转让"两字上，与转让有关的税金，才能在这个项目中扣除，城镇土地使用税是在持有土地使用权的过程中缴纳的，不属于转让房地产时缴纳的税金。

对城镇土地使用税应当放在哪里扣除，财政部和国家税务总局没有作出明确规定，但是有几个地方性文件对此进行了明确，比如，海南省地方税务局《关于明确土地增值税若干政策问题的通知》（以下简称琼地税函〔2007〕356号）。①

印花税虽然被《土地增值税暂行条例实施细则》第7条第5项当作与转让房地产有关的税金，但在实务中分两种情况处理：非从事房地产的纳税人在房地产销售过程中产生的印花税，放在与转让房地产有关的税金项目中扣除；从事房地产开发的纳税人在转让房地产时缴纳的印花税，则不能放在与转让房地产有关的税金项目中扣除，只能计入管理费用，不能据实扣除。

将城镇土地使用税、印花税放在与转让房地产有关的税金项目中扣除和放在管

① 琼地税函(2007)356号第2条规定，房地产开发企业缴纳的土地使用税，不管在房地产项目完工前或完工后发生的，均在管理费用列支按规定予以扣除。

理费用项目中扣除是有区别的。根据《土地增值税暂行条例实施细则》第7条第3项的规定，销售费用、管理费用不能据实扣除，只能在取得土地使用权所支付的金额与房地产开发成本之和的5%以内计算扣除。因此，计算土地增值税时，房地产开发企业无须过多考虑实际支付了多少城镇土地使用税，直接按照计算得出的销售费用和管理费用扣除即可。

一、因城镇土地使用税扣除引发的纳税风险

房地产开发企业在扣除城镇土地使用税时容易发生三个方面的错误：一是将其列入与转让房地产有关的税金项目中扣除；二是将其列入房地产开发费用中据实扣除；三是既在开发费用中据实扣除，又将其列入与转让房地产有关的税金项目中进行扣除。

二、因印花税扣除引发的税收执法风险

税务机关在处理印花税时，容易出现执法错误，即要求房地产开发企业将印花税计入管理费用扣除，执法依据是财税字〔1995〕48号。该通知规定，“细则中规定允许扣除的印花税，是指在转让房地产时缴纳的印花税。房地产开发企业按照《施工、房地产开发企业财务制度》的有关规定，其缴纳的印花税列入管理费用，已相应予以扣除”。

实际上，税务机关不应当依据财税字〔1995〕48号的规定要求房地产开发企业将印花税列入管理费用，因为其制定依据《施工、房地产开发企业财务制度》已于2008年1月31日被财政部《关于公布废止和失效的财政规章和规范性文件目录（第十批）的决定》废止。

笔者认为，《土地增值税等财产行为税政策执行问题处理意见》（以下简称渝财税〔2015〕93号）第1条第3款第4项的规定是正确的。该项规定，房地产开发企业转让房产缴纳的产权转移书据印花税，纳入营业税金及附加核算的，作为“与转让房地产有关的税金”予以扣除。

第三节 因利息支出引发的风险

大山公司开发“泗洪第一街”,向非金融机构泗洪宏源公有资产管理公司支付借款利息近4000万元。大山公司认为,在项目开发前因公司尚未成立而无法办理银行贷款,是以江苏天然园米面实业有限公司的名义借的款,虽然不是直接向银行借款,但是已实际支出了相关利息,应当按照账面全部计入开发费用。宿迁地税稽查局认为,根据《土地增值税暂行条例实施细则》的规定,该笔利息是向非金融机构借款的支出,不应据实扣除。①

根据《土地增值税暂行条例实施细则》第7条第3款的规定,对于财务费用中的利息支出,只有在房地产开发企业能够按转让房地产项目计算分摊并提供金融机构证明,且利率未超过商业银行同类同期贷款利率的情况下,才能据实扣除。假如不能取得金融机构证明,或者账目混乱不能按转让房地产项目计算分摊利息,则只能在取得土地使用权所支付的金额与房地产开发成本之和的5%以内计算扣除。②

房地产开发企业在土地增值税清算过程中,处理利息时容易出现的错误行为表现在以下几个方面。

一、错误地将利息放在开发成本中扣除

根据国税函〔2010〕220号第3条第4款的规定,土地增值税清算时,已经计入房地产开发成本的利息支出,应调整至财务费用中计算扣除。将利息放在开发成本中扣除属于操作错误。

① 江苏省高级人民法院行政判决书,(2015)苏行终字第00508号。

② 《土地增值税暂行条例实施细则》第7条第3项规定,凡能够按转让房地产项目计算分摊并提供金融机构证明的,允许据实扣除,但最高不能超过按商业银行同类同期贷款利率计算的金额。其他房地产开发费用,按本条第1项、第2项规定计算的金额之和的5%以内计算扣除。凡不能按转让房地产项目计算分摊利息支出或不能提供金融机构证明的,房地产开发费用按本条第1项、第2项规定计算的金额之和的10%以内算扣除。

二、将土地增值税利息扣除标准与企业所得税利息扣除标准混淆

土地增值税对利息的处理,有别于《企业会计准则第17号——借款费用》中的规定。[①]《企业会计准则第17号——借款费用》规定,房地建设过程中借款所产生的利息,应当资本化,计入房地产成本。

土地增值税对利息的处理也不同于企业所得税对利息的处理。根据《企业所得税法》及其实施条例的规定:(1)房地产开发企业从非金融企业处借款的利息支出,只要没有超过金融企业同期同类贷款利率计算的数额的部分,就能税前扣除。而土地增值税清算时,即使借款利率低于商业银行同类同期贷款利率,只要不能取得金融机构的证明就不能据实扣除。(2)企业所得税对贷款利率的要求是未超过金融企业同期同类贷款利率,[②]土地增值税对利率的要求是未超过商业银行同类同期贷款利率。金融企业的范围远大于商业银行,金融企业包括银行、券商、信托、保险、基金、融资租赁等企业,不同类型的金融企业,贷款利率存在差别。(3)房地产开发企业从关联方接受的债权性投资与权益性投资比例超过规定标准发生的利息支出,[③]不得在计算企业所得税额时扣除。[④] 土地增值税清算过程中对利息的扣除没有关联

---

① 《企业会计准则第17号——借款费用》第4条规定,企业发生的借款费用,可直接归属于符合资本化条件的资产的购建或者生产的,应当予以资本化,计入相关资产成本;其他借款费用,应当在发生时根据其发生额确认为费用,计入当期损益。符合资本化条件的资产,是指需要经过相当长时间的购建或者生产活动才能达到预定可使用或者可销售状态的固定资产、投资性房地产和存货等资产。

② 《企业所得税法实施条例》第38条规定,企业在生产经营活动中发生的下列利息支出,准予扣除:(1)非金融企业向金融企业借款的利息支出、金融企业的各项存款利息支出和同业拆借利息支出、企业经批准发行债券的利息支出;(2)非金融企业向非金融企业借款的利息支出,不超过按照金融企业同期同类贷款利率计算的数额的部分。

③ 财政部、国家税务总局《关于企业关联方利息支出税前扣除标准有关税收政策问题的通知》(财税〔2008〕121号)第1条规定,在计算应纳税所得额时,企业实际支付给关联方的利息支出,不超过以下规定比例和税法及其实施条例有关规定计算的部分,准予扣除,超过的部分不得在发生当期和以后年度扣除。企业实际支付给关联方的利息支出,除符合本通知第2条规定外,其接受关联方债权性投资与其权益性投资比例为:(1)金融企业,为5∶1;(2)其他企业,为2∶1。第2条规定,企业如果能够按照税法及其实施条例的有关规定提供相关资料,并证明相关交易活动符合独立交易原则的;或者该企业的实际税负不高于境内关联方的,其实际支付给境内关联方的利息支出,在计算应纳税所得额时准予扣除。

④ 《企业所得税法》第46条规定,企业从其关联方接受的债权性投资与权益性投资的比例超过规定标准而发生的利息支出,不得在计算应纳税所得额时扣除。

企业之间债权性投资与权益性投资比例的要求。

第四节　因红线外支出引发的风险

房地产开发企业在项目建设用地红线外的建设主要有4类:一是依法应当承担的建设义务,如人防工程;二是按政府要求进行道路、桥梁、绿化等市政公用基础设施的建设;三是以土地换项目,比如,按政府要求出资植树造林、修建道路,然后以低价取得宗地的使用权;四是为提升项目品质,自愿修建红线外的市政公用设施。

对于这些红线外支出是否可以在计算土地增值税时扣除,各地规定不尽相同。有的省市规定,只要具有相关性,且在与政府签订的协议中有约定,就可以作相应扣除,如广州市、①重庆市、②广西壮族自治区③、海南省④等地。有的省市明确规定不能扣除,如江苏省⑤、山西省⑥等地。

在"徐州中川房地产公司诉徐州经济技术开发区税务局案"中,经济技术开发区税务局不允许中川房地产公司在土地增值税清算中扣除市政公共设施配套费,要求

---

① 广州市地方税务局《关于印发2014年土地增值税清算工作有关问题的处理指引的通知》(穗地税函〔2014〕175号)第3条规定,纳税人为取得土地使用权,在项目建设用地红线外为政府建设公共设施或其他工程发生的支出,根据国税发〔2006〕187号第4条第1项确定的相关性原则,纳税人如果能提供国土房管部门的协议、补充协议,或者相关政府主管部门出具的证明文件的,允许作为取得土地使用权所支付的金额予以扣除。

② 渝财税〔2015〕93号第3条第1款规定,房地产项目开发中,因统一规划、整体开发需要,在相邻地域建造公共设施,经土地出让合同约定的,发生的建造支出可作为"取得土地使用权所支付的金额"予以扣除。房地产企业应提供县级以上人民政府相关文件、决议以及规划证明材料。

③ 《广西壮族自治区房地产开发项目土地增值税管理办法(试行)》(广西壮族自治区地方税务局公告2018年第1号)第40条第1款第3项规定,纳税人在取得土地使用权时,应政府要求承担的红线外道路、桥梁等市政建设支出,提供与本项目有关的证明材料,凭合法有效的凭证据实扣除,取得的收益抵减相应的扣除项目金额。

④ 国家税务总局海南省税务局《土地增值税清算审核管理办法》第13条第2项规定,在项目建设用地边界外,为政府建设公共设施或其他工程所发生的支出,凡能提供政府有关部门出具的文件证明该项支出与建造本清算项目有直接关联的(含项目的土地使用权取得相关联的),允许扣除。

⑤ 江苏省地方税务局《关于土地增值税有关业务问题的公告》(以下简称苏地税规〔2012〕1号)第5条第5款第1项规定,市政公用基础设施配套费、人防工程异地建设费不得加计扣除,也不作为房地产开发费用扣除的计算基数。

⑥ 《房地产开发企业土地增值税清算管理办法》(山西省地方税务局公告2014年第3号)第19条第3款第4项规定,土地红线外的绿化、修路、配套等支出,不得扣除。

中川房地产公司补缴税款，其依据的是苏地税规〔2012〕1 号第 5 条第 5 款第 1 项，“市政公用基础设施配套费、人防工程异地建设费不得加计扣除，也不作为房地产开发费用扣除的计算基数”。中川房地产公司认为，该规定缩减了土地增值税的扣除项目范围，扩大了纳税人的义务，违反国务院《关于印发全面推进依法行政实施纲要的通知》（国发〔2014〕10 号）第 5 条①、《法治政府建设实施纲要（2015—2020）》第 2 条第 12 项②、《税收征收管理法》第 3 条第 2 款③、《土地增值税暂行条例实施细则》第 7 条第 3 款的规定，④请求法院撤销经济技术开发区税务局作出的税务处理决定书，同时提请法院对苏地税规〔2012〕1 号第 5 条第 5 款进行合法性审查。一审法院对中川房地产公司提出的合法性审查请求未作出回应，直接以中川房地产公司未在税务机关要求的时间内缴纳税款，也未提供相应担保为由，驳回了中川房地产公司的诉讼请求。⑤ 二审法院认为，原审裁定认定事实清楚，适用法律正确，中川房地产公司就苏地税规〔2012〕1 号第 5 条第 5 款提请合法性审查的理由依法不成立。⑥

对于红线外支出，无论地方规范性文件规定能扣除还是不能扣除，其都有可能带来一定的风险。

一、有关责任人被追究法律责任的风险

对于红线外的道路、桥梁、绿化等市政公用基础设施的建设，应当由政府承担。因为房地产开发企业在建设项目报建环节已根据建筑面积支付城市基础设施配套费，城市基础设施配套费属于政府性基金，必须专款专用于城市道路、城市园林景观、地下排污管网、环卫等城市基础设施配套和建设。既然房地产开发企业已支付

① 国务院《关于印发全面推进依法行政实施纲要的通知》（国发〔2014〕10 号）第 5 条规定，合法行政。行政机关实施行政管理，应当依照法律、法规、规章的规定进行；没有法律、法规、规章的规定，行政机关不得作出影响公民、法人和其他组织合法权益或者增加公民、法人和其他组织义务的决定。

② 《法治政府建设实施纲要（2015—2020）》第 2 条第 12 项规定，规范性文件不得设定行政许可、行政处罚、行政强制等事项，不得减损公民、法人和其他组织合法权益或者增加其义务。

③ 《税收征收管理法》第 3 条第 2 款规定，任何机关、单位和个人不得违反法律、行政法规的规定，擅自作出税收开征、停征以及减税、免税、退税、补税和其他同税收法律、行政法规相抵触的决定。

④ 《土地增值税暂行条例实施细则》第 7 条第 3 款规定，开发土地和新建房及配套设施的费用（以下简称房地产开发费用），是指与房地产开发项目有关的销售费用、管理费用、财务费用。

⑤ 徐州铁路运输法院行政裁定书，（2019）苏 8601 行初 698 号。

⑥ 江苏省徐州市中级人民法院行政裁定书，（2020）苏 03 行终 117 号。

城市基础设施配套费，那么就不应该再要求房地产开发企业承担红线外市政公用基础设施的建设。原国土资源部《关于加大闲置土地处置力度的通知》（国土资电发〔2007〕36号）第2条规定，实行建设用地使用权“净地”出让，出让前完成必要的通水、通电、通路、土地平整等前期开发。① 原国土资源部、住房和城乡建设部《关于进一步加强房地产用地和建设管理调控的通知》（国土资发〔2010〕151号）②以及原国土资源部《关于严格落实房地产用地调控政策促进土地市场健康发展有关问题的通知》（国土资发〔2010〕204号）③都禁止“毛地”出让。对以土地换项目的行为，《节约集约利用土地规定》④以及《国有土地使用权出让收支管理办法》⑤都明令禁止。根据《国有土地使用权出让收支管理办法》（财综〔2006〕68号）的规定，政府部门负责人将未完成通水、通电、通路、土地平整等前期开发工作的土地使用权出让，或者以土地换项目的，将被依法追究法律责任。⑥

---

① 原国土资源部《关于加大闲置土地处置力度的通知》第2条规定，实行建设用地使用权“净地”出让，出让前，应处理好土地的产权、补偿安置等经济法律关系，完成必要的通水、通电、通路、土地平整等前期开发，防止土地闲置浪费。

② 原国土资源部、住房和城乡建设部《关于进一步加强房地产用地和建设管理调控的通知》规定，土地出让必须以宗地为单位提供规划条件、建设条件和土地使用标准，严格执行商品住房用地单宗出让面积规定，不得将两宗以上地块捆绑出让，不得“毛地”出让。

③ 原国土资源部《关于严格落实房地产用地调控政策促进土地市场健康发展有关问题的通知》规定，省（区、市）国土资源主管部门要加强对市、县招拍挂出让公告的审查，对发现存在超面积出让、捆绑出让、“毛地”出让、住宅用地容积率小于1、出让主体不合法等违反政策规定的出让公告，及时责令市、县国土资源主管部门撤销公告，重新拟定出让方案。违反规定出让的，应责令立即终止出让行为，并依法追究责任。

④ 《节约集约利用土地规定》第22条第3款规定，禁止以土地换项目、先征后返、补贴、奖励等形式变相减免土地出让价款。

⑤ 《国有土地使用权出让收支管理办法》第10条规定，任何地区、部门和单位都不得以“招商引资”“旧城改造”“国有企业改制”等各种名义减免土地出让收入，实行“零地价”，甚至“负地价”，或者以土地换项目、先征后返、补贴等形式变相减免土地出让收入。

⑥ 《国有土地使用权出让收支管理办法》第35条规定，对违反规定，擅自减免、截留、挤占、挪用应缴国库的土地出让收入，不执行国家统一规定的会计、政府采购等制度的，要严格按照《土地管理法》、《会计法》、《审计法》、《政府采购法》、《财政违法行为处罚处分条例》和《金融违法行为处罚办法》等有关法律法规规定进行处理，并依法追究有关责任人的责任。触犯《刑法》的，要依法追究有关人员的刑事责任。

二、房地产开发企业有不能扣除红线外支出的风险

虽然法律一再明令禁止"毛地"出让，禁止以地换项目，要求出让土地必须通水、通电、通路等，但部分地方政府缺乏足够资金进行土地一级开发，为规避法律制裁，在土地使用权出让合同中约定"现状出让""现状交地"，而现状是没有"七通一平"（红线外通路、供水、排水、供热、供电、通信、供气和红线内场地平整）的"毛地"。假如房地产开发企业未就土地现状与政府部门签订补充协议，或者该建设项目在明令不允许扣除红线外支出的省市，则房地产开发企业将面临巨额支出无法在计算土地增值税时扣除且多缴土地增值税的风险。

另外，房地产开发企业将土地用于市政建设，相应土地使用权支出也有不能扣除的风险。在"华城公司诉海口市税务局、海南省税务局案"中，华城公司取得土地18.34亩，用于市政道路修建1.66亩。海口市税务局认为，用于市政道路的1.66亩所对应的土地成本不应该在本清算项目中扣除，其理由是土地增值税清算是以房地产开发项目为单位进行的，并不是以开发公司所受让的土地为基础的，取得土地与项目实际用地是两个不同的概念。华城公司认为，"海口市国土局在1993年作出了农垦开发公司转让土地给华城公司的批复里面，明确认定了转让的土地是18.34亩，以及当时建设用地规划许可证里面也明确了项目的土地面积是18.34亩。华城公司取得项目所支付的金额就是原来记录核准的300万美元，因为市政规划占用土地，华城公司并没有获得任何其他方面的补偿，成本始终是不变的"。一审法院判处华城公司可以按12,228.28平方米（18.34亩，包含市政道路用地1.66亩）扣除土地成本，但二审法院认为，市政规划所占用的1,208.32平方米（1.66亩）土地使用权不属于清算项目直接发生的成本，根据国税发〔2009〕91号第21条第4项的规定①判处华城公司败诉。②

① 国税发〔2009〕91号第21条第4项规定，扣除项目金额中所归集的各项成本和费用必须是在清算项目开发中直接发生的或应当分摊的。

② 海南省海口市中级人民法院行政裁判书，（2018）琼01行终273号。

三、税务机关不允许扣除红线外支出有被起诉的风险

一些地方规范性文件提到红线外支出不能扣除，一些地区虽然未出台规范性文件，但是也不允许扣除红线外支出。实际上，土地增值税行政法规与财政部、国家税务总局制定的规章、规范性文章并没有提及红线外的支出不能扣除。反而国税发〔2006〕187号第4条第3款第2项规定，建成后无偿移交给政府、公用事业单位用于非营利性社会公共事业的，其成本、费用可以扣除。

房地产开发企业无论是被动修建道路、桥梁、提供绿化建设，还是以项目换土地，对地方经济的发展都起到了推动作用，一方面，确实解决了地方财政紧张、资金不足的问题；另一方面，这些支出都被用于社会公共事业建设，提升了当地民众的社会福利。若以政府不应当将“毛地”出让为由不允许房地产开发企业扣除成本，则属于责任转嫁，将由房地产开发企业承担政府不规范作为的后果，这显失公平。

假如因税务机关不允许房地产开发企业扣除与项目开发有关的红线外支出，房地产开发企业起诉至法院，税务机关胜诉比较困难。一方面，因为有的地区没有相关地方性法规支持税务机关的主张；另一方面，因为类似地方规范性文件缺乏上位法的支持。

四、相关地方规范性文件有被认定为无效的风险

房地产开发企业建设人防工程是履行法律规定的义务，①且依据法律规定，人防工程属于国防资产，需要移交给政府，②因此，无论人防工程建于何处，只要是实际发生且合理的支出，都应当据实扣除。江苏省关于人防工程异地建设费不得加计扣除，也不得作为房地产开发费用扣除的计算基数的规定，违反《民法典》第254条、《人民防空法》第22条，与国税发〔2006〕187号第4条第4款的规定也不相符。③ 一旦涉及税务行政复议与税务行政诉讼，纳税人就苏地税规〔2012〕1号第5条第5款

① 《人民防空法》第22条规定，城市新建民工建筑，按照国家有关规定修建战时可用于防空的地下室。

② 《民法典》第254条第1款规定，国防资产属于国家所有。

③ 国税发〔2006〕187号规定，建成后无偿移交给政府、公用事业单位用于非营利性社会公共事业的，其成本、费用可以扣除。

第 1 项的规定提请审核，该条规定就有被认定为无效的风险。

第五节　因发票备注栏引发的争议

国家税务总局公告 2016 年第 70 号第 5 条规定，“营改增”后，土地增值税纳税人接受建筑安装服务取得的增值税发票，应按照《关于全面推开营业税改征增值税试点有关税收征收管理事项的公告》（以下简称国家税务总局公告 2016 年第 23 号，部分失效）的规定，[①]在发票的备注栏注明建筑服务发生地县（市、区）名称及项目名称，否则不得计入土地增值税扣除项目金额。在实务中，人们对于这个规定，容易产生以下误解。

有观点误认为，国家税务总局公告 2016 年第 23 号虽然对发票备注栏有要求，但并没有规定发票备注栏未写明服务发生地县（市、区）名称及项目名称，发票即不能作为土地增值税扣除项目凭据。因此，只有在 2016 年 11 月 10 日（国家税务总局公告 2016 年第 70 号的生效日期）之后未按要求备注的建筑安装服务发票，才不能作为扣除凭证。税务机关一般不接受这种理解，因为国家税务总局公告 2016 年第 23 号并不是第一次提出备注栏要求的法律文件，国税发〔2009〕91 号第 25 条第 5 项即规定，土地增值税清算过程中，税务机关审核建筑安装工程费时应当重点关注建筑安装发票是否在项目所在地税务机关开具。《发票管理办法》第 21 条也规定，不符合规定的发票，不得作为财务报销凭证，任何单位和个人有权拒收。

有观点认为，未在增值税发票中注明建筑服务发生地县（市、区）名称及项目名称的，发票只是不能作为土地增值税扣除凭据，但可以作为企业所得税的扣除凭证、增值税的抵扣凭证，这也是一种误解。因为国家税务总局公告 2016 年第 23 号是专门针对增值税发票提出的要求。财政部、国家税务总局《关于全面推进营业税改征增值税试点的通知》（以下简称财税〔2016〕36 号）第 26 条第 1 款规定，纳税人取得的增值税扣税凭证不符合法律、行政法规或者国家税务总局有关规定的，其进项税

① 国家税务总局公告 2016 年第 23 号第 4 条第 3 款规定，提供建筑服务，纳税人自行开具或者税务机关代开增值税发票时，应在发票的备注栏注明建筑服务发生地县（市、区）名称及项目名称。

额不得从销项税额中抵扣。没有按照要求备注的增值税专用发票本身不符合要求，其当然不能作为企业所得税的扣除凭证。国家税务总局《关于加强企业所得税管理的意见》(国税发〔2008〕88 号)第 2 条第 3 款第 3 项规定，加强发票核实工作，不符合规定的发票不得作为税前扣除凭据。

有观点误认为，只要是与建筑安装服务有关的发票，都需要在备注栏写上服务发生地县(市、区)名称及项目名称。实际上并非如此。建筑安装服务有明确的范畴，根据《销售服务、无形资产、不动产注释》第 1 条第 4 款的规定，建筑服务，是指各类建筑物、构筑物及其附属设施的建造、修缮、装饰，线路、管道、设备、设施等的安装以及其他工程作业的业务活动，包括工程服务、安装服务、修缮服务、装饰服务和其他建筑服务。仅与建筑服务有关的非建筑安装服务发票，并没有国家税务总局公告 2016 年第23 号公告规定的备注栏要求。

有观点误认为，只有建筑企业开具的建筑服务发票才有备注要求，或者只有房地产开发企业收取的建筑服务发票才有备注要求，这些都是误解。实际上，只要是建筑安装服务发票，无论开票方是谁，都应当在备注栏中注明建筑服务发生地县(市、区)名称及项目名称，任何受票方，想用建筑安装服务发票抵扣进项税，或者将其作为企业所得税、土地增值税扣除凭据，均需满足备注栏填写要求。

第六节　因转让在建工程引发的争议

一、为什么要讨论在建工程

从土地增值税角度探讨在建工程，[①]主要基于以下两个原因：

首先，转让土地使用权与转让在建工程的 20% 加计扣除不一样。房地产开发企业直接转让土地使用权的，在计算土地增值税时，取得土地使用权支付的价款不能加计 20% 扣除；对于在建工程的转让，除非地方税务机关明确规定取得土地使用权支付的价款与开发成本不能加计扣除外，都可以加计 20% 扣除。明确规定转让在建

① 税总函〔2016〕309 号规定的土地增值税纳税申报表(六)适用于纳税人整体转让在建工程，未采用未“竣工房地产”概念，因此，本书将已开始建设但未完工的房地产统称为在建工程，只有在具体引用条文时，条文采“未竣工房地产”表述的，才使用未竣工房地产。

工程不可以加计扣除的代表城市是重庆，渝财税〔2015〕93 号第 1 条第 3 款规定，“房地产企业转让开发的土地、未竣工房地产项目，其‘取得土地使用权所支付的金额’不能加计扣除”。

其次，土地使用权不能直接转让。为防止“炒地皮”，《城市房地产管理法》规定，房地产开发企业不能转让未完成开发总投资 25% 以上的土地使用权，若擅自转让，由县级以上人民政府土地管理部门没收违法所得，可以对其并处罚款。① 《城镇国有土地使用权出让和转让暂行条例》也规定，未按土地使用权出让合同规定的期限和条件投资开发、利用土地的，土地使用权不得转让。② 这里需要注意的是，虽然《城市房地产管理法》《城镇国有土地使用权出让和转让暂行条例》禁止转让未经投资的土地使用权，但有的税务机关在征土地增值税时并不会考虑这个规定，反而就土地使用权转让的扣除项目作出规定，如贵州省地税局。贵州省地方税务局《关于发布〈贵州省土地增值税清算管理办法〉的公告》（贵州省地方税务局公告 2016 年第 13 号）规定，房地产开发企业取得土地使用权后，未进行任何形式的开发即转让的，其扣除项目总金额包括：(1)取得土地使用权所支付的金额，具体包括为取得土地使用权所支付的地价款和按国家统一规定交纳的有关费用……(4)与转让房地产有关的税金，具体包括“营改增”前实际缴纳的营业税、城市维护建设税、教育费附加，“营改增”后允许扣除的城市维护建设税、教育费附加。③

---

① 《城市房地产管理法》第 39 条规定，以出让方式取得土地使用权的，转让房地产时，应当符合下列条件……(2)按照出让合同约定进行投资开发，属于房屋建设工程的，完成开发投资总额的 25% 以上，属于成片开发土地的，形成工业用地或者其他建设用地条件。第 66 条规定，违反本法第 39 条第 1 款的规定转让土地使用权的，由县级以上人民政府土地管理部门没收违法所得，可以并处罚款。

② 《城镇国有土地使用权出让和转让暂行条例》第 19 条规定，土地使用权转让，是指土地使用者将土地使用权再转移的行为，包括出售、交换和赠与。未按土地使用权出让合同规定的期限和条件投资开发、利用土地的，土地使用权不得转让。

③ 《贵州省土地增值税清算管理办法》（贵州省地方税务局公告 2016 年第 13 号）第 53 条规定，土地增值税清算时，扣除项目总金额按下列情况分别进行确认：(1)房地产开发企业取得土地使用权后，未进行任何形式的开发即转让的，其扣除项目总金额按本办法第 37 条第 1 项、第 4 项规定进行确认……第37 条规定，土地增值税清算扣除项目包括：(1)取得土地使用权所支付的金额，具体包括为取得土地使用权所支付的地价款和按国家统一规定交纳的有关费用……(4)与转让房地产有关的税金，具体包括“营改增”前实际缴纳的营业税、城市维护建设税、教育费附加。“营改增”后允许扣除的城市维护建设税、教育费附加。

二、何为在建工程

根据前文分析可知，已完成总投资25%以上的在建工程可以依法转让，且在大部分地区，计算土地增值税时可以享受20%的加计扣除。但何为在建工程？《营业税改征增值税试点有关事项的规定》（财税〔2016〕36号附件2）第2条规定，纳税人新建、改建、扩建、修缮、装饰不动产，均属于不动产在建工程。增值税法规提及在建工程时，主要谈及在建工程所耗用的购进货物、设计服务和建筑服务是否能抵扣进项税，以及在什么时候可以抵扣进项税。增值税法规中的在建工程不同于土地增值税中的在建工程，土地增值税法规中的在建工程，有别于未经开发的土地使用权和已竣工的房屋及其他建筑物。《营业税改征增值税试点有关事项的规定》第2条提及的改建、扩建、修缮、装饰不动产不能等同于土地增值税法规中的在建工程，因为改建、扩建、修缮都建立在有旧房的基础上，装饰中的不动产，包括对新房和旧房的装饰，对改建、扩建、修缮的不动产的销售，在土地增值税法规中应当归于销售旧房类别。

销售新房、旧房、在建工程、土地使用权的土地增值税计税方法不一样。因此，在一般情况下，房地产开发企业若想合法销售在建工程并享受20%加计扣除，需要证明在建工程已完成开发总投资25%以上，但未竣工。只是，怎么区分已竣工房地产与在建工程？房地产开发企业应当提供什么证据予以证明？法律并没有对此作出规定。笔者认为，可以通过规划许可证、建筑施工许可证、建筑施工合同及银行打款记录等予以佐证。

三、在建工程转让方是否应该享受20%的加计扣除

从事房地产开发的纳税人与非从事房地产开发的纳税人转让在建工程的，适用的都是《土地增值税纳税申报表（六）》。对于非从事房地产开发的纳税人取得土地使用权支付的价款与开发成本不能加计20%扣除。在一般情况下，税务机关都允许从事房地产开发的纳税人享受20%的加计扣除。可是，小部分地区，如重庆市，却明确规定，房地产开发企业转让在建工程的，不能享受20%的加计扣除。

重庆市之所以规定在建工程转让方不能享受20%加计扣除的优惠政策，主要是

因为担心国家税款流失。假如一个在建工程被多次转让，每次转让方都能享受20%加计扣除，这无疑会导致国家税款流失。但是，笔者认为，这不能成为重庆作出此种规定的理由。原因如下：首先，重庆市这一规定与《土地增值税实施细则》第7条第6款相违背。其次，该规定剥夺了在建工程转让方的正常利润空间。土地增值税的征收目的之一是保护房地产开发企业的正常发展，假如没有20%的加计扣除，则无法保障房地产开发企业的正常利润空间。最后，立法可以不认可通过转让在建工程逃避缴纳税款的行为，如规定无正当理由多次转让在建工程的，转让方无权加计20%扣除。

四、在建工程受让方能否享受20%的加计扣除

对于房地产开发企业投资建设购入在建工程，建好后转让的，有的地区税务机关不允许将购置在建工程的价款作为房地产开发费用加计20%扣除的基数，如南宁市[①]、天津市[②]、海南省[③]；有的地区，如重庆市，因转让方未享受过20%的加计扣除优惠，允许承受未竣工项目的房地产开发企业在完成房地产项目开发，进行土地增值税清算时，其取得土地、未竣工项目所支付的款项可作为“取得土地使用权所支付的金额”，并适用加计扣除；[④]有的地区允许整体购置在建工程的价款作为加计20%扣除的基数，未经投资建设而直接转让的，不得加计扣除，如大连市。[⑤] 笔者认为，大连

① 南宁市地方税务局《关于土地增值税清算有关政策问题的公告》（南地税公告〔2016〕3号）第7条规定，房地产开发企业整体购置未竣工房地产开发项目后，再投资建设后转让的，在清算土地增值税时，其整体购置未竣工房地产开发项目的价款作为开发成本扣除，但不得作为房地产开发费用及房地产开发企业加计20%扣除的基数。

② 天津市地方税务局《关于土地增值税清算有关问题的公告》（天津市地方税务局公告2016年第25号）第7条规定，受让的在建工程再转让进行土地增值税清算时，取得在建工程支付的金额，能提供合法有效凭证的，允许据实扣除，但不能加计扣除，后续投入的各项开发成本及费用按照土地增值税清算的有关规定处理。

③ 《国家税务总局海南省税务局土地增值税清算审核管理办法》第21条规定，纳税人整体购买未竣工房地产开发项目后，取得规划许可，继续投入资金进行后续建设，完成后进行销售的，其购买未竣工房地产所支付的价款及税金允许扣除，但不得作为“财政部规定的其他扣除项目”计算的基数。

④ 参见渝财税〔2015〕93号第1条第3款。

⑤ 大连市地方税务局《关于进一步加强土地增值税清算工作的通知》规定，纳税人整体购置未竣工房地产开发项目后，再投资建设后转让的，在清算土地增值税时，其整体购置未竣工房地产开发项目的价款可作为加计20%扣除的基数，但未经投资、建设而直接转让的，不得加计扣除。

市允许加计扣除的做法是正确的,原因有二。

首先,没有法律规定购买在建工程建成后再出售不能享受20%的加计扣除,地方税务机关无权通过制定规范性文件的方式缩小扣除范围,增加纳税人的税收负担。

其次,在建工程销售方之所以能依法享受20%的加计扣除,是因为国家认为20%是正常利润率,不是暴利,不应当对投资额20%以内的利润征收土地增值税。同理,在建工程的购买方对其投资额20%以内的利润也不应该缴纳土地增值税,不能因为纳税人购买在建工程就剥夺其享有正常利润的权利。假如剥夺在建工程购买方享有正常利润的权利,一方面,会侵害购买方的利益;另一方面,也会侵害销售方的利益。销售方之所以将在建工程出售,大部分是因为经济困难无力再投入建设资金,一旦不允许购买方就购买在建工程价款的20%加计扣除,将会大大降低购买方的积极性,或者购买方通过压低交易价格成交,结果要么置销售方于经济更艰难的境地,要么因无法成交而导致大量"烂尾楼"出现。

综上所述,房地产开发企业转让在建工程涉及的土地增值税政策不同于转让土地使用权。仅转让土地使用权的,为取得土地使用权支付的价款不能加计20%扣除。除小部分地区的规范性文件有禁止性规定外,绝大部分地区的房地产开发企业转让在建工程的,其为取得土地使用权支付的价款与开发成本能加计20%扣除。对于在建工程受让方将在建工程建好后再出售的,部分地区不允许取得在建工程成本加计20%扣除,部分地区允许。

第七节　因土地成本分摊引发的争议

银城公司开发紫金名门房地产项目,将土地出让金及拆迁补偿费按照项目以所在地政府公布的土地级别和基准地价为权重进行分摊,计算出应纳土地增值税4,534,217.67元并进行纳税申报。2016年3月,平坝地税局作出平地税通(2016)01号《税务事项通知书》,对银城公司的土地成本分摊计算方式不予采纳,并根据

《土地增值税暂行条例实施细则》第9条的规定,[①]决定对土地成本按建筑面积法进行分摊计算,要求银城公司缴纳土地增值税6,165,280.46元。银城公司不服,将平坝地税局、安顺市地税局告上法庭。税务局与银城公司的争议焦点为:银城公司是否有权以土地级别和基准地价为权重进行土地成本分摊?一审、二审和再审法院皆判银城公司败诉,理由是税务机关有权依据《土地增值税暂行条例实施细则》第9条按建筑面积计算分摊成本,审定银城公司应缴纳的土地增值税税额。[②]

这里所谈的土地成本是指《土地增值税暂行条例实施细则》第7条第1款所指的取得土地使用权所支付的金额,即纳税人为取得土地使用权所支付的地价款和按国家统一规定缴纳的有关费用。土地增值税语境下的土地成本不同于《企业产品成本核算制度(试行)》(财会〔2013〕17号),所指的土地成本,前者不包括回迁房建造费用。[③] 在土地增值税清算实务中,以下3种情况需要分摊土地成本:一是同一宗土地上有分期开发项目;二是同一个开发项目里有不同类型的房地产;三是同一个开发项目在土地增值税清算时还有未销售完的房地产。

对于土地成本的分摊,房地产开发企业很容易就此与税务机关发生争议,而且争议非常大。比如,"银城公司案"启动了审判监督程序。贵州省税务局公布的《XX房开公司土地增值税清算案》,涉案房地产开发企业也对税务机关确定的土地成本分摊方法不服,申请启动审判监督程序,[④]遗憾的是,贵州省人民检察院作出不支持监督申请的决定。就土地成本的分摊,房地产开发企业与税务机关的争议点主要集中在下文几个方面。

---

① 《土地增值税暂行条例实施细则》第9条规定,纳税人成片受让土地使用权后,分期分批开发、转让房地产的,其扣除项目金额的确定,可按转让土地使用权的面积占总面积的比例计算分摊,或按建筑面积计算分摊,也可按税务机关确认的其他方式计算分摊。

② 安顺市中级人民法院行政判决书,(2017)黔04行终24号;贵州省高级人民法院再审审查与审判监督行政裁定书,(2017)黔行申218号。

③ 《企业产品成本核算制度(试行)》第26条第2款规定,土地征用及拆迁补偿费,是指为取得土地开发使用权(或开发权)而发生的各项费用,包括土地买价或出让金、大市政配套费、契税、耕地占用税、土地使用费、土地闲置费、农作物补偿费、危房补偿费、土地变更用途和超面积补交的地价及相关税费、拆迁补偿费用、安置及动迁费用、回迁房建造费用等。

④ 参见"××房开公司土地增值税清算案",载贵州省税务局官网,http://guizhou.chinatax.gov.cn/wjjb/yasf/202203/t20220301_72796926.html。

一、有哪些土地成本分摊方法

对于土地成本如何在多个开发项目中分摊，以及如何在同一个开发项目中的不同类型的房地产中分摊，土地增值税法规并没有作出明确规定，《土地增值税暂行条例实施细则》第 9 条规定，纳税人成片受让土地使用权后，分期分批开发、转让房地产的，其扣除项目金额的确定，可按转让土地使用权的面积占总面积的比例计算分摊，或按建筑面积计算分摊，也可按税务机关确认的其他方式计算分摊。国税发〔2006〕187 号第 4 条第 5 款规定，属于多个房地产项目共同的成本费用，应按清算项目可售建筑面积占多个项目可售总建筑面积的比例或其他合理的方法，计算确定清算项目的扣除金额。从这两个条文可以看出，土地成本扣除的方式除占地面积法、建筑面积法外，还可以是税务机关确定的其他方式，也可以是其他合理的方式。至于占地面积法是什么方法，应该如何计算，建筑面积法是什么方法，应该如何计算，并没有全国适用的法规对此作出统一性规定，也没有在全国范围内适用的法规就税务机关依据什么来确定成本费用分摊方法，应该在什么范围内确定成本费用分摊方法，什么方法是合理的等问题作出详细规定。笔者尽量对实务中存在的成本费用分摊方法进行介绍，并就这些方法进行分析，探讨其是否适合用来作为土地成本分摊方法。

（一）建筑面积法

建筑面积法，是指按照转让的建筑面积占总可售建筑面积的比例分摊成本。假设某地块的土地出让金为 10 亿元，按照规划，总可售建筑面积为 500, 000 平方米，一期开发项目可售建筑面积为 200, 000 平方米，则一期项目的土地成本为 10 × (200, 000/500, 000) = 4 亿元。

在宗地开发的房屋类型相同、用途相同、容积率相近的情况下，用建筑面积法分摊土地成本是合理的、公正的。假如房地产开发企业对一次性受让的土地分几期开发，不同开发期的房地产类型不一致，使用可售面积占总可售面积的比例分摊成本就会造成容积率低的项目可扣除的土地成本少，而容积率高的项目可扣除的土地成本多，不符合收入与成本配比原则。如别墅，容积率低，在相同土地面积内，其可销售建筑面积比普通住宅的可销售面积会少许多,因此,根据这种计算方法,别墅区可以扣除的土地成本低,而普通住宅区可以扣除的土地成本高,这有可能导致别墅项目的增值率增加,需要缴纳更多的土地增值税,而普通住宅项目没有增值额,无法享受法律赋予普通住宅的免征土地增值税的优惠政策。

(二)占地面积法

占地面积法,是指按可转让土地使用权的面积占总面积的比例计算可扣除项目金额。对如何确定总面积,财政部与国家税务总局制定的文件没有规定,根据国家税务总局《关于广西土地增值税计算问题请示的批复》(国税函〔1999〕112号),"总面积",是指可转让土地使用权的土地总面积,不能转让的土地使用权面积指小区内部道路、绿化等公共设施用地面积。因此,在计算转让土地的增值额时,按实际转让土地的面积占可转让土地总面积的比例来计算分摊,可转让土地面积为开发土地总面积减去不能转让的公共设施用地面积后的剩余面积。例如,某地块的土地出让金为10亿元,可转让土地面积有50,000平方米,一期开发项目占地面积10,000平方米,则一期开发项目分摊的土地成本为10×(10,000/50,000)=2亿元。

在宗地开发的房屋类型相同、用途相同、容积率相近的情况下,使用占地面积法算出来的土地增值税是公平合理的。假如同一个项目中有高层建筑,有不归全体业主共有也不无偿移交给政府的幼儿园,根据这种成本分摊方法计算土地成本,幼儿园会分摊巨额土地成本,可以转让的高层建筑可以分摊的土地成本变少,从而导致高层建筑多缴纳土地增值税。

(三)直接成本法

在全国范围内适用的土地增值税法规没有提及直接成本法。但其源于《房地产开发经营业务企业所得税处理办法》,是指用来分配同一开发项目内的开发成本的一种方法,即按期内某一成本对象的直接开发成本占期内全部成本对象直接开发成本的比例进行分配。[①]《国家税务总局广东省税务局土地增值税清算管理

① 《房地产开发经营业务企业所得税处理办法》(国税发〔2009〕31号)第29条第3款。

规程》[①]以及江苏省地方税务局《关于土地增值税若干问题的公告》[②]等地方规范性文件规定,可以用直接成本法分摊土地成本。

(四)市场评估法

房地产开发企业取得的都是国有建设用地使用权,国有建设用地使用权的出让金有一个严格的产生过程。第一步,各省(自治区、直辖市)、市、县综合土地用途、使用年限、土地级别、开发程度("五通一平"或者"七通一平"[③])等因素确定不同地块的基准地价。第二步,就拟出让地块进行评估。共有收益还原法、市场比较法、剩余法、成本逼近法、公示地价系数修正法5种评估方法,其中,公示地价系数修正法是在基准地价的基础上对土地价格进行修正。[④] 第三步,结合评估结果和政府产业政策综合确定标底或者底价,将建设用地通过招拍挂的方式进行拍卖,[⑤]房地产开发商通过竞买方式取得建设用地使用权,向政府缴纳土地出让金。

因政府在出让土地之前有严格的土地价值评估程序,对土地使用权的市场价格

① 国家税务总局广东省税务局《关于发布〈国家税务总局广东省税务局土地增值税清算管理规程〉的公告》(以下简称国家税务总局广东省税务局公告2019年第5号)第28条第3项规定,同一清算单位内发生的成本、费用,能按照受益对象直接归集的,按照直接成本法计入相应房地产类型扣除。

② 江苏省地方税务局《关于土地增值税若干问题的公告》(苏地税规〔2015〕8号)第2条规定,土地成本是指取得土地使用权所支付的金额。土地成本仅在能够办理权属登记手续的建筑物及其附着物之间进行分摊。在不同清算单位或同一清算单位不同类型房产之间分摊土地成本时,可直接归集的,应直接计入该清算单位或该类型房产的土地成本;不能直接归集的,可按建筑面积法计算分摊,也可按税务机关认可的其他合理方法计算分摊。

③ "五通一平",是指基本建设中前期工作的通路、通水、通电、通排水、通电信、平整土地。"七通一平",是指在五通的基础上增加通热力、通燃气。

④ 《国有建设用地使用权出让地价评估技术规范》(国土资厅发〔2018〕4号)第4.4条规定,评估方法:(1)收益还原法;(2)市场比较法;(3)剩余法;(4)成本逼近法;(5)公示地价系数修正法。第5.5条规定了公示地价系数修正法。除依照《城镇土地估价规程》的规定外,还需体现以下技术要求:(1)采用的基准地价,应当已向社会公布。采用已完成更新但尚未向社会公布的基准地价,需经市、县国土资源主管部门书面同意……

⑤ 《招标拍卖挂牌出让国有建设用地使用权规定》(中华人民共和国国土资源部令第39号)第4条第1款规定,工业、商业、旅游、娱乐和商品住宅等经营性用地以及同一宗地有两个以上意向用地者的,应当以招标、拍卖或者挂牌方式出让。第10条规定,市、县人民政府国土资源行政主管部门应当根据土地估价结果和政府产业政策综合确定标底或者底价。标底或者底价不得低于国家规定的最低价标准。确定招标标底,拍卖和挂牌的起叫价、起始价、底价,投标、竞买保证金,应当实行集体决策。招标标底和拍卖挂牌的底价,在招标开标前和拍卖挂牌出让活动结束之前应当保密。

作了科学评估。因此,本节开头提到的银城公司就认为,紫金名门房地产项目可以根据政府的评估报告对土地成本进行分配。

但是,当宗地的用途是商住两用,房地产开发企业在部分地块建纯住宅,部分地块建纯商业用房时,政府提供的评估报告就无法适用了。因为宗地出让时考虑的是商住混合,在整块地上综合考虑了各种因素。比如,房地产开发企业将宗地分 3 期开发——A 地建住宅、B 地建商业用房、C 地住宅与商业用房混合,则有必要就 3 块地的土地成本分别进行评估。因为分期开发之后,3 块地的用途各不一样。住宅、办公、商住混合的地块因用途不同,市场价值将会有较大区别,有必要就土地用途重新作一次评估。

(五)受益对象分配法

受益对象分配法源于国税发〔2009〕91 号的规定,是指按照受益对象,采用合理的分配方法分配土地成本。这个方法类似《企业产品成本核算制度(试行)》规定的相对销售价格分配法,[①]即可以根据销售价格的多少来分摊土地成本,销售价格高的,多分配土地成本,销售收入低的,少分配土地成本。不同类型、不同用途、不同容积率的房地产项目的区别都体现在价格上,无须再担心以建筑面积法、占地面积法分摊成本会导致不合理现象的出现。

另外,一些地方规范性文件规定了层高系数法。之所以采用层高系数法,是因为不类型房地产的建筑成本有差异,比如,在一层有店面的商住混合楼里,店面的层高一般高出住宅层高 0.5 ~ 1 米,建筑成本高于住宅,而地下车位的建筑成本远低于住宅与非住宅用房。因此,在同一栋楼内有住宅和商业性用房时,往往根据建筑物的层高分摊成本。商业用房层高系数 = 商业用房平均层高/住宅平均层高。但是,部分地区的地方规范性文件并不使用层高系数法分摊土地成本,明确规定层高系数

---

① 财政部《关于印发〈企业产品成本核算制度(试行)〉的通知》(财会〔2013〕17 号)第 37 条规定,制造企业应当根据生产经营特点和联产品、副产品的工艺要求,选择系数分配法、实物量分配法、相对销售价格分配法等合理的方法分配联合生产成本。

法只用来分摊同一栋楼内不同类型房产的建筑安装工程费，比如，山西省、[①]内蒙古自治区、[②]湖南省[③]的相关规定。

预算造价法，根据《房地产开发经营业务企业所得税处理办法》的规定，是指按期内某一成本对象预算造价占期内全部成本对象预算造价的比例进行分配。[④] 在地方规范性文件中，未见有使用预算造价法分摊土地成本的规定。

二、怎么选择土地成本分摊法

对于可扣除项目（包括土地成本）的分摊方法，《土地增值税暂行条例实施细则》第9条、国税发〔2006〕187号第4条第5款，以及国税发〔2009〕91号第21条第5项都进行了规定，但三者规定都不一样，将其中任一条款作为依据适用都有不足之处。

（一）应该用占地面积法、建筑面积法还是其他合理方法

《土地增值税暂行条例实施细则》第9条规定，纳税人成片受让土地使用权后，分期分批开发、转让房地产的，其扣除项目金额的确定，可按转让土地使用权的面积占总面积的比例计算分摊，或按建筑面积计算分摊，也可按税务机关确认的其他方式计算分摊。这个规定容易引起以下三个方面的争议。

1. 谁有成本分摊方法的决定权？该条规定了两个具体土地成本分摊方法，即占地面积法和建筑面积法。除这两个方法外，也可按税务机关确认的其他方法计算可扣除项目金额。该条规定是指对于前两个方法纳税人可以从中任选一项，还是只有

---

① 山西省地方税务局《关于发布〈房地产开发企业土地增值税清算管理办法〉的公告》（山西省地方税务局公告2014年第3号）第19条第2项第3目规定，采取分期开发项目的，应当着重审核本期清算的建筑安装成本费用与下期的建筑安装成本费用是否正确划分……同一建筑物中若存在层高不同的情况时，可按层高系数加以调整，但不得增加建筑物总的建安成本。

② 内蒙古自治区地方税务局《关于进一步明确土地增值税有关政策的通知》（内地税字〔2014〕159号）第5条规定，单栋建筑物既有住宅又有商业用房的，商业用房的建筑安装工程费可以按照层高系数予以调整。

③ 湖南省地方税务局《关于进一步规范土地增值税管理的公告》（湖南省地方税务局公告2014年第7号）第5条规定，单栋建筑物既有住宅又有商业用房的，商业用房的建筑安装工程费可以按照层高系数予以调整。

④ 《房地产开发经营业务企业所得税处理办法》第29条第4款。

税务机关才可以选择？抑或是无论哪种方法的使用都只能由税务机关决定？

对于谁有可扣除项目金额分摊方法的决定权，不同地区的规定不一样。重庆市地税局规定，纳税人在土地成本分摊方面有土地面积占比法或者建筑面积占比法的选择权。纳税人的这个选择权只适用于分摊土地成本，不包括房地产开发成本的分摊，对于房地产开发成本分摊方法，纳税人无选择权，只能适用建筑面积占比法。① 湖南省和海南省未给纳税人选择的机会，规定土地成本只能按占地面积法分摊。② 广西壮族自治区在土地成本分摊以及其他共同成本分摊方面都未给房地产开发企业任何选择权，根据不同情况，适用建筑面积法、占地面积法或者税务机关确定的其他方法。③ 广东省的房地产开发企业在土地成本分摊方面也没有选择权，只能根据

① 重庆市地方税务局《关于土地增值税若干政策执行问题的公告》（重庆市地方税务局公告2014年第9号）第1条第3项规定，分期清算或者清算单位中建造多类房产，土地成本纳税人可选择按照土地面积占比法或者建筑面积占比法计算分摊；房地产开发成本按照建筑面积占比法计算分摊，其中已明确对象化的设施、设备、装修等支出应直接计入对应房产的房地产开发成本。上述土地成本包括“取得土地使用权所支付的金额”和“土地征用及拆迁补偿费”；房地产开发成本包括“前期工程费、基础设施费、建筑安装工程费、公共配套设施费、开发间接费用”。

② 湖南省地方税务局《关于进一步规范土地增值税管理的公告》（湖南省地方税务局公告2014年第7号）第4条规定，对于成片受让土地使用权后，分期分批开发、转让房地产的，应按分期开发项目占地面积占该成片受让土地总占地面积的比例计算分摊取得土地使用权所支付的金额和土地征用及拆迁补偿费（以下简称土地成本）。同一项目中建造不同类型房地产开发产品的，按不同类型房地产开发产品的建筑面积占该项目总建筑面积的比例计算分摊土地成本。但对占地相对独立的不同类型房地产，应按该类型房地产占地面积占该项目房地产总占地面积的比例计算分摊土地成本。《国家税务总局海南省税务局土地增值税清算审核管理办法》（国家税务总局海南省税务局公告2021年第7号）第10条第2项规定，属于多个清算项目共同发生的取得土地使用权所支付的金额、土地征用及拆迁补偿费，按清算项目占地面积占总占地面积的比例分摊。

③ 《广西壮族自治区房地产开发项目土地增值税管理办法（试行）》（广西壮族自治区地方税务局公告2018年第1号）第38条规定，纳税人分期开发项目或者同时开发多个项目的，或者同一项目中建造不同类型房地产的，应按照受益对象，采用合理的分配方法，分摊共同的成本费用：（1）属于不在同一宗土地上的多个房地产项目共同的成本费用，应按建筑面积法分摊。（2）纳税人成片受让同一宗土地的使用权后，分期分批开发、转让房地产的，取得土地的成本按占地面积法分摊，其他共同成本按建筑面积法计算分摊。纳税人分期开发房地产项目，各清算单位扣除项目金额的计算分摊方法应保持一致。（3）同一清算单位中纳税人可以提供土地使用权证或规划资料及其他材料证明该类型房地产属于独立占地的，取得土地使用权所支付的金额和土地征用及拆迁补偿费可按占地面积法计算分摊。（4）同一清算单位中部分转让国有土地使用权或在建工程，其共同受益的项目成本，无法按照建筑面积法分摊计算的，可按照占地面积法或税务机关确认的其他合理方法进行分摊。（5）同一清算单位中建造不同类型房地产，建筑安装工程费有明显差异的，可按税务机关确认的其他合理方法计算分摊。

不同情况适用占地面积法和建筑面积法。[①]

2. 税务机关是否可以任意抛弃土地面积法和建筑面积法而另选一种扣除项目金额计算方法？选择计算方法是否需要依据和理由？上述法规没有对此作出相关规定。在“海口市税务局、海南省税务局与华城公司案”中，一审法院认为，国税发〔2006〕187号第4条第5项规定的可售面积百分比法适用于在同一宗土地上开发多个项目时分摊共同发生的成本，但是，华城公司涉案项目属于单一开发项目，故海口市税务局要求适用可售面积百分比法进行成本分摊属于适用法律错误。而二审法院认为，多年以来，全省房地产开发企业土地增值税清算无论是单一开发项目成本分摊，还是多个房地产项目共同的成本分摊均采用可售面积百分比法计算，因此，海口市税务局的要求并无不当。[②] 根据二审法院的观点，无论是否符合法规，只要是税务机关认定的，形成惯例的成本分摊方法，就是正当的。

3. 该条规定分期分批开发的房地产项目需要就可扣除项目金额进行分摊，那么，未分期分批开发的房地产项目是不是就不需要进行可扣除项目金额的分摊？银城公司认为“紫金名门”房地产开发项目系整体开发并销售，不是分期分批开发、转让房地产，不应适用该条规定，应该依据国税发〔2009〕91号第21条第5项的规定，区分受益对象，合理分摊土地成本。

（二）如何确定可售总建筑面积

国税发〔2006〕187号第4条第5款规定，属于多个房地产项目共同的成本费用，应按清算项目可售建筑面积占多个项目可售总建筑面积的比例或其他合理的方法，计算确定清算项目的扣除金额。对如何确定可售总建筑面积，国税发〔2006〕187号及国家税务总局制定的其他文件并未作出规定，地方规范性文件也较少对其进行解释。《广西壮族自治区房地产开发项目土地增值税管理办法（试行）》（广西壮族自

---

① 国家税务总局广东省税务局公告2019年第5号第28条第3项规定，同一清算单位内发生的成本、费用，不能按照受益对象直接归集的成本、费用，原则上按照不同类型房地产可售建筑面积比例计算分摊；对占地相对独立的不同类型房地产，可按占地面积法计算分摊取得土地使用权所支付的金额、土地征用及拆迁补偿费。

② 参见海南省海口市中级人民法院行政判决书，（2018）琼01行终273号。

治区地方税务局公告2018年第1号)第36条规定,总可售建筑面积=总建筑面积-不可售建筑面积,房地产开发项目根据房屋实测报告上载明的所有建筑物(开发产品)的实测建筑面积来确定总建筑面积。不可售建筑面积包括产权属于全体业主所有的建筑面积,无偿移交给政府、公用事业单位用于非营利性社会公共事业的建筑面积。这些计算公式仍然让纳税人感到疑惑,总建筑面积是否包含地下车位的占地面积?笔者认为,总建筑面积应当包含可售地下车库(位)的建筑面积,因为政府在评估土地使用权价值时充分考虑了地下建筑物的占地面积,即房地产开发企业支付的土地出让金包含地下建筑物的土地使用权价款。《建筑工程建筑面积计算规范》(GB/T 50353—2013)规定,地下室、半地下室应按其结构外围水平面积计算建筑面积。结构层高在2.20米及以上的,应计算全面积;结构层高在2.20米以下的,应计算1/2面积。根据这个规定,符合条件的地下室面积应该计算在总建筑面积内。[①] 部分地方税务机关认为,将预售证面积作为总可售建筑面积不太合适,因为管理部门不给房地产开发企业发放地下车库(位)的预售证。

(三)是否应该按受益对象分摊土地成本

国税发〔2009〕91号第21条第5项规定,纳税人分期开发项目或者同时开发多个项目的,或者同一项目中建造不同类型房地产的,应按照受益对象,采用合理的分配方法,分摊共同的成本费用。这里的"应当",是指不可以选择,只能按照受益对象来分摊成本,而《土地增值税暂行条例实施细则》第9条规定,可以在多个方法中选择,即国税发〔2009〕91号与《土地增值税暂行条例实施细则》第9条的规定不一致。国税发〔2009〕91号根据《土地增值税暂行条例》及其实施细则制定,不应该与其有冲突,因此,国税发〔2009〕91号在此处使用"应当"二字不妥。

银城房地产公司提出"紫金名门"房地产开发项目系整体开发并销售,不是分期分批开发、转让房地产,不应适用《土地增值税暂行条例实施细则》第9条规定的建筑面积法计算分摊成本,而应依据国税发〔2009〕91号第21条第5项的规定,区分受

---

① 《建筑工程建筑面积计算规范》(中华人民共和国住房和城乡建设部公告第269号)(GB/T 50353—2013)第3.0.5条规定,地下室、半地下室应按其结构外围水平面积计算。结构层高在2.20米及以上的,应计算全面积;结构层高在2.20米以下的,应计算1/2面积。

益对象,合理分摊扣除项目金额。安顺市西秀区人民法院认为,国税发〔2009〕91 号是依据《土地增值税暂行条例》及其实施细则制定的,国税发〔2009〕91 号第 21 条是对税务机关审核土地增值税清算工作所提的要求,而非土地增值税应纳税额的计算方法。该条第 5 项虽然规定"应按照受益对象,采用合理的分配方法,分摊共同的成本费用",但并未明确合理的方法,故对银城房地产公司"紫金名门"房地产开发项目一次性整体开发的情形也应适用《土地增值税暂行条例实施细则》第 9 条的规定。

三、地下建筑物的土地成本应该如何分摊

2007 年实施的《物权法》(已失效)规定,建设用地使用权可以在地下设立,这个规定同样体现在《民法典》中。① 因此,土地立体化利用已是一个普遍存在的现象。

地下建筑物是否分摊土地成本取决于《土地使用权出让合同》是否对地下建筑面积单独计算了土地出让金。地下建筑物包括地下商业、地下办公、地下仓储、地下车库等。对地下部分单独计算了土地出让金的,地下建筑物应当分摊土地成本。有部分省市人民政府制定文件,明确规定对地下建筑面积计算土地出让金,如北京、深圳等。北京市人民政府《关于更新出让国有建设用地使用权基准地价的通知》(京政发〔2014〕26 号)的附件《北京市基准地价更新成果》规定,根据基准地价测算的宗地价格可分为楼面熟地价、政府土地出让收益两种类型,地上、地下需要单独计算。地下部分楼面熟地价 = 适用地基准地价 × 期日修正系数 × 年期修正系数 × 因素修正系数 × 相应用途地下空间修正系数。《深圳市宗地地价测算规则(试行)》(深规土〔2013〕12 号)第 5 条第 1 项规定,基准地价修正系数包括建筑类型、土地使用期限、容积率、产业发展导向、地下空间、商业楼层、临时及短期利用修正系数。从该条文可以看出,深圳市对地下面积也单独收取土地出让金。对地下建筑面积单独收费

① 《民法典》第 345 条规定,建设用地使用权可以在土地的地表、地上或者地下分别设立。

的还有广东省佛山市、[1]吉林省长春市、[2]河南省郑州市、[3]湖北省武汉市、[4]福建省厦门市[5]等地区。

对于地下建筑物分摊土地成本的，不宜与地上住宅、非住宅平均分摊土地成本。因为一方面，根据配比原则，地下建筑物的销售价格远低于地上建筑物，其扣除的土地成本应该相对减少；另一方面，政府在计算土地出让金时，地下部分的价格也远低于地上部分。以广东省佛山市为例，配套地下停车库负一层按地下空间土地用途的土地市场价格的20%收取地价款，负二层及以下按地下空间土地用途的土地市场价格的10%收取地价款。河南省郑州市规定，与地上使用权同步开发的地下空间使用权，按照地上折算楼面地价的20%缴纳地下空间使用权的土地出让金。

有些地区的税务机关规定，不纳入容积率计算的地下面积不分摊地价，如福建

---

① 佛山市人民政府《关于印发佛山市国有建设用地使用权价格及租金计收标准的通知》(佛府〔2018〕23号)第10条规定，地下空间地价计收方式：(1)经营性项目的地下建设用地使用权地价款计收应符合分层利用、区别用途的原则。(2)为鼓励充分利用地下空间，以有偿使用方式取得的土地使用权增加的地下建筑面积(合同规定不计入建筑面积的除外)，按以下规定计收：(1)配套地下停车库负一层按地下空间土地用途的土地市场价格的20%收取地价款，负二层及以下按地下空间土地用途的土地市场价格的10%收取地价款。(2)用于商服用途的地下建筑面积，负一层按地下空间土地用途土地市场价格的50%计收地价款；负二层及以下按地下空间土地用途土地市场价格的20%计收地价款。(3)用于住宅用途的地下建筑面积，按地下空间土地用途土地市场价格的100%计收地价款。4.除住宅和商服用途之外的地下公建配套设施建筑面积，纳入地下停车库计收地价款。

② 长春市人民政府《关于公布实施长春市区基准地价等土地价格的通知》(长府发〔2006〕10号)第7条规定，空间土地使用权按地下规划建筑用途确定土地用途，地下一层土地使用权基准地价按同类用途基准地价的50%确定，地下二层按30%确定，地下二层以下按15%确定。

③ 《郑州市地下空间开发利用管理暂行规定》(郑政〔2021〕14号)第15条规定，出让供应的地下空间建设用地使用权，出让价款(或起始价)按照不低于出让时与地下规划功能用途、建筑容量、土地级别、使用年限等同等条件的地上建设用地评估市场楼面价的一定比例收取。

④ 武汉市人民政府《关于进一步规范开发建设项目配建地下停车场管理的意见》(武政规〔2019〕2号)第2条第1项第3目规定，出让地下建设用地使用权的政府土地收益，按照我市公共停车场项目土地收益政策和地下空间开发利用管理相关规定确定的标准核收，原则上不得低于工业用地评估地价的6%。地下建设用地使用权出让年限不超过50年。

⑤ 厦门市人民政府《关于印发城镇土地基准地价征收管理若干规定的通知》(厦府规〔2020〕10号)附件《厦门市地价征收管理若干规定》第21条、第22条。

省厦门市、[①]重庆市。[②] 容积率，是指一定地块内，总建筑面积与建筑用地面积的比值。《建筑工程建筑面积计算规范》（GB/T 50353—2013）规定，符合条件的地下室面积应该计算在总建筑面积内，但是，对在计算容积率时总建筑面积是否包括地下部分的建筑面积，国家没有统一规定，《建设用地容积率管理办法》赋予了各省（自治区、直辖市）、市、县人民政府城乡规划主管部门依据国家有关标准规范确定是否计入的权力。[③] 有的地方在计算容积率时不算入地下部分的建筑面积，如北京市、[④]浙江省杭州市；[⑤]有的地方在计算容积率时将符合条件的地下建筑面积算入总建筑面积，如广东省广州市。《广州市规划管理容积率指标计算办法》采用排除法，将地下停车库、地下公共通道等排除在总建筑面积之外，即未被排除的地下建筑物的面积在计算容积率时计入总建筑面积。[⑥]

部分地方规范性文件在计算容积率时不考虑地下建筑面积，但是地方政府在出让土地使用权时却就地下建筑面积收取土地出让金，同时在计算土地增值税时规定，地下建筑面积不计容积率，不分摊土地成本，如北京市。北京市人民政府按地面价格的30%收取地下建筑面积的土地出让金，因这部分成本不由地下建筑面积分摊。在开发项目中有普通住宅、非普通住宅、非住宅，且地下车库（位）归入非住宅清算的情况下，这样计算会增加普通住宅的成本，从而导致普通住宅的增值率更低，而

---

① 《厦门市土地增值税清算管理办法》（厦门市地方税务局公告 2016 年第 7 号）第 34 条第 2 款规定，同一个清算项目，可以将取得土地使用权所支付的金额全部分摊至计入容积率部分的可售建筑面积中，对于不计容积率的地下车位、人防工程、架空层、转换层等不计算分摊取得土地使用权所支付的金额。

② 渝财税〔2015〕93 号第 1 条第 5 项规定，不计算房地产项目容积率的地下车库不分摊“土地成本”。

③ 《建设用地容积率管理办法》（建规〔2012〕22 号）第 3 条规定，容积率是指一定地块内，总建筑面积与建筑用地面积的比值。容积率计算规则由省（自治区）、市、县人民政府城乡规划主管部门依据国家有关标准规范确定。

④ 北京市规划委员会《容积率指标计算规则》（市规发〔2006〕851 号）第 1 条规定，容积率系指一定地块内，地上总建筑面积计算值与总建设用地面积的商。第 6 条规定，地下空间的顶板面高出室外地面 1.5 米以上时，建筑面积的计算值按该层水平投影面积计算；地下空间的顶板面高出室外地面不足 1.5 米的，其建筑面积不计入容积率。

⑤ 《杭州市建筑层高控制及容积率指标计算规则》（杭规发〔2011〕273 号）第 3 条规定，地下室、半地下室的顶板面高出室外地面不超过 1.5 米时，建筑面积不计入容积率。

⑥ 《广州市规划管理容积率指标计算办法》（穗国土规划规字〔2018〕9 号）第 4 条规定，在核定建筑容积率指标时，下列情形不计入容积率建筑面积：（1）建筑物避难层中的避难空间、地下公共通道、地下公交站场、地铁站台层、地铁站厅层（除商业设施外）、地下停车库、地下非机动车库、非平战结合的人防工程和地下市政公用设施及地下设备用房等地下空间……

非住宅的增值税率更高。

另外,江苏省规定,土地成本仅在能够办理权属登记手续的建筑物及其附着物之间进行分摊,①不能销售的人防车位和不能办理登记的非人防车位都不能分摊土地成本。江苏省的这个规定是正确的。人防车库(位)和不能办理登记的非人防车位的出租收入,根据《土地增值税暂行条例》第2条的规定不能计入土地增值税收入,因为只有转让土地使用权或者房屋所有权取得的收入,才属于土地增值税的征税范围。

四、商品房配套保障性住房的土地成本应该如何分摊

商品房配套保障性住房所占用的土地的来源有以下几种:(1)划拨。比如,公租房所使用的土地采用划拨方式取得,不存在土地成本分摊问题。(2)土地使用权登记在政府部门名下,房地产开发企业自始至终未取得土地使用权,其将保障性住房建成后直接交付给政府,这种情况也不存在土地成本分摊问题。(3)正常价格土地出让。如通过“限地价、竞配套”取得。(4)低价土地出让。比如,深圳市的人才安居房,按正常地价的50%收取土地出让金。后两种情况存在是否应当分摊土地成本,以及如何分摊土地成本的问题。

与商品房配套建成的保障性住房,有些被销售给政府,有些被无偿移送给政府。对于无偿移送给政府的保障性用房,根据第四章第四节的分析,不应当按视同销售确认收入,但是其对应的土地成本应当根据国税发〔2006〕187号第4条第3款的规定扣除。② 虽然保障性住房有专人居住,小区其他业主并不能对保障性住房享受权利,但由于保障性住房是根据《土地使用权出让合同》的规定配套建设,是房地产开发企业依据合同必须履行的义务,根据《房地产开发经营业务企业所得税处理办法》

① 江苏省地方税务局《关于土地增值税若干问题的公告》(苏地税规〔2015〕8号)第2条规定,土地成本是指取得土地使用权所支付的金额。土地成本仅在能够办理权属登记手续的建筑物及其附着物之间进行分摊。

② 国税发〔2006〕187号第4条第3项规定,房地产开发企业开发建造的与清算项目配套的居委会和派出所用房、会所、停车场(库)、物业管理场所、变电站、热力站、水厂、文体场馆、学校、幼儿园、托儿所、医院、邮电通讯等公共设施,按以下原则处理……(2)建成后无偿移交给政府、公用事业单位用于非营利性社会公共事业的,其成本、费用可以扣除……

(国税发〔2009〕31 号)第 17 条第 1 款、[①]第 27 条第 5 款的规定,[②]对于无偿赠与地方政府的保障性住房,其对应的土地成本费用应按公共配套设施费扣除。

对于有偿销售给政府的保障性住房,法规没有就保障性住房的土地成本分摊作出专门规定。有些税务机关考虑容积率、销售价格等因素,将保障性住房归入普通住宅。由于保障性住房的销售收入低,将其归入普通住宅进行土地增值税汇算清缴会拉低普通住宅的增值率,有的开发项目的普通住宅的增值率甚至为负数,《土地增值税暂行条例》第 8 条规定的普通标准住宅增值额未超过扣除项目金额 20% 的免土地增值税的优惠政策对其不能发挥作用。[③] 另外,因开发商的主要利润来自非普通住宅和非住宅,非普通住宅和非住宅在土地增值税汇算清缴时未考虑保障性住房的收入与成本,从而导致非普通住宅的增值率偏高而需缴纳高额的土地增值税。因保障性住房是整个开发项目的配套建设,所以应当根据公共配套设施费用扣除的方法,将保障性住房的土地成本按公共配套设施费分摊到不同类型的房地产成本之中进行扣除。

---

① 《房地产开发经营业务企业所得税处理办法》(国税发〔2009〕31 号)第 17 条规定,企业在开发区内建造的会所、物业管理场所、电站、热力站、水厂、文体场馆、幼儿园等配套设施,按以下规定进行处理:(1)属于非营利性且产权属于全体业主的,或无偿赠与地方政府、公用事业单位的,可将其视为公共配套设施,其建造费用按公共配套设施费的有关规定进行处理……

② 《房地产开发经营业务企业所得税处理办法》(国税发〔2009〕31 号)第 27 条第 5 项规定……(5)公共配套设施费:指开发项目内发生的、独立的、非营利性的,且产权属于全体业主的,或无偿赠与地方政府、政府公用事业单位的公共配套设施支出。

③ 《土地增值税暂行条例》第 8 条规定,有下列情形之一的,免征土地增值税:(1)纳税人建造普通标准住宅出售,增值额未超过扣除项目金额 20% 的……

第四章 因收入确认与项目扣除引发的风险及争议

第一节 因土地出让金返还引发的风险

根据《节约集约利用土地规定》的规定，政府出让经营性用地的，应当以招拍挂的方式出让，且价格不能低于国家规定的用地最低价格标准。个别地方政府为招商引资，在按法律规定将土地使用权通过招拍挂的形式出售后，又以补贴、奖励等方式将土地出让金返还。虽然原国土资源部曾发文明令禁止这种返还土地出让金的行为，①但久禁不止。

返还的金额在土地增值税清算时无论是抵减土地出让金，还是确认为收入？财政部和国家税务总局颁布的规范性文件对此没有明确，②因此各地的处理方式不一样。江苏省、辽宁省、大连市等省市地方税务局规定，返还款抵减土地出让金。③ 在

---

① 《节约集约利用土地规定》（自然资源部令第5号）第22条规定，经营性用地应当以招标拍卖挂牌的方式确定土地使用者和土地价格。各类有偿使用的土地供应不得低于国家规定的用地最低价标准。禁止以土地换项目、先征后返、补贴、奖励等形式变相减免土地出让价款。

② 国家税务总局《关于企业所得税若干政策征管口径问题的公告》（国家税务总局公告2021年第17号）第6条。

③ （1）苏地税规〔2012〕1号第5条第4项规定，取得土地使用权所支付费用的扣除，纳税人为取得土地使用权所支付的地价款，在计算土地增值税时，应以纳税人实际支付土地出让金（包括后期补缴的土地出让金），减去因受让该宗土地政府以各种形式支付给纳税人的经济利益后予以确认。（2）辽宁省地方税务局《关于明确土地增值税清算有关问题的通知》（以下简称辽地税函〔2012〕92号）第6条规定，房地产开发企业从政府部门取得各种形式的返还款，地方税务机关在土地增值税清算时，其返还款不允许扣除，直接冲减土地成本。（3）大连市地方税务局《关于进一步加强土地增值税清算工作的通知》（大地税函〔2008〕188号）第1条第1项规定，关于土地使用权价款的扣除问题，纳税人应当凭政府或政府有关部门下发的《土地批件》《土地出让金缴费证明》以及财政、土地管理等部门出具的土地出让金缴纳收据、土地使用权购置发票、政府或政府部门出具的相关证明等合法有效凭据计算“取得土地使用权所支付的金额”。凡取得票据或者其他资料，但未实际支付土地出让金或购置土地使用权价款或支付土地出让金、购置土地使用权价款后又返还的，不允许计入扣除项目。

“大山公司与宿迁市地方税务局稽查局（以下简称宿迁稽查局）案”中，大山公司为取得“泗洪第一街”项目 50.99 亩国有建设用地使用权向泗洪县国土资源局支付 158,300 万元出让金。2009 年 12 月和 2010 年 1 月泗洪县财政局两次共给予大山公司 1600 万元。大山公司认为，1600 万元是政府招商引资的奖励，跟土地出让金没有关系。而宿迁稽查局根据泗洪县办记录整理的《会议纪要》、泗洪县财政局出具的《情况说明》认定这 1600 万元是土地出让金返还款，并根据苏地税规〔2012〕1 号的规定，将这 1600 万元从土地出让金中扣除。①

一、房地产开发企业确认收入导致国家税款流失的风险

之所以部分省市明令将返还款抵减土地出让金，而不确认为收入，是为了避免产生国家土地增值税税款流失的风险。比如，某房地产开发企业以 1.5 亿元取得某宗地的使用权后，政府以拆迁补偿款或者代理拆迁款的形式返回 0.1 亿元，房地产开发企业将这部分返回款支付给拆迁户，或者以购买安置房的形式交付给回迁户。假设税务机关未要求该房地产开发企业将 0.1 亿元抵减土地出让金，则在计算增值额时，可扣除的项目金额 =（土地出让金 1.5 亿元 + 拆迁补偿款 0.1 亿元）×（1 + 20%），即政府只收到 1.4 亿元土地出让金，但是房地产开发企业却以 1.5 亿元扣除了成本，而且返还款 0.1 亿元又作了一次扣除，并加计扣除了 20%。同理，政府以建设公共配套设施费的名义返还，房地产开发企业用返还款建设公共配套设施，或者政府以基础设施建设费的名义返还，房地产开发企业将返还款用于基础设施建设，都会导致返还款被扣除且加计扣除，从而导致房地产开发企业少缴土地增值税。

二、非从事房地产开发的企业确认收入导致多缴所得税和契税的风险

有些地区的税务机关会将返还款认定为收入，其理由是地方政府下发的补贴、奖励没有被规定专门用途，不属于《企业所得税法》第 7 条规定的不征税范围。对非

① 江苏省宿迁市中级人民法院行政判决书，（2014）宿中行初字第 00045 号；江苏省高级人民法院行政判决书，（2015）苏行终字第 00508 号。

从事房地产开发的纳税人来说，将返还款确认为收入，会导致其多缴纳所得税与契税，而且难以像房地产开发企业一样从土地增值税上获利。例如，某制造企业以1.5亿元取得宗地使用权建厂房，政府返还0.1亿元，当地税务机关要求将返还款确认为收入，则该公司在办理土地使用权过户登记手续时，必须将1.5亿元作为计算契税的基数，同时，需要就0.1亿元缴纳25%的企业所得税。其建设厂房自用，不再转让，无须缴纳土地增值税，无须考虑土地增值税扣除金额是1.5亿元还是1.4亿元。因此，在这种情况下该公司并不会为政府返还0.1亿元而高兴，反而会认为，本应当支付的土地出让金是1.4亿元，仅为了满足法律规定的招拍挂条件，0.1亿元这样一进一出反而多缴了数百万元契税和企业所得税。

根据上述分析，在地方规范性文件对土地出让金返还款的税务处理没有明确规定的情况下，房地产开发企业选择将其确认为收入更有利，非从事房地产开发的纳税人选择将其抵减土地出让金更有利。而最不可取的方式是将土地出让金返还款挂在账上，既不抵减土地出让金，又不确认收入缴纳企业所得税，导致最终被税务机关确认为收入，并因未及时申报缴纳所得税而被要求缴纳滞纳金甚至被行政处罚。

第二节 因拆迁安置房引发的争议

一般情况下，房地产开发企业以3种方式为拆迁户提供安置房：用本项目土地建造安置房、异地建造安置房、异地购买安置房。这3种拆迁安置房的收入与扣除项目不一样。

根据国税函〔2010〕220号的规定，房地产开发企业用本项目房地产安置拆迁户，按视同销售处理，收入按下列方法和顺序确认：(1)按本企业在同一地区、同一年度销售的同类房地产的平均价格确定；(2)由主管税务机关参照当地当年、同类房地产的市场价格或评估价值确定。同时将收入金额确认为房地产开发项目的拆迁补偿费。①

假设A房地产公司将本项目100套房子用于安置回迁户,评估价值为1亿元,则房地产开发企业应将这1亿元确认为房屋销售收入,同时将这1亿元确认为拆迁补偿费。假如房地产开发企业在给安置房的同时又支付回迁户补差价款0.1亿元,这0.1亿元应计入拆迁补偿费,即拆迁补偿费总计1.1亿元。假如回迁户收到拆迁房时支付房地产开发企业补差款0.1亿元,应抵减本项目拆迁补偿费0.1亿元,即拆迁补偿费为0.9亿元。

若为拆迁户异地自行开发建造房屋的,在本项目中不确认收入,按下列方法和顺序确认拆迁补偿费:(1)按本企业在同一地区、同一年度销售的同类房地产的平均价格确定;(2)由主管税务机关参照当地当年、同类房地产的市场价格或评估价值确定。

比如,A房地产开发企业取得某临湖土地用于开发别墅,并另购入一相对偏僻地块用于修建安置房,取得安置房所占土地的价款和建造费等支出共计1亿元,这1亿元不是临湖别墅项目的拆迁补偿支出,在将安置房交付给回迁户时不能在临湖别墅项目中确认收入。临湖别墅项目的拆迁补偿费按以下方法和顺序确认:(1)假如A房地产开发企业在偏僻地块有同一年度销售的同类房地产的,以同类房地产的平均价格确定;(2)由主管税务机关参照临湖地块当年同类房地产的市场价格或评估价值确定。

异地安置的房屋属于购入的,房地产开发企业不计入收入,实际支付的购房支出计入拆迁补偿费。比如,A房地产开发企业为安置拆迁户,花1亿元购买安置房,则该1亿元为开发项目的拆迁补偿费,开发项目不能因购进和分配拆迁安置房确认收入。

---

① 国税函〔2010〕220号第6条规定,关于拆迁安置土地增值税计算问题:(1)房地产开发企业用建造的本项目房地产安置回迁户的,安置用房视同销售处理,按国税发〔2006〕187号第3条第1款规定确认收入,同时将此确认为房地产开发项目的拆迁补偿费。房地产开发企业支付给回迁户的补差价款,计入拆迁补偿费;回迁户支付给房地产开发企业的补差价款,应抵减本项目拆迁补偿费。(2)开发企业采取异地安置,异地安置的房屋属于自行开发建造的,房屋价值按国税发〔2006〕187号第3条第1款的规定计算,计入本项目的拆迁补偿费;异地安置的房屋属于购入的,以实际支付的购房支出计入拆迁补偿费。

就拆迁安置房收入的确认与成本扣除方面,房地产开发企业与税务机关之间容易发生以下争议。

一、如何选择可参照价格

根据国税函〔2010〕220号第6条的规定,拆迁安置房的收入按房地产开发企业在同一地区、同一年度销售的同类房地产的平均价格确定,或者由主管税务机关参照当地当年、同类房地产的市场价格或者评估价值确定。这里的"同一年""当年"究竟是根据房地产开发企业与被拆迁户签订合同之日确定,还是根据房屋交付时间确定,还是根据办理产权过户登记的时间确定?法规及文件并未对此作出明确规定,这几个时间点可能相差数个年度,在数个年度里,同一地区的同类房地产的平均价格可能会相差数倍。因此,在土地增值税清算过程中可能会产生争议。

二、如何分摊拆迁安置房的收入

分期开发多个项目的,拆迁安置房往往被集中在某一期进行开发。因拆迁安置房的支出成本记入拆迁补偿费,拆迁补偿费依法应在各分期项目中分摊;相应地,拆迁安置房的收入也应该分摊到各分期项目。

三、如何分摊拆迁安置房的成本

对于同一宗土地分几期开发,或者在同一宗土地上修建不同类型的房地产,其拆迁成本应该如何在多期开发项目中,或者如何在不同类型房地产中分配?就此问题,房地产开发企业与税务机关容易发生争议。

在"中大房地产诉恩施市税务局、恩施州税务局案"中,恩施市税务局于2019年作出《清算审核通知书》(恩市税土审字〔2019〕1号)。该通知认为,中大御城第一期项目取得转让收入总额为4.6亿余元,其中普通标准住宅部分转让收入3.2亿余元,应缴纳土地增值税0元,其他开发产品部分转让收入1亿余元,应缴纳土地增值税0.059亿元。已预缴土地增值税0.096亿元,应退0.037亿元。

中大房地产不服,于2019年8月30日向恩施州税务局申请复议,请求依法撤销前述《清算审核通知书》。其认为,应将不同类型开发产品实际发生的拆迁费直接归集到普通住宅、非普通住宅、其他产品相应的成本中，无须按建筑面积法先汇总后分摊。企业采用何种方法核算成本应由企业自主选择，税法强调的是合理的方法，并不限于建筑面积法。因此，税务机关应该退还预缴的土地增值税 0.845 亿元。①

恩施州税务局认为，恩施市税务局采用建设面积法分摊成本主要有 3 点法律依据：(1)《土地增值税暂行条例实施细则》第 9 条规定，②对于分期分批开发转让房地产的，可按转让土地使用权的面积占总面积的比例计算分摊可扣除项目，也可以按建筑面积分摊，也可以按税务机关确认的其他方式分摊；(2) 国税发〔2009〕91 号第 21 条第 5 项规定，纳税人分期开发项目或同时开发多个项目的，或者同一项目中建造不同房地产的，应按照受益对象，采取合理的分配方法，分摊共同的成本费用；(3) 湖北省地方税务局《关于进一步规范土地增值税征管工作的若干意见》(鄂地税发〔2013〕44 号) 第 5 条规定，对于成片受让土地使用权后，分期分批开发、转让房地产的，原则上应按分期开发项目 (以《建设工程规划许可证》为单位) 占地面积占该成片受让土地总占地面积的比例计算分摊取得土地使用权所支付的金额和土地征用及拆迁补偿费(以下简称土地成本)。同一项目中建造不同类型房地产开发产品的，按不同类型房地产开发产品的建筑面积占该项目总建筑面积的比例计算分摊土地成本。③

恩施州税务局认为，将拆迁补偿费列入整体项目的开发成本，按建筑面积法和层高系数法在 3 类产品中打通计算，强调的是"三分法"中的受益性和合理性原则，而中大房地产采取"三分法"，强调的是一一对应的原则。但实际情况是，中大房地产的拆迁行为，不仅是为了还建一一对应的同类产品，还是为了服务于整个项目。

一审法院认为，"三分法"是计算增值额的原则，它包括收入"三分"和扣除金额"三分"两个部分。无论是专属成本还是非专属成本，在扣除成本时，都是按照"三分"原则进行处理的。而"专属成本法"与"建筑面积法"是实现"三分"原则的具体

① 比建设面积法计算的应退税额多出约 0.808(0.845 - 0.037) 亿元。

② 《土地增值税暂行条例实施细则》第 9 条规定，纳税人成片受让土地使用权后，分期分批开发、转让房地产的，其扣除项目金额的确定，可按转让土地使用权的面积占总面积的比例计算分摊，或按建筑面积计算分摊，也可按税务机关确认的其他方式分摊。

③ 湖北省地方税务局《关于进一步规范土地增值税征管工作的若干意见》(鄂地税发〔2013〕44 号) 已于 2018 年 6 月 15 日被废止。

方法,即专属成本法与建筑面积法是并列关系,两者都从属于“三分”原则。在选择具体方法的过程中,应遵循受益性原则。按照受益性原则,在成本归集时,应优先选择专属成本法,只有在专属成本法不具备条件时,才选择建筑面积法或者税务机关确定的其他方式。因此,本案的争议焦点实际上不是成本归集方法,而是实物补偿的这部分房屋是否专属于某一种房屋业态的专属成本,即按照专属法归属成本在该案中是否有适用条件。专属拆迁补偿费强调明确指向性和受益的唯一性。指向性,是指拆迁补偿费是针对被拆迁房屋下面的土地而言的,指向的是土地,而不是新建房屋;唯一性,是指某一业态(区分普通住宅、非普通住宅和其他开发产品)的专属成本仅使该业态受益,而与其他业态无关的成本。中大房地产与被拆迁户签订《拆迁补偿协议》,约定以住宅补偿住宅,以商铺补偿商铺。这是补偿的一种方式,并不能说明因为拆除住宅而发生的成本,专属于新建住宅,而与新建的商铺无关,也不能说明拆除商铺发生的成本,专属于新建商铺,而与新建的住宅无关。故应以事实为依据,以受益性为原则来判断因实物补偿发生的拆迁成本是不是专属成本。故应将实物拆迁补偿的拆迁补偿费视为非专属成本,按照建筑面积法进行分摊。①

笔者认为,拆迁成本服务于整个项目,新建房地产并不是对被拆除房地产的复原,因此,中大房地产将拆迁商铺的成本归入新建商铺扣除,将拆迁普通住宅的成本归入新建普通住宅扣除的做法并不妥当。但是,法院的判决也有不合理之处。建筑面积法并不是分摊成本的唯一方法,除可以按建筑面积法分摊拆迁安置房成本之外,还可以采用占地面积法、市场评估法等分摊成本。

第三节 因停车库(位)引发的争议

根据《民法典》的规定,房地产开发企业开发的停车库(位)有3类,分别为建筑区划内规划用于停放汽车的车库(位)、用地下人防工程改建的地下停车库(位)、占用业主共有的道路或者其他场地用于停放汽车的车库(位)。公共用地界线清晰且属于全体业主共有。对于在公共用地上划出的停车场,房地产开发企业无权进行转

① 湖北省恩施土家族苗族自治州中级人民法院行政判决书,(2020)鄂28行终201号。

让，也几乎不存在土地增值税清算方面的争议。房地产开发企业享有根据事先规划建设的停车场的所有权，建成后有权自用、出售、赠予或者出租给业主。地下人防工程虽然由房地产开发企业投资开发，但产权属于国家，建成后需无偿移交给政府，房地产开发企业在不影响防空效能的情况下，平时可以使用管理。[①] 后两类车库（位）在土地增值税征缴过程中容易产生争议。

一、房地产开发企业销售有产权的车位在什么情况下能确认收入与扣除成本

在“徐州中川房地产公司诉徐州经济技术开发区税务局案”中，中川房地产公司认为，因徐州市《地下停车场登记办法》尚在研究中，房屋登记和交易中心暂不受理涉案地下车库的分割转移登记和地下车库《房屋买卖合同》的网上备案，故无法办理地下停车库的分户权属转移登记，但中川房地产公司实质上已经对地下车库进行了分割转让，请求税务机关确认车位销售收入 2800 余万元，车位直接成本发生额 2900 余万元。税务机关认为，原告销售地下车位虽然取得了收入，但地下车位未发生产权转移，不征收土地增值税，在税款清算时不列入收入，不扣除相应的成本和费用。对前述车库的收入与成本是否应当纳入土地增值税清算范畴问题，法院未作出回应，而是直接以中川房地产公司未在税务机关要求的时间内缴纳税款，也未提供相应担保为由，驳回了中川房地产公司的诉讼请求。[②]

在该案中，税务机关的处理行为是正确的。根据《民法典》第 209 条的规定，不动产物权的设立、变更、转让和消灭，经依法登记，发生效力；未经登记，不发生效力。也就是说，只要未办理产权过户登记，车库销售行为就未完成，产权就未发生转移，不符合《土地增值税暂行条例》第 2 条的规定，其收入与成本不应该纳入土地增值税清算范畴。

① 《人民防空法》第 5 条第 2 款规定，人民防空工程平时由投资者使用管理，收益归投资者所有；第 26 条规定，平时利用人民防空工程，不得影响其防空效能。

② 徐州铁路运输法院行政裁定书，（2016）苏 8601 行初 698 号。

二、房地产开发企业对人防车库（位）是否享有所有权

一些地方涉税规范性文件里有“产权”一词，根据《土地增值税暂行条例》①以及《民法典》的相关规定，涉及土地增值税的规范性文件所提及的“产权”，应该是指国家建设用地使用权、房屋或者其他建筑物的所有权等。

有观点认为，部分地区的房地产开发企业对人防工程车库（位）享有所有权，依据如下：《广州市房地产开发项目车位和车库租售管理办法》第9条规定，人防工程车位可以办理不动产权证，并在不动产权证中注记“本车位位于人防工程范围内，按照国家规定，平时使用不得影响人防工程的防空效能，战时或紧急状态下由政府统一调配使用”②。《上海市民防工程建设和使用管理办法》第20条规定，民防工程的投资者可以按照房地产管理的有关规定取得民防工程的所有权。

广州市、上海市的上述规定明显违反《民法典》规定的“一物一权”原则，一个人防工程不能既由国家享有所有权，又由房地产开发企业享有所有权。③

有观点认为，房地产开发企业可以享有车库（位）使用权，可以销售车库（位）使用权。实际上，车库（位）的使用权不属于物权。我国《民法典》遵循的是物权法定原则，即物权的种类与内容由法律规定，不能由市场主体随意自由设定。我国《民法典》没有规定车库（位）的使用权属于物权，因此，国税发〔2006〕187号第4条第3款规定的车库（位）的产权，是指车库（位）所有权，而不是车库（位）使用权。

房地产开发企业有权根据《人民防空法》第5条的规定使用地下人防工程，在不影响战时使用的前提下将其改造成车库（位）并使用和收益，房地产开发企业所拥有的使用权也不是物权，因为一旦发生战争，国家随时可以无偿地将车库（位）使用权

---

① 《土地增值税暂行条例》第2条规定，转让国有土地使用权、地上的建筑物及其附着物（以下简称转让房地产）并取得收入的单位和个人，为土地增值税的纳税义务人（以下简称纳税人），应当依照本条例缴纳土地增值税。

② 《广州市房地产开发项目车位和车库租售管理办法》（穗建规字〔2019〕5号）第9条规定，人防工程范围内规划用于停放汽车的车位、车库的不动产权证，需注记“本车位位于人防工程范围内，按照国家规定，平时使用不得影响人民防空工程的防空效能，战时或紧急状态下由政府统一调配使用”。

③ 《上海市民防工程建设和使用管理办法》第20条，民防工程的投资者可以按照房地产管理的有关规定取得民防工程的所有权。

收回且无须取得房地产开发企业或者业主的同意。假如国家承认房地产开发企业对车库(位)的使用权是物权,根据《民法典》的规定,①国家收回车库(位)的使用权将启动征收、征用程序,并给使用权人相应补偿,这不符合《人民防空法》的立法宗旨。

三、人防工程车库(位)的出租收入是否应当计入销售收入

由于出租车库(位)的收入不属于土地增值税清算收入,因此,房地产开发企业往往希望通过出租车库(位)的方式少缴土地增值税,而有的税务机关则通过分析房地产开发企业与业主签订的租赁合同,认定出租收入为土地增值税收入。

在"鑫城公司与顺德区国家税务局稽查局(以下简称顺德税局)案"中,②鑫城公司将依云水岸小区人防工程车位的使用权交给业主,并与业主在合同中约定业主在7日内交清使用费17万元,使用期20年,使用期限届满后,鑫城公司将同意该车位继续无偿给业主使用至2077年11月4日。使用期间,业主不得擅自转让车位使用权,如转让,则需要得到鑫城公司或者物业管理公司确认同意,且受让方须为水岸业主。③ 鑫城公司将17万元以"租金收入"项目分20年结转营业收入,未纳入土地增值税的"销售收入"申报缴纳土地增值税。顺德税局认为,人防车位使用权可以有偿出租或者转让,从支付的价款、付款方式、使用期限、使用方式、权利的处分方式等条款内容上分析,该合同本质上属于财产权利让渡合同,应视同销售车位缴税。笔者

---

① 《民法典》第245条规定,因抢险救灾、疫情防控等紧急需要,依照法律规定的权限和程序可以征用组织、个人的不动产或者动产。被征用的不动产或者动产使用后,应当返还被征用人。组织、个人的不动产或者动产被征用或者征用后毁损、灭失的,应当给予补偿。第327条规定,因不动产或者动产被征收、征用致使用益物权消灭或者影响用益物权行使的,用益物权人有权依照本法第42条、第44条的规定获得相应补偿。

② 广东省佛山市顺德区人民法院行政判决书,(2015)佛顺法行初字第53号。

③ 《依云水岸人防工程车位使用合同》第3条约定:"使用费为该车位自交付使用起二十年,总金额人民币17万元,乙方即买方须于2010年11月28日支付定金2万元,余款须于2010年12月5日前支付。该车位的使用费为固定对价,不能分割,不按年限分摊。"第2条第1项约定:"该车位的使用期限为二十年,自甲方交付该车位之日起算。使用期限届满,甲方同意将该车位继续无偿提供给乙方使用至2077年11月4日,之后乙方将该车位无条件归还。"第5条第5项约定:"乙方不得擅自转让上述车位使用权。如要转让,乙方应以书面形式报甲方或物业管理公司确认同意,并将包括上述车位使用权在内的本协议项下乙方全部权利义务一并转让,且受让人须为依云水岸业主。乙方违反约定的,该车位使用权转让行为无效。"

认为,假如鑫城公司跟业主就其享有所有权的车库(位)签订上述合同,税务机关要求鑫城公司按视同销售车位缴税,是合情合理的,主要理由有以下3点。

首先,17万元一个车位的价位近似于销售车位所有权的价格,且实际使用权转让期限不是20年,而是合同约定的70年,这个约定的时间甚至长于房地产开发企业所拥有的车位使用权时间。根据《民法典》的规定,房地产开发企业最长只能拥有70年土地使用权,从土地开发到车位建成并转让,少则过了3～5年,长则已过了10余年,即在房地产开发企业将车位使用权转让给业主时,土地使用权的年限已少于70年。因此,从转让的使用权期限来看,与销售产权无异。

其次,从合同约定的限制转让权的条款来看,这些约束转让的条款很难在实务中发挥约束作用。因为房地产开发企业很有可能在完成这个楼盘的开发销售后注销或者因破产而不存在,物业服务公司也有可能被业主更换。即使物业公司与房地产开发企业在这70年期间一直存在,也很难阻止业主转让车库(位)的使用权。因为如果严格限制车库(位)转让,则可能也会影响商品房的转让,继而影响房屋的市场价值,因此,这种限制性条款可能会受到其他业主的共同抵制。合同中关于2077年业主将车位使用权归还给房地产开发企业的约定也是没有实际意义的,因为在2077年之前,该房地产开发企业从国家处取得的70年土地使用权已到期。

最后,将内容类似所有权销售的合同签订为使用权转让合同,按出租收入将17万元分成20年记入"营业收入"申报缴纳税款,产生了延期或者少缴税款的后果,税务机关有权依据《企业所得税法》第47条的规定认定这种行为不具有合理的商业目的,从而有权对这种转让行为进行调整,①要求房地产开发企业按视同销售申报缴纳税款。

但是,房地产开发企业转让人防工程改造的车位使用权的,则不宜以视同销售处理。

首先,房地产开发企业对人防车位不享有所有权,因此房地产开发企业无权转让车位所有权。房地产开发企业对通过规划部门许可建设的车位有权取得所有权

① 《企业所得税法》第47条规定,企业实施其他不具有合理商业目的的安排而减少其应纳税收入或者所得额的,税务机关有权按照合理方法调整。

证，并有权在取得车位所有权证之后将车位所有权转让给业主。而人防车位是在地下人防工程的基础上改造的，因人防工程在建成之后其所有权应无偿转让给国家，故房地产开发企业不能取得人防工程的所有权证，根据房随地走、地随房移的原则，房地产开发企业对人防工程改造的车库（位）也不能办理所有权证。因此，房地产开发企业也不能为业主办理人防车位的所有权证。即使有些地区对人防工程如何移交给国家未作明确规定，导致房地产开发企业一直未办理人防工程移交手续，但也不能因此认为房地产开发企业对人防工程以及以人防工程为基础建设的车库（位）享有所有权。

其次，由于房地产开发企业对人防工程车库（位）不享有所有权，因此，即使房地产开发企业与业主签订人防工程车库（位）的使用权转让合同，这个合同也不是物权转让合同，法院不应该认定其物权转让效力，国家相关部门也不应该给房地产开发企业和业主办理人防工程车库（位）所有权证。

在“济南市章丘区疾病预防控制中心（以下简称疾控中心）与章丘区新世纪房地产开发有限责任公司（以下简称新世纪公司）房屋买卖合同纠纷案”中，疾控中心与新世纪公司于 2008 年签订购房协议，购买内容包括地下人防车位面积 923 平方米、地下人防配套房产面积 357 平方米。2017 年，疾控中心起诉到人民法院，要求法院判决约定人防车位、人防配套房产买卖的协议条款无效。人民法院认为，人防车位由人民防空管理部门代表国家行使所有权，其所有权既不属于开发商，也不属于业主，因而不可以买卖、办理产权证书。根据《合同法》（已失效）第 52 条的规定，购房协议中人防车位等涉及人防工程的部分认定为无效。①

房地产开发企业不享有人防工程车库（位）的所有权，但这并不等同业主不能使用人防工程车库（位）。在人防工程车库（位）使用权未被认定为物权时，房地产开发企业可以通过转让使用权能让业主使用人防工程车库（位）。所有权具有占有、使用、收益与处分 4 个权能，权利人可以将其中的使用权能转让出去。就如同农村土地承包经营权未被 2007 年生效的《物权法》（已失效）认定为物权之前，农民同样可以占有、使用农村耕地并对地上的农作物享有收益的权利，只是这种权利是债权。

① 山东省章丘市人民法院民事判决书，（2017）鲁 0181 民初 4198 号。

当《物权法》(已失效)生效之后,农民对其承包的土地享受的是物权。也就是说,房地产开发企业将车位的使用权能转让给业主,业主享有的是债权。

房地产开发企业可以通过自用、出租的方式使用人防工程车库(位)。《安徽省物业管理条例》《江苏省物业管理条例》均规定,人防工程车位不能出售。[①] 江西省《关于进一步规范防空地下室平时使用和维护管理有关问题的通知》规定,任何单位和个人不得买卖或者以长期出租使用权的名义变相买卖防空地下室,每次租赁合同期不得超过3年。[②]

最后,由于房地产开发企业对地下人防工程车库(位)没有所有权,不能转让车库(位)的所有权,房地产开发企业与业主签订车库(位)租赁合同的行为不是为了延期纳税或者少缴税,而是房地产开发企业充分发挥车库(位)使用权能的最好方式。税务机关不应该适用《企业所得税法》第47条的规定将房地产开发企业转让人防工程车位的行为视同销售处理,也不能因为使用权转让价格近似于销售价格,且实际受让人的人防车库(位)的使用权超过20年,即按《销售服务、无形资产、不动产注释》(财税〔2016〕36号附件)第3条的规定将其视同销售处理,[③]更不宜用规范性文件规定人防工程车位使用权永久转让的视同销售处理。因为将人防工程车库(位)使用权转让视同销售行为既违反《民法典》物权法定的基本原则,又违反《人民防空法》。一旦税法将这种行为视同销售处理,那就意味着国家在事实上认可业主

① 《安徽省物业管理条例》(安徽省人民代表大会常务委员会公告第47号)第86条规定,物业管理区域内依法配建的人民防空工程平时用作停车位的,应当向业主开放,建设单位不得将停车位出售、附赠。人民防空工程平时用作停车位收取的停车费、租金,应当保障该人民防空工程的维护管理和停车管理的必要支出。《江苏省物业管理条例》第67条规定,物业管理区域内依法配建的人民防空工程平时用作停车位的,应当向业主开放,出租的租赁期限不得超过3年,不得将停车位出售、附赠。人民防空工程平时用作停车位收取的汽车停放费、租金,应当依照有关规定,用于该人民防空工程设施的维护管理和停车管理的必要支出。

② 江西省人民防空办公室《关于进一步规范防空地下室平时使用和维护管理有关问题的通知》(赣人防发〔2012〕5号)第1条规定,依法结合民用建筑修建的防空地下室是国家强制要求配套建设的人防工程,属于国防工程和社会公益设施,任何单位和个人不得买卖或者以长期出租使用权的名义变相买卖防空地下室。在目前国家对防空地下室产权尚未明确的情况下,防空地下室平时使用只允许短期租赁,每次租赁合同期不得超过5年。

③ 《销售服务、无形资产、不动产注释》(财税〔2016〕36号附件)第3条规定,转让建筑物有限产权或者永久使用权的,转让在建的建筑物或者构筑物所有权的,以及在转让建筑物或者构筑物时一并转让其所占土地的使用权的,按照销售不动产缴纳增值税。

对人防车库(位)享有物权。因此,《贵州省土地增值税清算管理办法》第34条第2款关于"房地产开发企业单独销售无产权的车库(位)等不能办理产权的其他房地产的,不确认土地增值税计税收入,不扣除相应的成本和费用"的规定是正确的。①

四、车库(位)成本费用应该如何扣除

根据国税发〔2006〕187号第4条第3款的规定,房地产开发企业开发建造的与清算项目配套的停车场(库)应当按以下原则处理:(1)建成后产权属于全体业主所有的,其成本、费用可以扣除。(2)建成后有偿转让的,应计算收入,并准予扣除成本、费用。(3)建成后无偿移交给政府、公用事业单位用于非营利性社会公共事业的,其成本、费用可以扣除。具体分析如下:

公共用地上建造的车位属于全体业主共有,属于第一种情况。车位所占土地成本已计入房屋占地成本,房地产开发企业通过销售商品房取得收入的,无权就这部分车位销售并取得收入,但是,建设车位的成本、费用可以在计算土地增值税时扣除。

按建设规划建设的车位属于第二种情况,房地产开发企业对规划设计建设的车位享有所有权,将所有权转让给业主取得的收入计入销售收入,对应的成本、费用准予在计算土地增值税时扣除。假如房地产开发企业将这类车位出租,则这类车位对应的成本、费用不能在计算土地增值税时予以扣除。

探讨人防工程车库(位)成本的扣除,首先要了解人防工程车库(位)成本的构成。人防工程车位成本由土地成本、人防工程建设成本、人防工程车库(位)改造成本组成。人防工程建成后需要无偿移交给政府,因此,其占地成本、建设成本、费用可以扣除。对于在人防工程的基础上改建车库(位)所支出的成本、费用是否可以扣除,不同地区的规定不一样。有的地区规定这类车位不能销售,不能确认为土地增

① 《贵州省土地增值税清算管理办法》(贵州省地方税务局公告2016年第13号)第34条第2款规定,房地产开发企业单独销售无产权的车库(位)等不能办理产权的其他房地产的,不确认土地增值税计税收入,不扣除相应的成本和费用。

值税收入，也不能扣除相应改造成本和费用，如贵州省、辽宁省。[①] 有的地区认为，人防工程车库（位）的永久使用权被转让，应当确定土地增值税收入，相应的成本费用也应当扣除，如浙江省。[②] 江西省税务局规定，将人防设施改造成地下库（位）的，其成本费用归集到公共配套设施费中一次性扣除。[③]

根据前述分析，房地产开发企业对人防工程车库（位）不享有所有权，其享有的是使用权能，且这种使用权能的转让不属于物权转让，转让收入不能确认为土地增值税应税收入，故人防工程车库（位）的改建成本、费用不能扣除。

五、能扣除成本费用的车库（位）属于哪类房地产

有些地区将房地产类型分成普通住宅、非普通住宅，有些地区将房地产类型分成普通住宅、非普通住宅和其他类型房地产（又称非住宅），无论是“两分法”还是“三分法”，根据国税发〔2009〕91号的规定，[④]在缴税时都会涉及车位归入哪类房地产进行土地增值税清算的问题，因为收入以及成本、费用归入不同房地产类型予以清算，房地产开发企业的税负是不一样的。但是，对车库（位）应当归入哪类房地产进行清算，法律法规没有作出统一明确的规定，仅有部分地方税务机关就这一问题制定了规范性文件。

有些地方规范性文件明确规定了车库（位）收入归入哪类房地产收入计算土地

① 《贵州省土地增值税清算管理办法》（贵州省地方税务局公告2016年第13号）第34条第2款规定，房地产开发企业单独销售无产权的车库（位）等不能办理产权的其他房地产的，不确认土地增值税计税收入，不扣除相应的成本和费用。辽地税函〔2012〕92号第5条第2款规定，无产权地下停车位取得的收入，不计入土地增值税收入，其成本费用地方税务机关在土地增值税清算中不允许扣除。

② 浙江省地方税务局《关于土地增值税若干政策问题的公告》（浙江省地方税务局公告2014年第16号）第5条规定，对房地产开发企业以转让使用权或提供长期使用权的形式，有偿让渡无产权车库（车位）、储藏室（以下简称无产权房产）等使用权的，其取得的让渡收入应按以下规定计算征收土地增值税。（1）对清算前取得的让渡收入应并入清算单位收入一并计算征收土地增值税。对不同类型房地产开发产品，应分别计算增值额的，让渡收入应按照建筑面积法在不同类型可售房产之间进行分摊，分别并计不同类型可售房产的收入……

③ 国家税务总局江西省税务局《关于土地增值税若干征管问题的公告》（国家税务总局江西省税务局公告2018年第16号）第5条规定……（2）对利用地下人防设施改造成地下车库（位）的，其成本费用归集到公共配套设施费中一次性扣除。

④ 国税发〔2009〕91号第21条第5项规定，纳税人分期开发项目或者同时开发多个项目的，或者同一项目中建造不同类型房地产的，应按照受益对象，采用合理的分配方法，分摊共同的成本费用。

增值税，并明确收入分配的计算方式，这种有明确具体规定的地区，在土地增值税清算时一般不会产生争议。如青岛市《房地产开发项目土地增值税清算业务指引》规定，开发项目中既包括普通住宅又包括非普通住宅的，开发企业可将出售车库(位)的收入在分别按照普通住宅和非普通住宅的可售建筑面积占总可售建筑面积的比例进行分割后，对应计入普通住宅和非普通住宅的转让收入计算土地增值税。① 内蒙古自治区地方税务局《关于进一步明确土地增值税有关政策的通知》规定，对房地产开发企业建造的可售地下车库(位)，已取得房产证和土地使用权证的，按照非住宅类型房地产清算。② 南宁地区规定，根据不同情况，车库(位)可以归入非普通住宅、商用房类，甚至在一定程度上可以由房地产开发企业选择归入哪个房地产类型。③ 江西税务局规定，销售地下车库(位)取得的收入，均计入"其他类型房地产"的转让收入。④

有些地方规范性文件对销售车库(位)收入归类没有明确规定，比如，长春市人民政府办公厅《关于进一步促进住房消费稳定房地产市场的若干意见》规定，对住宅

---

① 《房地产开发项目土地增值税清算业务指引》(青地税函〔2013〕44 号)第 2 条规定，关于转让车位、车库等配套设施取得的收入，根据《土地增值税暂行条例实施细则》(财法〔1995〕6 号)第 4 条的规定，开发企业与业主签订销售合同，将房地产开发项目(以下简称开发项目)中的车位、车库等配套设施销售给业主取得的收入，税务机关应要求其当并入房地产转让收入计算土地增值税。开发项目中既包括普通住宅又包括非普通住宅的，开发企业出售上述车位、车库、储藏室取得的收入，可分别按照普通住宅和非普通住宅的可售建筑面积占总可售建筑面积的比例进行分割后，对应计入普通住宅和非普通住宅的转让收入计算土地增值税。

② 内蒙古自治区地方税务局《关于进一步明确土地增值税有关政策的通知》(内地税字〔2014〕159 号)第 3 条规定，对房地产开发企业建造的可售地下车库(位)，已取得房产证和土地使用证的，按照非住宅类型房地产清算。

③ 南宁市地方税务局《关于土地增值税清算有关政策问题的公告》(南地税公告〔2016〕3 号)第 8 条规定，土地增值税清算时车库(位)、杂物房等建筑物应归属的房屋类型问题按以下规定处理：(1)房地产开发企业在 2013 年 4 月 30 日前销售车库(位)、杂物房、阁楼等建筑物的，归入非普通住宅进行清算；2013 年 5 月 1 日起销售车库(位)、杂物房、阁楼等建筑物的，按广西壮族自治区地方税务局《关于遏制房价过快上涨优化房地产结构　助推房地产市场平稳健康发展税收政策公告》(桂地税公告 2013 年第 2 号)第 2 条第 5 款规定执行。(2)同一购房人同时购买普通住宅和非普通住宅的，其所购买车库(位)、杂物房或阁楼等建筑物可由房地产开发企业在预缴土地增值税时自行选择归属的房屋类型，一经确定，清算时不得更改。(3)购房人未购买住宅，仅单独购买车库(位)、杂物房或阁楼等建筑物的，其所购车库(位)等建筑物清算时应归入商用房进行清算。

④ 国家税务总局江西省税务局《关于土地增值税若干征管问题的公告》(国家税务总局江西省税务局公告 2018 年第 16 号)第 5 条规定，(1)销售地下车库(位)取得的收入，不论开具何种票据，均计入"其他类型房地产"的转让收入……

附属的车库(车位),按照住宅类型登记、计税。① 住宅类分为普通类住宅与非普通类住宅,销售收入归入不同类别,其计算出来的土地增值税也是不一样的。因此,笼统规定按照“住宅类型登记、计税”,容易在实务中产生争议。辽地税函〔2012〕92 号规定,转让有产权地下停车位取得的收入,计入土地增值税收入,地方税务机关允许其成本费用按照对应配比原则在土地增值税清算中扣除。② 这个条款并没有明确有产权的车位销售收入该计入哪类房地产销售收入,房地产开发企业未按对应配比原则扣除成本费用是否可以。

第四节 因向政府交付保障性住房引发的争议

根据国务院办公厅《关于保障性安居工程建设和管理的指导意见》(国办发〔2011〕45 号)的规定,城镇保障性住房包括公共租赁住房、廉租住房、经济适用房、限价商品房等。原国土资源部《关于做好 2012 年房地产用地管理和调控重点工作的通知》(国土资发〔2012〕26 号)出台之后,出现了“限地价、竞配套”土地使用权出让模式,③这种模式,一方面,限制土地出让成交价,达到限定地价后,开发商竞拍配套建设的面积;另一方面使房地产开发企业将配套建设的保障性住房无偿或者有偿地交给政府。

对于公租房、廉租房等保障性住房是否预征土地增值税,各地区的规定存在差异。国税发〔2010〕53 号没有就保障性住房规定最低预征率,因此,大部分地区的税务机关出台地方性文件,规定房地产开发企业无须就保障性住房预缴土地增值税,

---

① 长春市人民政府办公厅《关于进一步促进住房消费稳定房地产市场的若干意见》(长府办发〔2016〕10 号)第 5 条规定,住宅附属的车库(车位),按照住宅类型登记、计税。

② 辽地税函〔2012〕92 号第 5 条规定,转让有产权地下停车位取得的收入,计入土地增值税收入,地方税务机关允许其成本费用按照对应配比原则在土地增值税清算中扣除。

③ 原国土资源部《关于做好 2012 年房地产用地管理和调控重点工作的通知》规定,积极探索“限房价、竞地价”“限房价、限套型、竞地价、竞配建”等有效的公开出让方式,推动土地供应转向“稳定市场、保证民生、促进利用”等多目标统筹兼顾的管理。

比如,北京市、江苏省、山东省、四川省、武汉市;①小部分地区规定保障性住房需要预缴土地增值税,如潮州市规定在开发商品住房项目中配套建造经济适用住房能分开核算的,按 1.5% 预征土地增值税。②

相关文件赋予了廉租房、经济适用房、公租房一些免税优惠,但没有规定可以免征土地增值税。财政部、国家税务总局《关于廉租住房、经济适用住房和住房租赁有关税收政策的通知》(财税〔2008〕24 号)针对符合条件的廉租房、经济适用房制定了免营业税、房产税、城镇土地使用税、印花税、契税、个人所得税的政策,同时,也规定"企事业单位、社会团体以及其他组织转让旧房作为廉租住房、经济适用住房房源且增值额未超过扣除项目金额 20% 的,免征土地增值税"。但未规定房地产开发企业转让新建廉租房、经济适用房的,免征土地增值税。

财政部、国家税务总局《关于公共租赁住房税收优惠政策的公告》(财政部、国家税务总局公告 2019 年第 61 号)规定,符合条件的公租房交易免印花税、契税、增值税、房产税,公租房建设期间用地及公租房建成后占地免城镇土地使用税。该公告同时规定,对企业事业单位、社会团体以及其他组织转让旧房作为公租房房源,且增值额未超过扣除项目金额 20% 的,免征土地增值税。但对房地产开发企业销售新建房屋作为公租房房源是否免土地增值税未作出规定。

---

① 参见北京市住房和城乡建设委员会市财政局、市地方税务局《关于贯彻落实国家有关部门房地产市场宏观调控政策有关问题的通知》(以下简称京建发〔2010〕677 号)第 1 条规定,房地产开发企业销售经济适用住房、限价商品住房等保障性住房取得的收入,暂不预征土地增值税;江苏省地方税务局《关于调整土地增值税预征率的公告》(以下简称苏地税规〔2016〕2 号)规定,公共租赁住房、廉租住房、经济适用房、城市和国有工矿棚区改造安置住房等保障性住房,仍暂不预征;山东省地方税务局《关于修订〈山东省地方税务局土地增值税"三控一促"管理办法〉的公告》(2017 年)(以下简称山东省地方税务局公告 2017 年第 5 号)规定,纳税人转让经政府批准建设的保障性住房取得的收入,暂不预征土地增值税,但应当在取得收入时按规定到主管地税机关登记或备案;四川省地方税务局、四川省财政厅《关于土地增值税征管问题的公告》(以下简称四川省地方税务局、四川省财政厅公告 2010 年第 1 号)规定,对保障性住房暂不预征土地增值税;国家税务总局武汉市税务局《关于我市土地增值税预征率和核定征收率有关事项的公告》(以下简称国家税务总局武汉市税务局公告 2018 年第 3 号)第 5 条规定,房地产开发项目中,对建造的政府廉租房、公共租赁住房等保障性住房,以及建造的限套型、限房价、限销售对象等"双限""三限"房屋,暂停预征土地增值税。

② 国家税务总局潮州市税务局《关于调整房地产行业及经济适用住房土地增值税预征率的公告》(以下简称国家税务总局潮州市税务局公告〔2019〕6 号)规定,对能提供政府部门出具相关材料的经济适用住房且在开发商品住房项目中配套建造经济适用住房能分开核算的,其土地增值税按 1.5% 预征。

笔者认为,假如将保障性住房单独作为土地增值税的清算单位,则没有必要针对保障性住房的销售作出免征土地增值税的规定,因为保障性住房的增值额几乎不可能超过扣除项目金额的20%。原建设部、发展改革委、原监察部等《关于印发〈经济适用住房管理办法〉的通知》(建住房〔2007〕258 号)第 20 条规定,确定经济适用住房的价格应当以保本微利为原则。其销售基准价格及浮动幅度,由有定价权的价格主管部门会同经济适用住房主管部门,依据经济适用住房价格管理的有关规定,在综合考虑建设、管理成本和利润的基础上确定并向社会公布。房地产开发企业实施的经济适用住房项目利润率按不高于 3% 核定。但是,保障性住房并未被作为一个单独的土地增值税清算单位,若税务机关对其征税,会将其归入普通住宅类,与普通住宅一起计算缴纳土地增值税。

房地产企业将保障性住房建成后,主要通过 3 种方式将其移交给国家,分别是无偿移交方式、直接移交方式、政府收购方式。政府收购保障性住房与其他不动产转让一样,转让方需要计收入,相关扣除项目也与其他房地产交易一样,一般不会因为交易对象是保障性住房而产生争议。对无偿移交与直接移交保障性住房,不同地区的税务机关有不同的土地增值税征收政策。

一、无偿交付给政府的保障性住房是否确认土地增值税收入

有的地方政府要求房地产开发商将配建的保障性住房无偿移交给政府。以上海市为例,上海市人民政府办公厅转发市住房保障房屋管理局等 5 部门《关于本市保障性住房配建实施意见的通知》(沪府办发〔2012〕61 号)规定,凡新出让土地、用于开发建设商品住宅的建设项目,均应按照不低于该建设项目住宅建筑总面积 5% 的比例,配建保障性住房;郊区有条件的区域,应进一步提高建设项目的配建比例。配建的保障性住房应无偿移交给政府用于住房保障,并在建设用地使用权出让条件中予以明确。

国税发〔2006〕187 号第 3 条第 1 款规定,房地产开发企业将开发产品用于职工福利、奖励、对外投资、分配给股东或投资人、抵偿债务、换取其他单位和个人的非货

币性资产等，发生所有权转移时应视同销售房地产。① 这个条文并没有规定房地产企业将保障性住房无偿移交给政府的视同销售。但这个条文在列举的视同销售情形后面加了个“等”字，意味着视同销售的情形并不局限于所列情形，还有其他情形可以被视同销售。因此，由于立法的不明确，关于房地产企业将保障性住房无偿移交给政府是否视同销售，各地税务机关对其的理解不一样。

上海市税务局有一个《关于配套的保障性住房相关税收问题的政策操作口径的通知》，该通知要求征收土地增值税的相关部门统一口径，但对房地产开发企业将配套建设的保障性住房无偿交付给政府是否视同销售确认收入，这个通知没有明确，但实际操作中不确认收入。广东的处理方式则不一样，根据国家税务总局广东省税务局、广东省财政厅、广东省自然资源厅《关于印发〈广东省“三旧”改造税收指引（2019 年版）〉的通知》（以下简称粤税发〔2019〕188 号）的规定，不动产权属登记首次登记在房地产开发企业名下，再通过转移登记将权属办至政府指定接收单位名下。出让合同（公告）或不动产无偿转让协议约定无偿移交的，应视同销售确认收入，同时将此确认为取得土地使用权的成本，在计算土地增值税时予以扣除。②

笔者认为，房地产开发企业将保障性住房无偿交给政府的，不应视同销售处理。

首先，公租房、廉租房等没有同类房地产的平均销售价格和市场交易价格。国税发〔2006〕187 号第 3 条规定的对视同销售的房地产确认收入的方法有两个：一是按本企业在同一地区、同一年度销售的同类房地产的平均价格确定；二是由主管税务机关参照当地当年、同类房地产的市场价格或评估价值确定。因公租房、廉租房、

① 国税发〔2006〕187 号第 3 条规定，（1）房地产开发企业将开发产品用于职工福利、奖励、对外投资、分配给股东或投资人、抵偿债务、换取其他单位和个人的非货币性资产等，发生所有权转移时应视同销售房地产，其收入按下列方法和顺序确认：①按本企业在同一地区、同一年度销售的同类房地产的平均价格确定；②由主管税务机关参照当地当年、同类房地产的市场价格或评估价值确定……

② 根据粤税发〔2019〕188 号的规定，配套建设移交方式有以下几种：（1）直接移交方式：配套建设地块和经营性地块合并供地，土地出让合同中列明直接将配套建设地块国有建设用地使用权（可共用宗地）以出让方式首次登记到政府指定行政事业单位。不动产登记部门依法依规将配套建设首次登记到政府指定的行政事业单位。（2）无偿移交方式：政府指定接收单位与开发企业签订不动产无偿转让协议，不动产权属登记首次登记在开发企业名下，再通过转移登记将权属办至政府指定接收单位名下。（3）政府回购方式：政府指定回购单位与开发企业按约定价格（不低于成本价）签订商品房买卖合同，不动产权属登记首次登记在开发企业名下，再通过转移登记将权属办至政府指定回购单位名下。

人才安置房等不能上市交易，因此，其既没有同类房地产的平均销售价格，也没有同类房地产的市场价格。假如一定要确认收入，则只能采用评估价，而不能用市场评估法评估。

其次，将建成的保障性住房交给政府并非支付土地出让金，而是房地产开发企业对国家的赠与。有学者认为，房地产开发企业建设保障性住房，是“限地价、竞配建”方式实施的结果。根据原国土资源部办公厅《关于印发〈国有建设用地使用权出让地价评估技术规范〉的通知》（国土资厅发〔2018〕4号）的规定，采用“限地价、竞配建”方式出让土地使用权的，土地估价报告通过配建方式和配建成本折算配建面积，[①]即配套建设保障性住房的，土地使用权出让金会低于市场价格，房地产开发企业将保障性住房无偿交付给政府，是对“低”地价的补偿，不属于赠送。这个观点的不足之处表现在三个方面：一是保障性住房的价值并没有被计入土地出让金计征契税；二是国家明文规定不允许以土地换项目的形式减少政府土地收入；[②]三是土地使用权出让金虽然因为保障性住房的建设而有所减少，但是，房地产开发企业将保障性住房所占有的土地，连同保障性住房一起交还给了国家，并没有通过转让该土地使用权取得任何收入，政府本不应该就保障性住房所占用土地收取土地出让金。因此，整个开发项目所占用土地的出让金低于市场价格是合理的。基于上述理由，房地产开发企业将保障性用房无偿交付给政府并不是支付土地使用权对价，而是一种赠与行为。

最后，房地产开发企业将保障性住房无偿交付给政府的行为，是一种公益性赠与行为，不属于《土地增值税暂行条例》第2条规定的“转让”，不应当视同销售确认收入。房地产开发企业将保障性用房无偿交付给政府，属于《营业税改征增值税试

① 该规范第6.2条规定，采用“限地价、竞配建”方式的，土地估价报告中应评估出正常市场条件下的土地价格，给出底价建议，以及根据市场情况建议采用的地价上限，并提出建议的起始价或起拍价，一般情况下应符合：起始价≤出让底价≤地价上限。当起始价≤地价上限≤出让底价时，地价上限与出让底价之间的差额，应按配建方式和配建成本，折算最低应配建的建筑面积，并在土地估价报告中明示。

② 国务院办公厅《关于规范国有土地使用权出让收支管理的通知》（国办发〔2006〕100号）规定，任何地区、部门和单位都不得以“招商引资”“旧城改造”“国有企业改制”等各种名义减免土地出让收入，实行“零地价”，甚至“负地价”，或者以土地换项目、先征后返、补贴等形式变相减免土地出让收入。

点实施办法》第 14 条第 2 款规定的用于国家的公益事业,[1]不属于视同销售的范畴,不应当按国税发〔2006〕187 号第 3 条第 1 款规定的视同销售行为处理。[2] 房地产开发企业将保障性住房交付给政府的内容规定在土地使用权出让合同中,一旦土地使用权出让合同生效,房地产开发企业就不能单方面撤销合同,在将保障性住房的权利转让给政府之前,其无权根据《民法典》第 658 条第 1 款的规定撤销赠与,因为根据《民法典》第 660 条的规定,具有救灾、扶贫等社会公益、道德义务性质的赠与合同或者经过公证的赠与合同中的赠与人必须履行赠与义务,[3]而保障性住房正好是为了解决贫困人员的住房问题。

二、直接交付给政府的保障性住房是否确认土地增值税收入

所谓直接交付,是指土地使用权登记在政府相关部门名下,房地产开发企业将房屋建好后,大产权也未登记在房地产开发企业名下。因此,房地产开发企业将房屋移交给政府相关部门时,不需要办理产权过户手续。

在上海,配建的保障性住房建成后,大产权直接办理至区保障房管理机构名下,房地产开发企业无须开具发票,无须确认土地增值税收入。[4]

粤税发〔2019〕188 号规定,配套建设地块和经营性地块合并供地,土地出让合同中列明直接将配套建设地块国有建设用地使用权(可共用宗地)以出让方式首次登记到政府指定行政事业单位。不动产登记部门依法依规将配套建设首次登记到政府指定的行政事业单位。房地产开发企业将保障性住房移交给政府有关部门时,不确认收入。

---

① 《营业税改征增值税试点实施办法》第 14 条规定,下列情形视同销售服务、无形资产或者不动产:(1)单位或者个体工商户向其他单位或者个人无偿提供服务,但用于公益事业或者以社会公众为对象的除外。(2)单位或者个人向其他单位或者个人无偿转让无形资产或者不动产,但用于公益事业或者以社会公众为对象的除外……

② 国税发〔2006〕187 号第 3 条第 1 项规定,房地产开发企业将开发产品用于职工福利、奖励、对外投资、分配给股东或投资人、抵偿债务、换取其他单位和个人的非货币性资产等,发生所有权转移时应视同销售房地产……

③ 《民法典》第 660 条规定,经过公证的赠与合同或者依法不得撤销的具有救灾、扶贫、助残等公益、道德义务性质的赠与合同,赠与人不交付赠与财产的,受赠人可以请求交付。

④ 2018 年 7 月 7 日,上海市税务局货物劳务税处、所得税处、财产行为税处向各区税务局货劳税科、所得税科、财产行为税主管部门发布《关于配套的保障性住房相关税收问题的政策操作口径的通知》。

对直接交付的保障性住房所占用的土地，房地产开发企业自始未取得建设用地使用权。根据“房随地走、地随房移”的原则，房地产开发企业既不能就其修建的保障性住房办理不动产权证，又不能随意处置保障性住房。在交付保障性住房时无须办理建设用地使用权过户手续，也不能办理保障性住房的过户手续。加之，房地产开发企业本来未取得任何收入，故上海、广州对直接交付的保障性住房不计入房地产开发企业的土地增值税收入合情合理。

三、交付给政府的保障性住房的成本费用应当如何扣除

由于法规没有就保障性住房的成本费用如何扣除作出明确统一的规定，不同地区有不同的成本扣除方式，同一个地区不同交付形式的保障性住房的成本扣除方式也不同。

对于直接交付方式，粤税发〔2019〕188 号规定，直接移交方式，将建设保障性住房发生的建筑安装工程成本确定为取得土地使用权的成本扣除；上海市税务局实践，实际发生的成本，可参照国税发〔2006〕187 号第 4 条第 3 款的规定处理，[①]即成本、费用可以扣除。

对于无偿交付方式，粤税发〔2019〕188 号规定，将视同销售的收入金额确认为取得土地使用权的成本；上海市税务局的实践，双方签订的土地出让合同中明确房地产开发企业需要配建一定数量的保障性住房并无偿移交给区保障房管理机构的，土地增值税项目清算时，企业配建的保障性住房实际发生的成本，可参照国税发〔2006〕187 号第 4 条第 3 款的规定处理，即成本、费用可以扣除。

对于无偿交付给政府的保障性住房，有人认为，应当按评估价格确认收入，同时也应按评估价格确认扣除项目金额。笔者认为，即使就无偿交付给政府的保障性住房确认土地增值税收入，也不宜以评估价确认扣除项目金额，以评估价确认扣除项

---

① 国税发〔2006〕187 号第 4 条第 3 项规定，房地产开发企业开发建造的与清算项目配套的居委会和派出所用房、会所、停车场（库）、物业管理场所、变电站、热力站、水厂、文体场馆、学校、幼儿园、托儿所、医院、邮电通讯等公共设施，按以下原则处理：（1）建成后产权属于全体业主所有的，其成本、费用可以扣除；（2）建成后无偿移交给政府、公用事业单位用于非营利性社会公共事业的，其成本、费用可以扣除；（3）建成后有偿转让的，应计算收入，并准予扣除成本、费用。

目金额缺乏法规依据。房地产开发企业用建造的本项目房地产安置回迁户，之所以能将确认的收入金额作为拆迁补偿费扣除，是因为国税函〔2010〕220号第6条对此作了明确规定。而就保障性住房的项目扣除问题，没有相关文件作出特别规定。

广东省将无偿交付的保障性住房的成本视为取得土地的成本进行扣除的方法，值得学习推广。这个方法，一方面，简单易操作，不需要就成本支出分类扣除，可以减轻征纳成本，免除实务操作过程中征纳双方的争议；另一方面，对房地产开发企业有利，因为将上述成本归入取得土地使用权的成本进行扣除意味着可以加计20%扣除，这意味着，在同一宗地上有普通住宅，且将保障性住房归属于普通住宅进行清算的话，会拉低普通住宅的增值率，从而减轻房地产开发企业的税负。

综上所述，在房地产开发企业将配套保障性住房无偿移交给政府时，有的地区不确认土地增值税收入，有的地区需要按视同销售确定土地增值税收入；将配套保障性住房直接交付给政府的，各地基本上不确定土地增值税收入。对于配套保障性住房的成本，虽然各地都允许，但扣除的方式不一样：有的将销售确定的收入金额作为成本扣除额，有的根据实际成本费用支出扣除，有的将成本费用等归入取得土地使用权的成本进行扣除，有的需要根据实际支出分类扣除。

第五章　因其他原因引发的风险及争议

第一节　因甲供工程引发的风险

甲供工程，是指全部或者部分设备、材料、动力由工程发包方自行采购的建筑工程。[①] 假设某工程由发包方房地产开发企业采购钢材、砌体材料等，材料费不含税价5000万元，建筑施工费不含税价1000万元，建筑施工合同价款计为6000万元（采用总额法计算，即发包方购买的材料费＋建筑施工费），还是计为1000万元（采用差额法计算，即不包括发包方购买的材料费）？有人认为，需要按总额法计为6000万元，其法律依据是《营业税暂行条例实施细则》（已失效）第16条。该条规定，除提供建筑业劳务的同时销售自产货物的行为以及财政部、国家税务总局规定的其他情形外，纳税人提供建筑业劳务（不含装饰劳务）的，其营业额应当包括工程所用原材料、设备及其他物资和动力价款在内。[②] 否则，建筑业纳税人就会漏缴营业税。[③] 2016年4月30日后，这个观点已不符合现行法规定。因为建筑行业的营业税已改成增值税，有关营业税的法律法规已失效，房地产开发企业购买的建筑材料不计入建筑施工合同总价款的，不属于逃税和漏税行为。但是，部分房地产开发企业仍然习惯性地或者有意地要求建筑施工企业将其购买材料的费用计入建筑施工合同价款。一旦选择总额法，会给房地产开发企业和建筑施工企业带来以下风险。

---

① 《营业税改征增值税试点有关事项的规定》第1条第7项规定，甲供工程，是指全部或部分设备、材料、动力由工程发包方自行采购的建筑工程。

② 《营业税暂行条例实施细则》第16条规定，除该细则第7条规定外，纳税人提供建筑业劳务（不含装饰劳务）的，其营业额应当包括工程所用原材料、设备及其他物资和动力价款在内，但不包括建设方提供的设备的价款。

③ 参见赵红卫：《浅议如何应对甲供材税务管理风险》，载《科技创新与应用》2012年第23期。

一、房地产开发企业少缴纳企业所得税和土地增值税的风险

房地产开发企业购买材料时，其支付的材料款可以在计算企业所得税和土地增值税时抵扣成本。假如房地产开发企业将材料交由建筑施工单位时没有作销售处理，同时建筑施工企业将材料费算在建筑施工合同款内给房地产开发企业开具发票，则房地产开发企业就同一笔支出作了两次成本扣除，这会导致其少缴企业所得税、土地增值税。

二、建筑施工企业多缴企业所得税与虚开增值税专用发票的风险

虽然建筑施工合同价款中包含建材费，但因材料并非由建筑施工企业购买，房地产开发企业不会将建筑施工合同价款中包含的材料费支付给建筑施工企业，从而导致建筑施工企业开具给房地产开发企业的发票金额高于实际交易金额。假如发票记载金额与实际交易金额不符的情况未被税务机关发现，没有被认定为虚开增值专用发票，建筑施工企业需要就自己未收到的材料款缴纳企业所得税。假如发票记载金额与实际交易金额不符的情况被税务机关发现，则房地产开发企业与建筑施工企业均会被追究虚开增值税专用发票的责任。

前述风险可以通过房地产开发企业给建筑施工企业开具建筑材料销售发票的方式规避，一旦房地产开发企业将交付给建筑施工企业的材料按销售处理，房地产开发企业有销售收入，建筑施工企业有购进成本，则不会发生多缴或者少缴企业所得税、虚开增值税专用发票的情形。只是对于房地产开发企业就施工企业购进材料部分的支出又可以加计20%的扣除，从而少缴土地增值税的结果，税务机关可能不认可，因为同一批材料这样反复买卖会增加加计扣除的次数，从而影响房地产开发企业土地增值税税额。

因此，对于甲供工程，正确的处理方式为：建筑施工合同价款不包含由房地产开发企业购买的材料费。房地产开发企业在将材料交付给建筑施工企业时，在会计上直接记入工程成本，建筑施工企业收到房地产开发企业交付的材料时，不作任何会计处理。

第二节　司法拍卖中由受让方缴纳土地增值税引发的争议

在“二城公司案”中，珠海市中级人民法院曾作出裁定，将白蕉镇供销社名下的案涉土地使用权作价抵偿给二城公司，办理过户所需的税费均由二城公司承担。两年后，国土资源局斗门分局在珠海市中级人民法院第二次发送执行裁定书及协助执行通知书的情况下同意在由二城公司代为缴清闲置土地使用费后办理过户手续。两个月后，二城公司申请办理过户登记所需的土地增值税等相关税费缴纳手续，但斗门区国税局白蕉分局（以下简称白蕉分局）认为必须由白蕉镇供销社申报缴税。过了一年，二城公司再次向白蕉分局书面请求代缴案涉土地应征缴的税金。白蕉分局既不同意，亦不予书面答复。珠海市中级人民法院只得分别向斗门区地方税务局城区分局（以下简称城区分局）、白蕉分局送达《协助执行通知书》，要求两单位协助征收案涉土地使用权过户所需的税费，该税费均由二城公司承担。最终，城区分局函告二城公司按规定加收应缴的增值税、城市维护建设税、土地增值税的滞纳金，滞纳金共计1100余万元。二城公司认为，延迟缴纳税款不是自身原因所致，诉请城区分局退回滞纳金，二城公司的诉求未得到珠海市金湾区人民法院的支持。①

税法虽然属于法的范畴，但税法的综合性、复杂性更强于一般法律，涉税案件的处理不仅涉及税收层面的知识，而且与会计、其他部门法紧密关联。确定一个交易主体应该纳什么税，应该缴纳多少税，需要从民商法的角度分析交易性质，再从会计以及税法的角度确定交易金额。只有在确定转让方的收入的基础上才能上升到税法的层面去计算应纳税额，以及纳税义务产生时间。

税制不仅复杂，而且会随着政治、经济制度的变化而不断变化。为了避免计算相关税费或经历繁杂的税收征缴程序、实现案件的顺利执行，往往如上述案件所示，法院会裁定或者在拍卖公告中规定，办理房屋、土地使用权过户所需的税费由买受人承担。笔者对淘宝网2021年4～6月的不动产司法拍卖公告进行随机抽查，对北

---

① 广东省珠海市金湾区人民法院行政判决书，（2018）粤0404行初86号。该案发生时，适用的是原《营业税暂行条例》、原《印花税暂行条例》、原《契税暂行条例》、原《民法总则》；本书分析时适用《增值税暂行条例》《印花税法》《契税法》《民法典》。

京、上海、天津、长沙、银川5个城市各抽查20份,共计100份拍卖公告中有42份要求买受人承担交易环节的所有税费(见表5-1)。由此可见,在法院参与的不动产交易中,由买受人承担全部税费的情况并不罕见。

表5-1　网络司法拍卖税费承担情况　　单位:份

税费承担	城市					
	北京	天津	上海	长沙	银川	总计
买方承担所有税费	13	12	3	11	3	42
各自承担税费	7	8	17	9	17	58

数量庞大的不动产司法拍卖,因为纳税问题,在实务中存在诸多争议,这些争议主要集中在下文所列几个方面。

一、司法拍卖中法院指定的是纳税义务人还是纳税义务人的代理人

根据国家税务总局《关于人民法院强制执行被执行人财产有关税收问题的复函》(国税函〔2005〕869号)的规定,对通过拍卖、变卖财产获得的收入,纳税人都应当依法申报缴纳税款。[①] 因此,上述案件中的土地使用权虽然是由法院裁定作价抵偿给二城公司的,但白蕉镇供销社在税法上被视为转让方,需要依据《增值税暂行条例》、《土地增值税暂行条例》、《印花税法》以及《企业所得税法》等法律法规缴纳增值税、土地增值税、印花税、企业所得税,以及城市维护建设税、教育费附加等;二城公司在税法上被视为买受人,需要依据《契税法》《印花税法》的规定缴纳契税、印花税等。

"国土资源局同意由二城公司代为缴清闲置土地使用费后办理过户手续。""(二城公司)再次请求代缴案涉土地应征缴的税金。""城区分局辩称,原告不是征收税款滞纳金具体行政行为的相对人。"判决书中的这些表述,让人误认为二城公司在该案中只是转让方白蕉镇供销社的代理人,但事实并非如此。

---

① 国家税务总局《关于人民法院强制执行被执行人财产有关税收问题的复函》第2条规定,无论拍卖、变卖财产的行为是纳税人的自主行为,还是人民法院实施的强制执行活动,对拍卖、变卖财产的全部收入,纳税人均应依法申报缴纳税款。

首先,该案不符合指定代理人条件。代理人有委托代理人与法定代理人两种,委托代理人不存在由法院指定的情形,而法定代理人的指定是有条件的。根据《民法典》第 31 条的规定,对无民事行为能力人、限制民事行为能力人的法定代理人(监护人)有争议的,只有在有人申请的前提下,法院才有权指定法定代理人(监护人)。[①] 该案涉及的增值税、城市维护建设税、土地增值税的纳税义务人是白蕉镇供销社,白蕉镇供销社作为一个法人不属于无民事行为能力人和限制民事行为能力人,法院无权为其指定代理人。

其次,二城公司在该案中承担的是纳税人的义务。假如二城公司是代理人,则代理的后果应当由被代理人白蕉镇供销社承担,即增值税、城市维护建设税、土地增值税、印花税以及未及时缴纳前述税款造成的滞纳金都应当由白蕉镇供销社承担,即使二城公司代垫前述款项,事后也有权向白蕉镇供销社索赔。但是,该案的法院裁定要求二城公司负担所有税费。换言之,二城公司是这些税款和滞纳金的实际承担者,而非代理人,二城公司以白蕉镇供销社名义支付后,不能向白蕉镇供销社追偿。

二、法院是否有权且有必要指定纳税义务人

其一,从税收法定原则来看,法院不能指定纳税义务人。税收法定原则,是指由立法者决定税收问题的税法基本原则,即如果没有法律依据,政府不能征税,公民、社会组织也没有纳税义务。征税主体征税必须依且仅依法律的规定;纳税主体依且仅依法律的规定纳税。[②] 税收法定之所以能成为税收法律的一个基本原则的根源在于税收的无偿性。由于“一切有权力的人都容易滥用权力”,[③]为限制国家滥用权力无偿剥夺国民财产,有了被法治国家普遍认同的“无同意无课税”的原则,各国纷纷

---

① 《民法典》第 31 条第 1 款规定,对监护人的确定有争议的,由被监护人住所地的居民委员会、村民委员会或者民政部门指定监护人,有关当事人对指定不服的,可以向人民法院申请指定监护人;有关当事人也可以直接向人民法院申请指定监护人。

② 参见刘剑文:《财税法专题研究》(第 3 版),北京大学出版社 2015 年版,第 186 页。

③ 参见[法]孟德斯鸠:《论法的精神》,张雁深译,商务印书馆 2012 年版,第 102 页。

通过立法来约束政府的征税行为,①以避免政府随意向国民征税。我国《立法法》第8条第6项规定,税种的设立、税率的确定以及税收征收管理等基本法律制度只能制定法律。这里的法律是指全国人大及全国人大常务委员会制定的法律,全国人大于1985年对国务院的立法授权被收回,全国人大常委会法工委牵头起草的《贯彻落实税收法定原则的实施意见》规定,开征新税的,应当通过全国人大及其常务委员会制定相应的法律。纳税主体是法定主体,纳税义务是法定义务,不能通过协议的方式转让,也不能由法院超越法律指定。

《增值税暂行条例》、《土地增值税暂行条例》以及《企业所得税法》等法律法规对不动产交易中的纳税义务由谁承担问题已规定得很明确。即使法律对纳税义务人规定得不明确,法院也无权类推适用税法。最高人民法院《关于人民法院网络司法拍卖若干问题的规定》(法释〔2016〕18号)第30条规定,"没有规定或者规定不明的,人民法院可以根据法律原则和案件实际情况确定税费承担的相关主体、数额"。这个法律适用解释违反《立法法》。根据税收法定原则的要求,税收要素应当法定,课税要件应当明确,②禁止在法律适用以及法律解释的时候对其进行类推。③因此,在法律没有规定或者规定不明确的情况下,法院不能根据法律原则和案件的实际情况确定税费承担主体、数额。

其二,从量能课税的原则来看,法院不应该指定买受人承担所有税费。无论是不动产变卖抵债还是司法拍卖,都是以市场价格为基础进行的交易。市场评估价已经包含了增值税、土地增值税、所得税等,在买受人已按市场评估值支付了相应对价的基础上,④再要求买受人帮转让方缴纳税费,显失公平。

立法要求不动产转让方缴纳多个税种,是基于转让方销售不动产取得收入,有

---

① 日本《宪法》第84条规定,新课租税或变更现行租税,必须有法律规定或法律规定的条件为依据。新加坡《宪法》第82条规定,除经法律或根据法律批准者外,不得由新加坡或为新加坡之用,征收任何国家税和地方税。

② 参见[日]金子宏:《日本税法》,战宪斌、郑林根等译,法律出版社2004年版,第59页。

③ 参见葛克昌:《税法基本问题:财政宪法篇》,北京大学出版社2004年版,第89页。

④ 最高人民法院《关于人民法院网络司法拍卖若干问题的规定》第10条第2款规定,起拍价由人民法院参照评估价确定;未作评估的,参照市价确定,并征询当事人意见。起拍价不得低于评估价或者市价的70%。

负担税负的能力的现实。假如不动产未增值，转让方没有增值收益，那么按照目前税制转让方既不需要缴纳增值税、土地增值税，也不需要缴纳所得税、城市维护建设税和教育费附加。因此，这些税种的设计充分考虑了转让方的负税能力，是量能课税原则在这些具体税种中的体现。法院要求买受人承担不动产交易环节的所有税费，与量能课税原则、公平原则相背离，因为买受人并未享受到转让方在持有不动产期间的增值收益。

其三，从司法权的属性来看，法院无权指定纳税义务人。在法律对纳税义务人有明确规定，且转让方与买受人就税款的负担没有争议并未请求法院作出裁判的情况下，法院无权主动就税款负担作出裁定。理由如下：

首先，司法权的本质是判断权，是根据特定的证据（事实）与既定的规则（法律），通过一定的程序对真与假、是与非、曲与直等问题进行判断的权力。①

司法权不同于立法权，不能制定法律，虽然最高人民法院就具体应用法律、法令问题有解释的权力。② 但是，一方面，司法解释权只有最高人民法院才享有，地方法院不享有司法解释权；③另一方面，最高人民法院的解释权不能僭越立法权，其解释必须符合立法的目的、原则和原意。最高人民法院《关于人民法院网络司法拍卖若干问题的规定》第30规定，“因网络司法拍卖本身形成的税费，应当依照相关法律、行政法规的规定，由相应主体承担”。也就是说，在《增值税暂行条例》《土地增值税暂行条例》《企业所得税法》等法律法规对增值税、土地增值税、企业所得税的纳税义务人、纳税义务产生时间等有明确具体规定的情况下，最高人民法院以及地方各级法院只能依法裁判，无权就此类问题再作司法解释。

其次，司法权具有被动性。司法权不应当主动干预市场经济，应当遵循不告不理原则。司法权的被动性体现在两个方面：一是司法程序启动上的被动性；二是案件实体内容审理中的被动性。案件实体内容审理中的被动性，是指“法院的审理范

① 参见孙笑侠：《司法权的本质是判断权——司法权与行政权的十大区别》，载《法学》1998年第8期。

② 《人民法院组织法》第18条规定，最高人民法院可以对属于审判工作中具体应用法律的问题进行解释。最高人民法院可以发布指导性案例。

③ 《立法法》第104条第3款规定，最高人民法院、最高人民检察院以外的审判机关和检察机关，不得作出具体应用法律的解释。

围被原告提出的主张所限制,判决不能超出原告所主张的范围”。① 在司法拍卖中,转让方并没有请求买受人承担不动产过户所需的税费,法院积极主动地在裁定书或者拍卖公告中要求买受人承担所有税费的行为,属于超越司法职权的行为。

其四,从司法权的功能来看,法院不宜指定纳税义务人。司法的功能在于定分止争,②司法权是一个终局的、权威的判断权。而类似该案中由法院指定纳税义务人的行为,可能会引发其他的争议。

第一,争议发生在被指定承担一切税费的买受人与不动产过户登记部门之间。之所以会发生这类争议,是因为在转让方未到场办理过户手续的情况下,即使有法院的协助执行通知书,过户登记部门一般也难以协助办理相关手续。如在“二城公司案”中珠海市中级人民法院向珠海市房地产登记中心斗门分中心、国土资源局斗门分局送达执行裁定书与协助执行通知书,国土资源局斗门分局拒绝办理过户手续,因为转让方白蕉镇供销社未缴纳闲置土地使用费,而土地使用费并不属于交易环节的税费。后法院再次出具复函,要求后者尽快协助办理涉案土地使用权过户手续,国土资源局斗门分局在买受人二城公司缴纳了不属于交易环节应该缴纳的闲置土地使用费后,才将涉案土地使用权过户至二城公司名下。当城区分局向二城公司征收滞纳金发生争议,二城公司认为导致其未及时纳税的是国土资源局斗门分局,责任不在二城公司时,城区分局建议,若二城公司认为其损失是国土资源局斗门分局造成的,可向国土资源局斗门分局主张权利。

第二,争议发生在买受人与税务机关之间。有的税务机关以买受人不是相关税费的法定纳税义务人为由,不愿意接受买受人缴纳的税费,“二城公司案”即是例证。有的税务机关以拍卖公告已明示所有税费由买受人承担,买受人已签订了拍卖财产成交确认书,买受人已对涉税情况有充分了解并对缴纳全部税费作出了承诺为由,坚持要求买受人缴纳房地产交易环节的所有税费,“杨某一、杨某二与徐州市铜山地方税务局第一税务分局案”(以下简称“杨某一案”)即是例证。③

---

① 参见[日]谷口安平:《程序的正义与诉讼》,王亚新、刘荣军译,中国政法大学出版社 2002 年版,第 25 页。

② 参见童兆洪:《司法权概念解读及功能探析》,载《中共中央党校学报》2004 年第 2 期。

③ 徐州铁路运输法院行政判决书,(2016)苏 8601 行初 280 号。

第三，争议发生在税务机关与转让方之间。税务机关依法进行税收征管，有职责向转让方征税，转让方则会以法院的裁定书或者拍卖公告为依据进行抗辩，从而两者产生争议，“盛兴集团与中山市税务机关纳税争议案”（以下简称“盛兴集团案”）即是例证。该案中的中山市中级人民法院裁定，盛兴集团的江滨绿苑房地产项目按拍卖成交书所确认的价格被卖给中山锦标公司，拍卖所涉税费由买受人中山锦标公司承担。依法律规定税务局有协助执行法院判决书的义务，但岐山税务分局拒绝协助执行，坚决要求盛兴集团缴纳江滨绿苑项目的土地增值税、城市维护建设税及教育费附加、教育费附加、企业所得税。而盛兴集团认为，应当按拍卖公告由买受人承担税费。二审法院未支持盛兴公司主张。① 盛兴公司提请再审，广东省高院裁定驳回其申请。②

其五，从转让方涉税风险的角度来看，法院不宜指定买受人为纳税义务人。买受人缴纳的依法应当由转让方缴纳的税费，为转让方取得的销售收入的税费，转让方应该就这笔销售收入缴纳增值税、土地增值税、城市维护建设税及教育费附加、印花税等。但是，鲜有转让方就这笔收入主动缴纳相应税费。一方面，对这笔收入不申报纳税是对税收法律制度的违反，是逃税行为；另一方面，这种行为造成了税负不公，因为未要求买受人承担所有税费的不动产交易中的转让方都必须就其收到的全部价款和价外费用缴纳相关税费。

其六，从裁判文书顺利执行的角度来看，法院没有必要指定纳税义务。首先，在不动产变价抵债以及司法拍卖案件中，法院不指定纳税义务人，既不会影响税收征管工作，也不会影响法院裁判文书的执行。根据《税收征收管理法》第 45 条的规定，③税收优先于一般债权，因此，不动产变价抵债的，变价金额扣除税款金额后的余额才是偿债金额；通过司法拍卖偿债的，拍卖收入的控制权在法院，税务机关可以要

① 广东省中山市中级人民法院行政判决书，(2018)粤 20 行终 1024 号。

② 广东省高级人民法院行政裁定书，(2019)粤行申 1558 号。

③ 《税收征收管理法》第 45 条第 1 款规定，税务机关征收税款，税收优先于无担保债权，法律另有规定的除外；纳税人欠缴的税款发生在纳税人以其财产设定抵押、质押或者纳税人的财产被留置之前的，税收应当先于抵押权、质权、留置权执行。

求法院将税款汇入税务部门指定账户,①余款交给债权人抵偿债款。山东省地方税务局、山东省高级人民法院联合发布的《关于完善人民法院不动产强制执行与地税机关税费征缴协同联动机制的指导意见》(以下简称鲁地税发〔2017〕42 号)规定,人民法院及时向地税机关通报不动产司法拍卖信息,并支持地税机关征缴相关税费。在执行程序中,拍卖、变卖不动产过程中产生的被执行人(纳税人)的法定税费(不包括买受方应缴纳印花税、契税等税费),依法从拍卖、变卖价款中优先支付。在"唐某军诉平原县税务局案"中,拍卖法院以鲁地税发〔2017〕42 号为依据从拍卖款中扣 64 万余元土地增值税款交付给平原县税务局。②

其次,指定买受人承担所有税费会破坏法律的预测性,从而产生纠纷,影响裁判文书的顺利执行。法律的作用之一是具有可预测性,可以为人们的行为提供一个可预测的行为规范,从而提前做好心理、物质方面的准备。买受人由于对不动产受让之前的交易、持有情况不了解,因此无法预测需要缴纳多少税费,也难以预测会面临哪些税收法律风险,这导致法律的预测作用难以发挥。部分买方虽然一时冲动同意承担所有税费,但事后在面对超出预期的税费、繁杂的纳税手续、协助执行单位的各种不配合时,难免会与他人发生纠纷,从而加大裁判文书执行难度。而转让方是增值税、所得税、土地增值税的法定纳税义务人,依法缴纳税费是其唯一选择,履行裁判文书指定的义务更是其无法逃避的责任,由其承担纳税义务会更有利于裁判文书的顺利执行。

三、税务机关有权拒绝协助执行法院判决吗

司法权是具有终局性的权力,在法院对案件作出生效裁判后,案件终结性地得到解决,除法定情形外,任何力量都不得动摇、推翻司法裁判。③ 因此,对于人民法院的协助执行通知,行政单位是无权拒绝的。最高人民法院、原国土资源部、原建设部《关于依法规范人民法院执行和国土资源房地产管理部门协助执行若干问题的通

---

① 江苏省国家税务局、江苏省地方税务局、江苏省高级人民法院《关于构建涉税信息以及关联信息"点对点"司法查询平台及加强不动产司法拍卖涉税协作通知》(苏高法〔2016〕257 号)。

② 山东省平原县人民法院行政裁定书,(2020)鲁 1426 行初 42 号。

③ 参见贺日开:《司法终局性:我国司法的制度性缺失与完善》,载《法学》2002 年第 12 期。

知》(法发〔2004〕5号)规定,国土资源、房地产管理部门在协助人民法院执行土地使用权、房屋时,不对生效法律文书和协助执行通知书进行实体审查。

但是,“二城公司案”以及“盛兴集团案”都存在行政单位拒绝协助执行的情况。国土资源局斗门分局、白蕉分局都是在珠海市中级人民法院再次送达协助执行通知书时,才协助办理缴税、过户手续。在“盛兴集团案”中,中山市中级人民法院向中山市地方税务局连续发了3次函,一再说明裁定书已发生法律效力,买受人中山锦标公司愿意承担涉案土地的纳税义务,可是,中山市地方税务局坚持向盛兴集团征收土地增值税。

《行政诉讼法》规定,有协助执行义务的单位拒不执行协助执行义务的,人民法院有权对其主要负责人或者直接责任人员处以罚款、拘留;构成犯罪的,依法追究刑事责任。① 城区分局、中山市地方税务局之所以拒绝协助执行,是因为案件存在执行困难。

首先,应纳税额的计算需要转让方提供相应财务会计报表等资料。仅知道房屋、土地的销售价格无法计算出所得税、增值税、土地增值税的应纳税额。以盛兴集团需要缴纳的土地增值税为例,计算土地增值税需要有取得该块土地使用权所支付的金额、房地产开发成本、房地产开发费用、与转让房地产有关的税金以及其他扣除项目。而所得税的计算需要知道已缴纳的土地增值税、印花税、城市维护建设税及教育费附加等数据。增值税应纳税额的计算首先需要了解取得土地使用权的时间,对于2016年4月30日之前取得土地使用权的,需要知道企业选择简易计算方法还是一般计算方法;于2016年4月30日之后取得土地使用权的,一般纳税人需要通过扣除允许扣除的土地价款计算出销售额,同时还要考虑可以抵扣的进项税。② 此外,房地产开发企业的增值税与土地增值税都有预缴税款,在办理过户手续时也许是补

---

① 《行政诉讼法》第59条规定,诉讼参与人或者其他人有下列行为之一的,人民法院可以根据情节轻重,予以训诫、责令具结悔过或者处1万元以下的罚款、15日以下的拘留;构成犯罪的,依法追究刑事责任:(1)有义协助调查、执行的人,对人民法院的协助调查决定、协助执行通知书,无故推拖、拒绝或者妨碍调查、执行的……人民法院对有前款规定的行为之一的单位,可以对其主要负责人或者直接责任人员依照前款规定予以罚款、拘留;构成犯罪的,依法追究刑事责任。

② 国家税务总局《关于发布〈房地产开发企业销售自行开发的房地产项目增值税征收管理暂行办法〉的公告》(国家税务总局公告2016年第18号)。

缴税款,也许是申请退还预缴的土地增值税。由此可见,税款的计算有时需要转让方提供财务会计报表等会计资料,而转让方一般不会把这么重要的资料交给不动产买受人。

比如,在“祁某玲诉南平市建阳区税务局案”中,被拍卖房产虽然已被海祥房地产公司销售给他人,但未办理过户手续,产权仍然归属于海祥房地产公司。拍卖公告要求竞买人承担一切税费,竞买人祁某玲也签订了拍卖确认书,承诺承担过户环节产生的一切税费。但是,因海祥房地产开发公司的土地增值税未清算,无法计算出该套房产的土地增值税应纳税额,导致祁某玲在短期内无法办理该套房屋的产权过户手续。①

其次,无转让方授权买受人无法以出售人名义进行纳税申报。不动产转让方作为增值税、土地增值税、企业所得税等税种的纳税义务人,其纳税申报表需要由在税务机关备案的财务负责人签字并加盖公司公章。法院裁定由买受人承担所有转让环节税费的,因买受人没有出售人的公章和财务负责人的签字,故其在程序上无法完成纸质版纳税申报工作。除纸质版申报外,缴纳税款还需要转让方用密钥登录税务总局的申报系统,进行操作填报,买受人在没有密钥的情况下无法独自登录纳税申报系统。而且,因买受人不是转让方,在不动产过户登记之前也不是不动产所有权人,故无法以自己的名义申报纳税。

因此,虽然为了解决法院裁判文书执行难的问题,国家税务总局参与了中央纪律检查委员会等19部门印发《〈关于建立和完善执行联动机制若干问题的意见〉的通知》(法发〔2010〕15号)的制定发布,但是,国家税务总局并没有承诺无条件、无限制地协助法院执行。② 因为在转让方不配合买受人进行纳税申报,或者买受人拒绝缴纳相关税费的情况下,税务机关既无权强制转让方配合买受人进行纳税申报,也无权对非纳税义务人即买受人强行进行税收征管。换言之,对于法院指定纳税义务

① 福建省邵武市人民法院行政判决书,(2020)闽0781行初44号。

② 《关于建立和完善执行联动机制若干问题的意见》第16条规定,税务机关应当依法协助人民法院调查被执行人的财产情况,提供被执行人的纳税情况等相关信息;根据人民法院协助执行通知书的要求,提供被执行人的退税账户、退税金额及退税时间等情况。被执行人不缴、少缴税款的,请求法院依照法定清偿顺序追缴税款,并按照税款预算级次上缴国库。

人的裁定，税务机关在某些情况下是无法协助法院执行的。

四、承担土地增值税纳税义务的买受人是否有法律救济权

在法院指定由买受人承担一切税费的情况下，买受人拒绝履行法院裁定时，缴纳契税会面临困难。根据《契税法》的规定，买受人是契税的法定纳税人，只有在其依法申报缴纳契税之后，才能办理过户登记。根据国家税务总局《关于进一步加强房地产税收管理的通知》以及国税发〔2005〕156 号的规定，税务机关对存量房交易环节所涉及的税收实行"一窗式"征收管理方式，要求买受人在申报契税时必须有转让方销售不动产的增值税、土地增值税、印花税、城市维护建设税及教育费附加、所得税等发票，否则税务机关不受理买受人的契税纳税申报。

虽然国家税务总局《关于契税纳税申报有关问题的公告》（以下简称国家税务总局公告 2015 年第 67 号）明确规定，买受人可持人民法院执行裁定书原件及相关材料办理契税纳税申报，[①]但是，有的税务机关在面对买受人手中的执行裁定书原件时，声称网络司法拍卖不适用这个公告。[②] 有的法院认为该公告规定的买受人可持人民法院执行裁定书原件及相关材料办理契税纳税申报的前提是竞买人不能取得销售不动产发票，而不能取得销售不动产发票的情形是指"原产权人已失踪、死亡、拒不执行等"。[③]

即使税务机关同意买受人申报契税，在拍卖公告明确规定所有税费由买受人承担的情况下，转让方不会自愿主动承担法定纳税义务。因此，无法从转让方取得不动产发票的买受人即使成功地缴纳了契税，也同样不能顺利办理不动产登记过户手续。

因此，不动产变价抵债以及司法拍卖不动产的买受人希望得到两个方面的权利：一是不承担转让方依法应当负担的税费；二是承担转让方依法应当负担的税费

① 国家税务总局公告 2015 年第 67 号第 1 条规定，根据人民法院、仲裁委员会的生效法律文书发生土地、房屋权属转移，纳税人不能取得销售不动产发票的，可持人民法院执行裁定书原件及相关材料办理契税纳税申报，税务机关应予受理。

② 徐州铁路运输法院行政判决书，（2016）苏 8601 行初 280 号。

③ 山东省高级人民法院行政裁定书，（2019）鲁行申 401 号。

之后，一旦与税务机关发生争议，其能以纳税人的身份寻求法律救济。但在司法实务中，买受人的上述诉求很难得到法院支持。

首先，买受人拒绝履行转让方应当承担的纳税义务的主张难以得到法院支持。法院不支持买受人拒绝履行转让方应当履行的纳税义务的理由是，买受人与转让方签订的协议有效，买受人已承诺缴纳所有税款。在"杨某一案"中，杨某一等以自己不是法定纳税义务人为由拒绝缴纳应当由转让方负担的税款的主张被法院否定。法院认为，虽然我国税收征管方面的法律法规对不同税种的征收均明确规定了纳税义务人，但税费具有金钱给付的特征，不具有人身专属性，因而税费的实际承担者可以由当事人约定，我国法律法规也未对纳税义务人与他人约定由他人承担税款作出禁止性规定。

法院的上述认定存疑。因为即使买受人与转让方协议转让纳税义务，这类协议也是无效的。一方面，因为纳税义务是法定义务，不能通过合同协议转让；另一方面，《民法典》第555条规定，当事人一方经对方同意，可以将自己在合同中的权利和义务一并转让给第三人。义务的转让需要以权利人的同意为前提，之所以合同法有这样的规定，是因为考虑到第三人履行债务的能力，假如未经债权人允许而可以随意转让债务，那么一旦第三人没有履行债务的能力，则债权难以得到保障。同理，让转让方承担增值税、土地增值税、所得税等纳税义务，是因为考虑到转让方有承担这些税负的能力，假如允许纳税义务人随意将纳税义务通过合同转让给买受人，则难以保障国家税收及时足额入库。

其次，买受人以纳税义务人身份向税务机关主张权利难以得到法院支持。即使买受人根据拍卖公告或者法院的裁定书承担或者已经承担了所有税费，但是当买受人因纳税问题与税务机关发生争议申请行政复议时，税务机关一般也不会受理，其理由是买受人并不是增值税、土地增值税、城市维护建设税及教育费附加、印花税等税种的纳税义务人，无权申请行政复议。税务机关不受理买受人复议申请的行为一般能得到法院的支持。[①] 法院认为，税务机关只是执行人民法院的协助执行通知书，

① 山东省高级人民法院行政裁定书，(2019)鲁行申401号。

税务机关的行为不具有可诉性，从而拒绝受理买受人的起诉。①

在“张某文诉中山市税务局案”中，星汇房地产公司将涉案房屋销售给案外人高某君，未办理产权过户手续，因高某君欠债未按时偿还，涉案房屋被司法拍卖。张某文通过拍卖程序竞买到涉案房屋，高某君就该房屋在自然资源局的备案登记被注销，张某文从自然资源局取得了不动产登记证明，按一手房购买程序从星汇房地产公司取得收楼通知书，在银行补缴了住房维修基金并缴纳了物业费。张某文在按竞买公告的规定去中山市税务局东区税务分局缴纳过户环节一切税费时，被告知该房屋的转让方是高某君。东区税务分局认为，高某君虽然未取得产权，但星汇房地产公司已向高某君开具了销售不动产发票并申报缴纳了销售不动产相关税费，拍卖不能改变星汇房地产公司已向高某君销售涉案房地产的事实。因此，此次拍卖房屋的增值税、土地增值税、所得税的纳税义务人是高某君，而不是星汇房地产公司。张某文认为，涉案房屋虽然是以高某君的名义拍卖，但高某君未取得涉案房屋所有权，房屋需要从星汇房地产公司直接过户到其名下，星汇房地产公司才是房屋转让方和纳税义务主体。故张某文将中山市税务局及东区分局起诉到法院。法院以张某文不是所涉增值税、土地增值税、所得税的纳税主体，与中山税务局及东区分局没有行政法上的利害关系为由，驳回其起诉。②

“祁某玲诉南平市建阳区税务局案”与上述案情类似，但两案判决结果完全不同。海祥房地产公司已将涉案房屋出售，但未办理产权过户登记。因海祥房地产公司欠债，涉案房屋被拍卖，法院裁定涉案房屋归竞买人祁某玲所有，祁某玲承担过户环节一切税费。祁某玲认为，海祥房地产公司已就涉案房屋于2018年销售给他人时预缴过相关税费，此次拍卖应该按二手房缴纳相关税费。法院认为，虽然已经有他人通过合同登记对涉案房屋备案，取得了对未来涉案房产所有权转移的期待权，但福州市台江区人民法院是基于涉案房产首次登记在海祥房地产公司名下的事实

---

① 最高人民法院《关于行政机关不履行人民法院协助执行义务行为是否属于行政诉讼受案范围的答复》(〔2012〕行他字第17号)规定，行政机关根据人民法院的协助执行通知书实施的行为，是行政机关必须履行的法定协助义务，公民、法人或者其他组织对该行为不服提起诉讼的，不属于人民法院行政诉讼受案范围。

② 广东省中山市第一人民法院行政裁定书，(2020)粤2071行初963号。

进行拍卖的,其间,没有任何人对涉案房产的权属提出过争议,故对祁某玲主张二次销售的观点法院不予支持,驳回其诉讼请求。①

第三节　因以股权形式转让房地产引发的争议

出让方转让不动产,不动产权属发生变更,且出让方取得收入的,根据《土地增值税暂行条例》的规定,出让方应当缴纳土地增值税。转让以企业股权形式表现的不动产权属的,只是企业股东名字发生变化,不动产权利人并没有变更,这种情况下是否应当就涉及的不动产缴纳土地增值税存在争议。

税务机关认为,通过股权交易转让不动产权属的,应当缴纳土地增值税,其主要依据是国家税务总局的 3 个批复,分别为《关于土地增值税相关政策问题的批复》(以下简称国税函〔2009〕387 号)、②《关于以转让股权名义转让房地产行为征收土地增值税问题的批复》(以下简称国税函〔2000〕687 号)、③《关于天津泰达恒生转让土地使用权土地增值税征缴问题的批复》(以下简称国税函〔2011〕415 号)。④ 国家税务总局的 3 个批复将实质为房地产交易的股权交易认定为房地产交易,明确其需要缴纳土地增值税,部分地方税务局即依此执行。湖南省地税局财产和行为税处出具一便函,要求湖南省各地税务机关对以转让股权之名行转让房地产之实的,参照

---

① 福建省邵武市人民法院行政判决书,(2020)闽 0781 行初 44 号。

② 国税函〔2009〕387 号规定,广西壮族自治区地方税务局:鉴于广西玉柴营销有限公司在 2007 年 10 月 30 日将房地产作价入股后,于 2007 年 12 月 6 日、18 日办理了房地产过户手续,同月 25 日即将股权进行了转让,且股权转让金额等同于房地产的评估值。因此,国家税务总局认为,这一行为实质上是房地产交易行为,应按规定征收土地增值税。

③ 国税函〔2000〕687 号规定,广西壮族自治区地方税务局:鉴于深圳市能源集团有限公司和深圳能源投资股份有限公司一次性共同转让深圳能源(钦州)实业有限公司 100% 的股权,且这些以股权形式表现的资产主要是土地使用权、地上建筑物及附着物,经研究,对此应按土地增值税的规定征税。

④ 国税函〔2011〕415 号规定,天津市地方税务局:经研究,同意天津市地方局关于"北京国泰恒生投资有限公司利用股权转让方式让渡土地使用权,实质是房地产交易行为"的认定,应依照《土地增值税暂行条例》的规定,征收土地增值税。

国家税务总局的 3 个批复依法征收土地增值税。① 为此,纳税人与税务机关就下列问题产生争议。

一、股权转让收入是否属于土地增值税征收范围

根据《土地增值税暂行条例》第 2 条及《土地增值税暂行条例实施细则》第 2 条的规定,土地增值税的征税对象是有偿转让房地产所取得的收入,②并不包括转让股权所取得的收入。广东省地方税务局对这个条文的理解是正确的,其在回复下级税务机关请示时明确:"全资企业将其股权转让他人,不属于《营业税暂行条例》和《土地增值税暂行条例》规定的征税范围,不予征收营业税和土地增值税。因此,对广东省云浮水泥厂转让股权而涉及的房地产,不予征收营业税和土地增值税。"③

有人认为,假如税务机关有足够的证据证明某股权交易的实质是房地产交易,则有权根据实质课税原则要求转让方缴纳土地增值税。笔者认为,这个观点有待商榷:

首先,在法律有明确规定的情况下,应该适用法律规定,而不能跳过具体的法条直接适用法律原则。假如行政机关能直接依据法律原则执法,司法机关能直接适用法律原则判案,则具体法条将形同虚设,法官与行政执法者的自由裁量权将有可能

① 湖南省地税局财产和行为税处《关于明确"以股权转让名义转让房地产"征收土地增值税的通知》(湘地税财行便函〔2015〕3 号)规定,各市州地方税务局财产行为税科:据各地反映,以股权转让名义转让房地产规避税收现象时有发生,严重冲击税收公平原则,影响依法治税,造成了税收大量流失。国家税务总局曾下发 3 个批复明确"以股权转让名义转让房地产"属于土地增值税应税行为。为了规范湖南省土地增值税管理,堵塞征管漏洞。对于控股股东以转让股权为名,实质转让房地产并取得了相应经济利益的,应参照国税函〔2000〕687 号、国税函〔2009〕387 号、国税函〔2011〕415 号文件,依法缴纳土地增值税。

② 《土地增值税暂行条例实施细则》第 2 条规定,条例第 2 条所称的转让国有土地使用权、地上的建筑物及其附着物并取得收入,是指以出售或者其他方式有偿转让房地产的行为。

③ 广东省地方税务局《关于广东省云浮水泥厂转让股权涉及房地产是否征税问题的批复》(粤地税函〔1998〕65 号)规定,广东国际信托投资公司为减轻国有企业的沉重负担,保障职工生活继续得到安定,报经省人民政府批准,将其属下全资企业广东省云浮水泥厂的 95% 股权转让给香港中国水泥(国际)有限公司,同时以 5% 的股权与香港中国水泥(国际)有限公司成立中外合营公司。对广东省云浮水泥厂转让 95% 股权涉及的房地产是否征收营业税和土地增值税问题,经研究,现批复如下:全资企业将其股权转让他人,不属于《营业税暂行条例》(已失效)和《土地增值税暂行条例》规定的征税范围,不予征收营业税和土地增值税。因此,对广东省云浮水泥厂转让股权而涉及的房地产,不予征收营业税和土地增值税。

膨胀从而侵犯行政相对人的权利。其次,虽然财税法理论界一直有人提实质课税原则,但对于何为实质课税原则,理论界没有统一的认识,中国也没有一部税收法规提到实质课税原则,依法行政才是税务机关应当遵循的基本原则。① 最后,在法律对实质课税原则没有明确规定的情况下,税务机关无法证明其已找到足够的证据证明股权交易即为房地产交易。因为公司是一个独立于股东的民事主体,公司股东的变化,并不会导致公司名称的变化,也没有改变房地产权利归属,更没有办理房地产权属变更手续。

二、国家税务总局是否有权通过解释扩大法定征税范围

根据国务院办公厅《关于印发〈国家税务总局主要职责内设机构和人员编制规定〉的通知》(国办发〔2008〕27 号)②以及《国家税务总局权力和责任清单(试行)》的规定,③国家税务总局有权就税收征管过程中的一般性问题进行解释。虽然法规对什么问题属于一般性问题未予明确,但可以肯定的是,根据《立法法》第 8 条的规定,国家税务总局无权扩大土地增值税的征税范围,其只能在不违反法律规定的前提下对执法过程中存在的问题进行解释。而上文中 3 个批复的内容已明显超出了《土地增值税暂行条例》第 2 条规定的征税范围。同理,地方税务机关,以及地方税务机关的财产与行为税处也无权作出超越征税范围的解释。

三、税务机关能否将国家税务总局的批复作为税收征管依据

国家税务总局就个案作出的批复是上下级税务机关之间的内部公文,属于上级税务机关向下级具体某个税务机关就某一行为作出的内部指示。对于这种指示,其

---

① 国务院《关于全面推进依法行政的决定》(国发〔1999〕23 号)第 3 条规定,加强政府法制建设,全面推进依法行政。国务院《关于印发〈全面推进依法行政实施纲要〉的通知》规定,行政机关实施行政管理,应当依照法律、法规、规章的规定进行;没有法律、法规、规章的规定,行政机关不得作出影响公民、法人和其他组织合法权益或者增加公民、法人和其他组织义务的决定。

② 国办发〔2008〕87 号第 5 条规定,国家税务总局负责对税收法律法规执行过程中的征管和一般性税政问题进行解释,事后向财政部备案。

③ 《国家税务总局权力和责任清单(试行)》规定,主管全国税收征收管理工作,组织实施税收和法律、行政法规规定的基金(费)的征收管理;按规定程序对有关法律、行政法规在执行中的一般性问题进行解释和处理。

他下级税务机关不宜将其作为税收征管的依据，否则在税务行政诉讼中容易败诉，因为法院在判案时只能适用法律、行政法规、规章和规范性文件，不能依据批复作出有利于税务机关的判决。①

四、税务机关是否有必要将股权转让收入纳入土地增值税征税范围

笔者认为，税务机关没有必要将股权转让收入纳入土地增值税征税范围，理由如下：

首先，无论股权受让人以什么价格购入股权，股权内所含的房地产的计税基础都不会发生改变，一旦将来受让方转让房地产，仍然需要按原计税基础申报缴纳土地增值税。假设A公司以2亿元购入某商业楼，A公司只有这一栋商业楼，再无其他资产，A公司股东李某将A公司100%股权以3亿元的价格转让给张某，A公司将来转让该商业楼时，其计税基础仍然是2亿元，而非张某支付的股权价格3亿元。

其次，对股权转让不征土地增值税不会影响税务机关完成税收任务，因为转让房地产的，无论销售方或者购买方是谁，住所地或者注册地在哪，销售方都应该向房地产所在地税务机关申报纳税。

最后，不将股权转让收入纳入土地增值税征税范围，在某些情况下税务机关将征收更多的土地增值税。假设A房地产开发企业2008年以1亿元的价格取得某土地使用权，拟投资修建商厦，已投资建筑成本9亿元，然后A房地产开发企业因故无法继续修建，于2017年以50亿元的价格转让。B房地产开发企业购买之后再投资10亿元建成商厦，最终以90亿元的价格将商厦出售。为简化计算且突出土地增值税，计算将忽略印花税、城市维护建设税、教育费附加等。

方案一：B房地产开发企业采用购买在建工程方式购买该商厦，A房地产开发企业：

① 最高人民法院《关于适用〈中华人民共和国行政诉讼法〉的解释》第100条第2款规定，人民法院审理行政案件，可以在裁判文书中引用合法有效的规章及其他规范性文件。

不含增值税销售额 = 50/(1 + 5%) = 47.62 亿元①

增值额 = 47.62 - (1 + 9) × (1 + 30%②) = 34.62 亿元

土地增值税 = 34.62 × 60% - 13 × 35% = 20.77 - 4.55 = 16.22 亿元

B 房地产开发企业以 90 亿元出售:

不含增值税销售额 = 90/(1 + 9%) = 82.56 亿元

增值额 = 82.56 - (50 + 10) × (1 + 30%) = 4.56 亿元

土地增值税 = 4.56 × 30% = 1.37 亿元

税务机关共收取土地增值税 = 16.22 + 1.37 = 17.59 亿元。

方案二:采用股权转让方式取得该商厦所有权,则 B 企业虽然花了 50 亿元购买股权,但计税基础仍然是 10 亿元,以 A 企业的名义继续建设:

不含增值税销售额 = 90/(1 + 5%) = 85.71 亿元

增值额 = 85.71 - 10 × (1 + 30%) = 72.71 亿元

土地增值税 = 72.71 × 60% - 13 × 35% = 39.07 亿元

采用第二种方案,税务机关多征收土地增值税 39.07 - 17.59 = 21.48 亿元。

附案例分析

一、基本案情

2005 年 7 月,福中公司与国浩公司联合竞买取得南京市玄武区顾家营地块的土地使用权,后福中公司与国浩公司就该地块的开发共同出资成立了新浩宁及新浩玄两个项目公司,福中公司在这两个项目公司中分别占 1% 的股权。2010 年,福中公司将这两个项目公司各 1% 的股权各以 3.7 亿元的价格转让给岩石公司。2011 年

① 国家税务总局《关于发布〈纳税人转让不动产增值税征收管理暂行办法〉的公告》(国家税务总局公告 2016 年第 14 号)第 3 条第 1 项规定,一般纳税人转让其 2016 年 4 月 30 日前取得(不含自建)的不动产,可以选择适用简易计税方法计税,以取得的全部价款和价外费用扣除不动产购置原价或者取得不动产时的作价后的余额为销售额,按照 5% 的征收率计算应纳税额。国家税务总局《关于发布〈房地产开发企业销售自行开发的房地产项目增值税征收管理暂行办法〉的公告》(国家税务总局公告 2016 年第 18 号)第 9 条规定,一般纳税人销售自行开发的房地产老项目适用简易计税方法计税的,以取得的全部价款和价外费用为销售额,不得扣除对应的土地价款。

② 30% 由两部分组成:20% 的加计扣除,10% 的开发费用。

签订补充协议。股权转让款中的6500万元由高成公司支付,即高成公司与岩石公司是股权收购方。并约定如因福中公司原因导致前述股权转让协议及补充协议不能履行的,福中公司所收取的6500万元应退还高成公司。福中公司在与高成公司洽谈股权转让事宜期间,为了避免土地因闲置被政府收回,其将涉案股权转让给了嘉丰公司。因此,高成公司诉请法院解除其与福中公司的股权转让协议,并赔偿其经济损失。福中公司拒绝解除合同,声称只要高成公司支付合同约定的股权转让款就可以将已转让给嘉丰公司的股权过户给岩石公司与高成公司。高成公司称其与福中公司虽然签订的是股权转让协议,但实际上是土地使用权转让协议,福中公司违反了《土地管理法》《刑法》《城镇国有土地使用权出让和转让暂行条例》,逃避缴纳土地增值税。

二、法院判决

因再审法院对含土地使用权的股权转让是否属于土地使用权转让,行为人是否违法与逃避缴纳土地增值税的阐述全面且逻辑清晰,故不作改动。

再审法院认为,该案性质属股权转让合同纠纷而非土地使用权转让纠纷。理由有二:(1)涉案股权转让合同明确约定岩石公司收购福中公司持有的新浩宁公司、新浩玄公司1%股权及所对应的地块1%权益,即合同转让的标的是股权而非土地使用权;(2)合同的名称为股权转让合同,合同双方的真实意思表示是通过股权转让形式来转让或取得公司名下1%股权所对应1%的地块权益,通过股权转让,公司的股东发生了变更,但土地使用权并未发生流转,仍属公司所有。

综上,该案性质属股权转让合同纠纷而非土地使用权转让纠纷,高成公司认为,该案属名为股权转让实为土地使用权转让的主张不能成立,本院不予支持。

关于涉案股权转让协议是否违法,高成公司认为,该案中福中公司以股权转让的合法形式掩盖其逃避《土地管理法》、《城市房地产管理法》及《城镇国有土地使用权出让和转让暂行条例》等相关禁止土地使用权转让规定,存在规避土地增值税征收的非法目的,上述行为属于无效行为;且该案名为股权转让,实际上是土地使用权转让,违反了《刑法》第228条的规定,构成犯罪,应追究福中公司刑事责任。

再审法院认为,涉案股权转让协议不违反法律法规的规定,其理由有三:

1. 法律、法规并未禁止涉及土地使用权的股权转让

首先,《公司法》第 72 条关于“有限责任公司的股东之间可以相互转让其全部或者部分股权”的规定,第 138 条关于“股东持有的股份可以依法转让”的规定,第 27 条关于“股东可以用货币出资,也可以用实物、知识产权、土地使用权等可以用货币估价并可以依法转让的非货币财产作价出资”的规定表明,股权可以依法自由转让。土地使用权可以作价出资,出资之后即成为公司股份相对应的资产。既然股权可以转让,那么股权所对应的土地使用权益当然由股权受让人享有。

其次,《公司法》对股权转让的限制仅规定“股东向股东以外的人转让股权,应当经其他股东过半数同意”,“在同等条件下,其他股东有优先购买权”,以及国有股权转让、涉外股权转让要经政府主管部门批准等,并未禁止涉及土地使用权的股权转让。

2. 以股权转让形式控制公司名下的土地使用权并不违法

首先,该股权转让形式不违反我国《公司法》和《土地管理法》的相关规定。

我国《公司法》对股权转让除作了程序性限制外,对以股权转让形式控制公司名下的土地使用权未作限制,更未禁止。以股权转让形式控制公司名下的土地使用权的受让人,主要通过受让公司股权从而间接控制股权所对应的土地使用权。公司股东虽发生了变化,但土地使用权并未发生流转,仍登记在具有独立法人人格的公司名下。受让人对公司名下土地的控制、使用或开发,乃系代表公司的正常经营行为。以股权转让形式控制公司名下的土地使用权,在性质上仍属于股权转让,并非土地使用权转让,该股权转让行为,并未违反《公司法》的规定,也不涉及《土地管理法》有关土地买卖和转让的相关规定。高成公司关于本案股权转让协议违反我国《土地管理法》第 2 条第 3 款关于“任何单位和个人不得侵占、买卖或者以其他形式非法转让土地”的主张无事实依据,再审法院不予采纳。

其次,该股权转让形式也不违反有关房地产法律法规的禁止性规定。

根据法律的规定,房地产开发企业的开发用地只能是国有土地,且主要通过出让和转让两种方式取得。根据《城镇国有土地使用权出让和转让暂行条例》第 19 条的规定,以出让方式取得的土地使用权可以再转让,但相关法律法规对土地使用权的转让规定了一定的限制条件。《城市房地产管理法》第 37 条规定,被依法查封、政

府收回土地使用权、未经共有人同意、权属有争议、未领取权属证书的房地产，不得转让。该法第38条还规定："以出让方式取得土地使用权的，转让房地产时，应当符合下列条件：（一）按照出让合同约定已经支付全部土地使用权出让金，并取得土地使用权证书；（二）按照出让合同约定进行投资开发，属于房屋建设工程的，完成开发投资总额的百分之二十五以上……"《城镇国有土地使用权出让和转让暂行条例》第19条第2款规定："未按土地使用权出让合同规定的期限和条件投资开发、利用土地的，土地使用权不得转让。"

在该案中，福中公司以股权转让形式控制公司名下的土地使用权是否规避了国家对房地产业的上述监管规定？从案件事实看，涉案土地确实未按土地使用权出让合同规定的期限和条件投资开发，不符合土地所有权转让的条件。但是，该案受让方控制转让方的土地使用权，经过了两个行为：第一，转让方设立了项目公司即新浩宁公司和新浩玄公司，并将涉案土地使用权作价投入项目公司；第二，转让方将项目公司的股权转让给受让方。可见，土地使用权的转移实际上发生在第一个行为当中，原属于转让方的土地使用权变更为项目公司的财产，而第二个行为纯属股权转让行为，未涉及土地使用权的变更，土地使用权仍属于项目公司的财产。第一个行为虽导致了土地使用权的变更，但它属于以土地使用权作价入股，并非土地使用权转让，是法律允许的。法律、法规并未规定土地使用权作价入股也需要符合《城市房地产管理法》关于"完成开发投资总额的百分之二十五以上"等条件。由于以股权转让形式控制公司名下的土地使用权的性质属股权转让，并非土地使用权转让，不涉及《城市房地产管理法》《城镇国有土地使用权出让和转让暂行条例》关于土地使用权不得转让的相关规定。因此，高成公司关于该案属于以股权转让的合法形式掩盖逃避《土地管理法》《城市房地产管理法》《城镇国有土地使用权出让和转让暂行条例》等相关禁止土地使用权转让规定的违法行为的情形的主张不能成立，本院不予支持。

再次，该股权转让形式并未逃避国家土地增值税和契税的征收。

按照我国现行相关税法的规定，土地使用权转让涉及的纳税种类包括营业税、城市建设维护税和教育费附加税、土地增值税、契税、印花税和所得税。土地使用权作价入股过程中应当缴纳的税种有印花税、土地增值税、契税、所得税。根据财政部的有关规定,土地使用权作价入股不征收营业税。因此,以营业税为计税额的城市建设维护税和教育费附加也不用缴纳。也就是说,土地使用权作价入股并未逃避土地增值税和契税。股权转让的纳税种类只涉及印花税、所得税,根据财政部的规定,对股权转让不征收营业税。同样也就无须缴纳城市建设维护税和教育费附加。由于股权转让并不导致土地使用权的转让,无须交纳土地增值税和契税。这就是主张无效观点的人认为以股权转让形式控制公司名下的土地使用权逃避了土地增值税和契税的原因。

但是,现行税法没有对涉及土地使用权的项目公司的股权转让作出是否征收土地增值税和契税的规定。根据税收法定主义,税法未规定需要纳税的,当事人即可不缴税。且在股权转让时,土地增值税最终并未流失,因为股权转让只是股东的变换,土地使用权权属没有发生变化,股权无论经过多少次转让,土地无论如何增值,公司初始受让土地支付对价的成本不变。但是,只要房地产发生了权属流转,公司就需要对最终的实际房地产销售价与最初的房地产成本价之间的增值部分缴纳土地增值税。因此,涉案股权转让实际上并未逃避土地增值税的征收。高成公司主张涉案股权转让逃避了国家土地增值税征收的理由不能成立。

最后,涉案股权转让并未触犯《刑法》。

《刑法》第228条规定:以牟利为目的,违反土地管理法规,非法转让、倒卖土地使用权,情节严重的,处3年以下有期徒刑或者拘役……这就是"非法倒卖土地使用权罪"的法律依据。

法院认为,《公司法》允许股权自由转让,而土地使用权的转让则须经过政府主管部门的批准。政府批准证书上的土地使用权人是公司,而股权转让并不引起公司名下土地使用权的转让,土地使用权人仍然是公司,因此,股权的任何转让都不会导致批准证书上土地使用权人的变更,因而该案不涉及非法转让、倒卖土地使用权问题。高成公司主张涉案股权转让触犯《刑法》的申诉理由无事实依据,不能成立。

3. 最高人民法院(2007)民二终字第219号等生效判决,均未认定以股权转让形式控制公司名下土地使用权的股权转让合同无效

综上,我国土地使用权的主体,包括公司、企业、其他组织和个人(自然人),因此,在拥有土地资产的公司中,股权的转让必然涉及公司土地使用权相关权益的转

移。对这种涉及公司土地使用权份额变更的股权转让是否应界定为土地使用权转让行为,相关法律法规没有明确的规定,更没有明令禁止此类性质的股权转让。基于股权转让是《公司法》保护的民事法律行为,股权转让并不导致土地使用权权属的转移和变更的事实,此类性质的股权转让行为应属于《公司法》调整范围,而不属于国家土地使用权转让的相关法律、法规的调整范畴。但是,由于《城市房地产管理法》《城镇国有土地使用权出让和转让暂行条例》等法律法规对土地使用权转让作了诸多立法限制,且土地使用权直接转让税费成本较高,除交易手续费和印花税等外,受让方还要缴纳较高的契税,转让方需缴纳较高的营业税、土地增值税,土地使用权直接转让的手续也比较繁杂,涉及土地使用权权利人和项目建设的开发者名称、批文、许可证等事项的变更登记,而股权转让的实质或实体性限制较少,交易简便快捷。因此,土地使用权人通过设立项目公司并以土地使用权作价入股,再由受让人通过收购项目公司的部分股权或全部股权从而间接控制项目公司的土地使用权以合理规避土地使用权转让的法定转让条件,规避未完成开发投资总额25%的法定限制和土地使用权直接转让中的高额税收,即成为当前的普遍现象。这需要政府和立法机关对以股权转让形式控制项目公司的土地使用权进行规范和完善,以填补法律、法规的空白,避免非法转让土地使用权和炒买炒卖土地使用权现象的发生。但不应以此为由认定该案的股权转让协议和补充协议无效。高成公司认为,该案中福中公司属于以股权转让的合法形式掩盖其逃避《土地管理法》《城市房地产管理法》《城镇国有土地使用权出让和转让暂行条例》等相关禁止土地使用权转让规定的非法行为、规避土地增值税征收的非法目的,其行为属无效行为的理由不能成立,本院不予支持。①

第四节　因转让旧房引发的争议

上海湘维于2014年10月通过拍卖公司将房屋拍卖,拍卖公司与买受人签订《拍卖成交确认书》,成交价162万元,十三所认为交易价格过低,要求按市场评估价214.5万元确认收入,同时,不允许扣除支付给资产评估公司的评估费、拍卖佣金、房

① 江苏省高级人民法院民事判决书,(2014)苏商再终字第0006号。

屋装修费、维护费、购进房屋时的印花税及固定资产投资调节税。上海湘维认为,评估费、拍卖费系湘维化纤为转让涉案房屋支出的费用,应当扣除;房屋装修费、维护费系为使房屋具有和保持价值而支出的必要费用,根据国税发〔2006〕187 号第 4 条第 4 款的规定,①应当可以比照扣除。根据国家税务总局《关于个人住房转让所得征收个人所得税有关问题的通知》(以下简称国税发〔2006〕108 号)的规定,②购进涉案房屋时缴纳的印花税及固定资产调节税应当扣除。但是一审、二审法院未支持上海湘维的主张,其理由是,湘维化纤销售的是旧房,不适用上述文件。③

纳税人销售新房与销售旧房的土地增值税计算方法不一样。根据《土地增值税暂行条例实施细则》第 7 条的规定,新房能扣除的项目为取得土地使用权所支付的金额、房地产开发成本、房地产开发费用、与转让房产有关的税金。根据财税字〔1995〕48 号的规定,旧房的扣除项目为当地税务机关确认的旧房及建筑物的评估价格、取得土地使用权所支付的土地价款和按国家统一规定交纳的有关费用以及在转让环节缴纳的税金。④ 纳税人为房地产开发企业的,转让新房缴纳土地增值税的可以在取得土地使用权所支付的金额与房地产开发成本之和的基础上加计 20% 的扣除,而转让旧房则不能享受 20% 加计扣除的优惠。

一、如何界定旧房

旧房又称为存量房,⑤关于什么是旧房,财税字〔1995〕48 号规定,旧房,是指已使用一定时间或达到一定磨损程度的房产。该文件将“使用时间”或“磨损程度”作为划分新房与旧房的标准。对于具体使用多长时间、磨损到什么程度算旧房,该文

① 国税发〔2006〕187 号第 4 条第 4 项规定,房地产开发企业销售已装修的房屋,其装修费用可以计入房地产开发成本。

② 国税发〔2006〕108 号第 2 条规定,对转让住房收入计算个人所得税应纳税所得额时,纳税人可凭原购房合同、发票等有效凭证,经税务机关审核后,允许从其转让收入中减除房屋原值、转让住房过程中缴纳的税金及有关合理费用。

③ 上海市第三中级人民法院行政判决书,(2017)沪 03 行终 515 号。

④ 财税字〔1995〕48 号第 10 条,转让旧房的,应按房屋及建筑物的评估价格、取得土地使用权所支付的地价款和按国家统一规定交纳的有关费用以及在转让环节缴纳的税金作为扣除项目金额计征土地增值税。

⑤ 北京市地方税务局《关于土地增值税若干征收管理问题的通知》(以下简称京地税二〔1996〕240 号,部分失效)、国税发〔2005〕156 号采用“存量房”表述。

件授权各省、自治区、直辖市财政厅（局）和地方税务局具体规定。[①] 深圳市规定，纳税人转让从房地产二级市场购入超过1年（不含1年）的房产、自建房使用超过1年（不含1年）的房产以及从房地产三级市场购入的房产，以及从事房地产开发的纳税人将开发产品转为自用、出租等用途超过1年（不含1年）的，适用旧房转让土地增值税政策。[②] 但是部分地方财政与税务部门并未就房产的使用时间、磨损程度作出详细具体的规定，而是对旧房另作定义。比如，湖南省规定，新建非商品房取得房屋所有权证后、新建商品房实现销售（或视同销售）取得房屋所有权证（或办理房屋产权登记）后，即为旧房，转让时按照旧房的有关规定征收土地增值税。[③] 海南省规定，房地产开发企业将开发的商品房转为自用且作为固定资产核算的房地产、非房地产开发企业自建自用超过一年的房产为旧房。[④] 重庆市规定，以下情形房产，再转让属于转让旧房：（1）单位和个人对外取得（购置、接收投资、抵债、受赠、交换等）的房产；（2）房地产企业以外的其他单位和个人建造的房产；（3）房地产企业已转为固定资产或投资性房地产的建造房产。[⑤]

根据上述规定可以得知，在全国范围内，就何为“旧房”并没有统一的衡量标准，各地的衡量标准差别很大。实际上，从税总函〔2016〕309号附件中7份土地增值税纳税申报表来看，只有《土地增值税纳税申报表（三）》适用旧房销售。[⑥] 从这份申报表中可以看出，非从事房地产开发的纳税人销售房地产的，都按旧房缴纳土地增值税，只有从事房地产开发的企业销售房地产，才需要区分销售的是新房还是旧房。

---

① 财税字〔1995〕48号第7条规定，凡是已使用一定时间或达到一定磨损程度的房产均属旧房。使用时间和磨损程度标准可由各省、自治区、直辖市财政厅（局）和地方税务局具体规定。

② 国家税务总局深圳市税务局《关于发布〈土地增值税征管工作规程〉的公告》第33条（以下简称国家税务总局深圳市税务局公告2019年第8号）。

③ 湖南省财政厅、湖南省地方税务局《关于土地增值税新旧房界定问题的通知》第1条规定，新建非商品房取得房屋所有权证后、新建商品房实现销售（或视同销售）取得房屋所有权证（或办理房屋产权登记）后，即为旧房，转让时按照旧房的有关规定征收土地增值税。

④ 海南省地方税务局《关于土地增值税有关问题的通知》（琼地税发〔2009〕104号）第2条规定，房地产开发企业所开发的商品房已转为自用，作为固定资产核算的房产、非房地产开发企业自建自用超过一年的房产，均适用转让旧房的土地增值税政策。

⑤ 重庆市地方税务局《关于土地增值税若干政策执行问题的公告》。

⑥ 税总函〔2016〕309号附件。

二、如何确定评估价格

根据财税字〔1995〕48 号第 10 条的规定，旧房的扣除项目包括 4 个部分，分别为房屋及建筑物的评估价格、取得土地使用权所支付的地价款、按国家统一规定交纳的有关费用以及在转让环节缴纳的税金。在正常情况下，从国家处通过出让方式取得建设用地使用权或者从他人手中购买土地使用权的，取得土地使用权所支付的土地价款应该是明晰的，房屋及建筑物的价格可以与土地使用权的价格分离。从他人名下购买建筑物的，建筑物与土地价款合二为一，纳税人与他人签房屋买卖合同时一般不会将两者的价格分别列明。因此，评估价格，有时是指旧房及建筑物的评估价格，有时是指旧房及建筑物与土地使用权的评估价格，有时仅指土地使用权的评估价格。对于评估价格，主要讨论以下 6 个方面的问题。

（一）评估价格、购房发票以及核定征收的关系

财税〔2006〕21 号规定，纳税人转让旧房及建筑物，凡不能取得评估价格，但能提供购房发票的，扣除项目的金额按照发票所载金额从购买年度起至转让年度止每年加计 5% 计算。① 从字面上理解，该规定是指纳税人采用发票记载金额计算扣除项目金额的前提是不能取得评估价格。但就目前的情况来看，不存在不能取得评估价格的情况。因此，《土地增值税暂行条例实施细则》第 15 条第 1 项规定，纳税人应在转让房地产合同签订后的 7 日内，到房地产所在地主管税务机关办理纳税申报，并向税务机关提交房地产评估报告。也就是说，提交房地产评估报告是纳税人的义务。从这个角度来看，适用购房发票所载金额计算扣除项目金额的可能性不大。

但实际情况是，部分地方税务机关制定规范性文件，将购房发票首选为旧房扣除项目金额计算凭据。比如，大连市税务局、内蒙古自治区税务局规定，有购房发票

---

① 财税〔2006〕21 号第 2 条规定，纳税人转让旧房及建筑物，凡不能取得评估价格，但能提供购房发票的，经当地税务部门确认，《土地增值税暂行条例》第 6 条第 1 项、第 3 项规定的扣除项目的金额，可按发票所载金额并从购买年度起至转让年度止每年加计 5% 计算。对纳税人购房时缴纳的契税，凡能提供契税完税凭证的，准予作为“与转让房地产有关的税金”予以扣除，但不作为加计 5% 的基数。

的,将购房发票作为扣除项目金额凭据;无原购房发票信息,但能够提供房地产评估机构按照重置成本评估法评定的旧房及建筑物价格的,税务机关可以按评估的价格确认扣除项目金额。[①] 在“浏阳湖酿酒厂诉浏阳市税务局案”中,[②]浏阳市税务局未认可浏阳湖酿酒厂提交的评估价格,直接按购进发票记载金额计算土地增值税,并得到一审、二审法院支持。

浏阳湖酿酒厂于 2006 年与广宇公司签订合同,受让涉案土地使用权,但因民事纠纷直至 2016 年才办理过户手续。根据浏阳湖酿酒厂提供的增值税普通发票,浏阳湖酿酒厂取得土地使用权支付的价款是 160 万元。2019 年 12 月,浏阳湖酿酒厂将涉案土地使用权及地上厂房转让给晨智公司,转让价款为 902.8 万元。浏阳湖酿酒厂认为,税务机关认定 2016 年土地使用权证过户成交价为 160 万元属于适用法律错误,当时涉案土地的市场评估价为 700 万元,应该将 700 万元作为计算扣除项目的基数。长沙市中级人民法院未支持浏阳湖酿酒厂的主张。长沙市中级人民法院判决的理由是:浏阳湖酿酒厂与广宇公司签土地使用权转让合同的时间是 2006 年,根据《土地增值税暂行条例》第 10 条规定:“纳税人应当自转让房地产合同签订之日起 7 日内向房地产所在地主管税务机关办理纳税申报,并在税务机关核定的期限内缴纳土地增值税。”广宇公司的土地增值税纳税义务在 2006 年即已发生,不能将 2016 年的市场评估价格作为扣除金额。

财税〔2006〕21 号规定,没有评估价格,又不能提供购房发票的,可以实行核定征收。[③] 部分省、自治区、直辖市的税务机关也作出类似规定,如大连市规定,个人转让旧房及建筑物(不含住房),既无原购房发票信息,又不能提供旧房及建筑物价格评估报告的,主管税务机关可采取土地增值税核定征收办法,核定征收率

---

① 国家税务总局大连市税务局《关于转让旧房及建筑物土地增值税征收管理有关问题的公告》、内蒙古自治区地方税务局《关于转让旧房征收土地增值税问题的通知》(内地税字〔2006〕438 号)。

② 湖南省长沙市中级人民法院行政判决书,(2020)湘 01 行终 791 号。

③ 财税〔2006〕21 号第 2 条规定,对于转让旧房及建筑物,既没有评估价格,又不能提供购房发票的,地方税务机关可以根据《税收征收管理法》第 35 条的规定,实行核定征收。

为 5% 。①

（二）价值时点

纳税人从签订房屋买卖合同、取得产权，到成功将房屋销售出去，需要一段相对较长的时间。在房地产市场价格变动较大的情况下，价值时点的选择很重要。假设纳税人在 2006 年签订购房合同，在 2016 年办理产权证取得不动产所有权，在 2019 年将不动产销售给他人，2006 年、2016 年、2019 年这 3 个时间点的评估价格是有差别的，而且差别比较大。但是，土地增值税相关法规并没有就价值评估时点作出规定。《北京市土地增值税扣除项目评估技术指引（旧房及建筑物评估）》（京地税财行〔2016〕40 号附件）对价值时点的规定也不确定，“依据本指引开展旧房及建筑物价格估价活动，价值时点为纳税人转让旧房及建筑物的时点。即转让房地产的交易合同签订之日、或房地产拍卖成交之日、或产权交易成交之日”。

因《土地增值税暂行条例实施细则》第 7 条第 4 项规定，旧房及建筑物的评估价格，是指在转让已使用的房屋及建筑物时，由政府批准设立的房地产评估机构评定的重置成本价乘以成新度折扣率后的价格。考虑到成新度折扣率，这里的重置成本应该是指纳税人销售旧房时的重置成本。因此，旧房及建筑物的价值评估时点应该为土地增值税纳税义务人转让房屋的时间，而不是土地增值税纳税义务人购进房屋的时间，也不是纳税人购进房屋时签订购房合同的时间。

但对土地使用权的价值评估，究竟是采用与旧房一样的价值时点？还是应当以纳税义务人购进土地使用权的时间为价值时点？有人认为，从《土地增值税暂行条例》《土地增值税暂行条例实施细则》②《土地增值税纳税申报表（三）》中可以分析推导出来，土地使用权的价值时点应该是过去，即纳税人取得土地使用权的时间。③

---

① 国家税务总局大连市税务局《关于转让旧房及建筑物土地增值税征收管理有关问题的公告》第 3 条规定，个人转让旧房及建筑物（不含住房），既无原购房发票信息，又不能提供旧房及建筑物价格评估报告的，主管税务机关可采取土地增值税核定征收办法，核定征收率为 5% 。

② 《土地增值税暂行条例实施细则》第 14 条规定，应由评估机构按照取得土地使用权时的基准地价进行评估。

③ 参见杨斌：《土地增值税征缴中的房地产估价相关问题探讨》，载《中国房地产估价与经纪》2014 年第 6 期。

也只有以纳税人取得土地使用权的时间为价值时点,才能与“取得土地时的基准地价”相匹配;以纳税人取得土地使用权的时间为价值时点,评估价格与纳税人取得土地使用权的实际支出成本才更接近。但也有不足之处:

首先,房随地走、地随房移是处理房屋和土地使用权转让、出租、抵押问题的一个基本原则,将一并受让的房屋与土地使用权分开评估,且选择不一样的价值时点,缺乏合适理由。

其次,将发票作为扣除凭据的,扣除项目的金额按照发票所载金额从购买年度起至转让年度止每年加计5%计算。这里的发票记载金额在一般情况下都包含了土地使用权价格。发票记载的土地使用权价格之所以能每年加计5%扣除,是因为文件制定者充分考虑了通货膨胀等因素,在法规未规定评估价格有5%加计扣除的情况下,选择纳税人取得土地使用权时的基准地价进行评估对纳税人并不公平。

(三)重置成本

重置成本是购买支出成本?还是自建支出成本?重置成本的内涵是什么?土地增值税法规均没有予以明确。《房地产估价规范》(GB/T 50291—2015)规定,测算房地产重置成本应当符合两个要求:(1)重置成本和重建成本应为在价值时点重新开发建设全新状况的房地产的必要支出及应得利润;(2)房地产的必要支出及应得利润应当包括土地成本、建设成本、管理费用、销售费用、投资利息、销售税费和开发利润。[①] 在旧房土地增值税扣除项目金额评估中,多数税务机关不认可《房地产评估规范》对重置成本的界定,认为房屋重置成本不应该包括开发利润和应纳税金。比如,《北京市土地增值税扣除项目评估技术指引(旧房及建筑物评估)》规定,旧房及建筑物重置成本价,是指采用价值时点的建筑材料、建筑构配件和设备及建筑技术、工艺等,在价值时点的国家财税制度和市场价格体系下,重新建造与估价对象建筑物具有相同效用的全新建筑物的必要支出。旧房及建筑物重置成本采用成本法

① 《房地产估价规范》(GB/T 50291—2015)第4.4.3条规定,测算房地产重置成本或者重建成本,应当符合下列规定:(1)重置成本和重建成本应为在价值时点重新开发建设全新状况的房地产的必要支出及应得利润;(2)房地产的必要支出及应得利润应当包括土地成本、建设成本、管理费用、销售费用、投资利息、销售税费和开发利润。

评估,包括前期开发成本、房屋建设成本、管理费用、财务费用及其他成本费用。

纳税人不认可税务机关的观点,纳税人的理由是,若出售房屋系纳税人从他人手中购入,则原出售方不会以成本价销售,在正常情况下应当是以成本加利润的模式销售,既然购进房屋含有利润,自建房屋的重置成本也有必要考虑应得利润。

(四)成新度折扣率

对何为成新度折扣率,土地增值税相关法律法规并未进行定义。成新度折扣率是依据使用年限计算,还是依据房屋的完损等级确定?税收法规未予以明确。“成新率”一词出现在《国有资产评估管理办法》中,该办法规定,用重置成本法进行资产评估的,应当根据该项资产在全新情况下的重置成本,减去按重置成本计算的已使用年限的累计折旧额,考虑资产功能变化、成新率等因素,评定重估价值;或者根据资产的使用期限,考虑资产功能变化等因素重新确定成新率,评定重估价值。① 而原城乡建设环境保护部《房屋完损等级评定标准(试行)》并不考虑房屋使用年限,仅从房屋的结构、装修、设备来确定房屋是完好标准、基本完好标准、一般损害标准,还是严重损害标准。

《北京市土地增值税扣除项目评估技术指引(旧房及建筑物评估)》规定,成新度折扣率是指扣除建筑物因折旧造成价值减损后的余值占建筑物重置成本的百分比。成新度折扣率的计算以纳税人转让旧房及建筑物为时点,采用年龄-寿命法,具体以直线法和观察法综合确定。用直线法计算成新度折扣率的基本公式为:

成新度折扣率=1-(1-残值率)×已经使用年限/经济耐用年限

其中,

已经使用年限=纳税人转让旧房及建筑物年份-房屋建成年份

其中,房产经济耐用年限和残值率见表5-2。

① 《国有资产评估管理办法》(中华人民共和国国务院令第732号)第25条规定,“用重置成本法进行资产评估的,应当根据该项资产在全新情况下的重置成本,减去按重置成本计算的已使用年限的累积折旧额,考虑资产功能变化、成新率等因素,评定重估价值;或者根据资产的使用期限,考虑资产功能变化等因素重新确定成新率,评定重估价值”。

表 5－2 房产经济耐用年限和残值率

建筑结构	经济耐用年限/年			残值率/%
	生产用房	受腐蚀性的生产用房	非生产用房	
钢	70	50	80	0
钢混(包括框架、剪力墙、简体、框剪等)	50	35	60	0
砖混	40	30	50	2
砖木	30	20	40	一等:6 二等:4 三等:3
简易	10			0

观察法计算成新度折扣率的公式:

成新度折扣率＝基础工程部分得分×权重＋结构工程部分得分×权重＋设备安装及装饰工程部分得分×权重

不同建筑结构主要工程项目权重如表 5－3 表示。

表 5－3 不同建筑结构主要工程项目权重比例 单位:%

项目名称	建筑结构类型			
	砖木	砖混	钢砼结构	钢结构
基础工程	20	20	20	25
结构工程	55	45	50	55
设备安装及装饰工程	25	35	30	20
小计	100	100	100	100

(五)不允许扣除的土地价款

根据财税字〔1995〕48 号第 10 条的规定,不允许扣除土地使用权价款的情况有两种:一是取得土地使用权时未支付地价款;二是不能提供已支付土地价款的

凭据。[①] 这个规定不宜适用,原因如下:

一是与《土地增值税暂行条例实施细则》第14条第5款的规定冲突,该条规定,提供扣除项目金额不实的,应由评估机构按照房屋重置成本价乘以成新度折扣率计算的房屋成本价和取得土地使用权时的基准地价进行评估。纳税人不能提供合法有效的凭据证明其所支付的土地价款的,可以通过评估土地价款进行扣除。

二是与财税〔2006〕21号的相关规定冲突。财税〔2006〕21号第2条规定,对于转让旧房及建筑物,既没有评估价格,又不能提供购房发票的,地方税务机关可以根据《税收征收管理法》第35条的规定,实行核定征收。根据新法优先于旧法的原则,财税〔2006〕21号优先于财税字〔1995〕48号适用,即纳税人不能提供已支付土地价款凭据的,税务机关可以通过核定征收方式征收土地增值税,而不能完全否定土地成本支出。

三是在一般情况下,纳税人转让的土地使用权都有成本,很少有完全无偿取得土地使用权的情形。纳税人从政府处取得土地使用权主要有两种方式——出让和划拨。通过出让方式取得土地使用权的,需要支付土地出让金;通过划拨方式取得土地使用权的,无须支付土地出让金。划拨土地使用权人将划拨土地使用权转让的,需经有批准权的人民政府批准,无论土地用途是否符合《划拨用地目录》,转让方都没有支付土地出让金,因此无土地出让金可以扣除。[②] 纳税人取得划拨土地虽然无须向政府支付土地出让金,但一般会向原土地使用权人支付拆迁补偿费等。取得土地支付的价款应当包括土地出让金、拆迁补偿费、契税等。[③] 也就是说,即使是通过划拨方式取得土地使用权,也可能有"取得土地支付的价款"需

---

① 财税字〔1995〕48号第10条规定,关于转让旧房如何确定扣除项目金额的问题。转让旧房的,应按房屋及建筑物的评估价格、取得土地使用权所支付的地价款和按国家统一规定交纳的有关费用以及在转让环节缴纳的税金作为扣除项目金额计征土地增值税。对取得土地使用权时未支付地价款或不能提供已支付的地价款凭据的,不允许扣除取得土地使用权所支付的金额。

② 国务院办公厅《关于完善建设用地使用权转让、出租、抵押二级市场的指导意见》(国办发〔2019〕34号)规定,以划拨方式取得的建设用地使用权转让,需经依法批准,土地用途符合《划拨用地目录》的,可不补缴土地出让价款,按转移登记办理;不符合《划拨用地目录》的,在符合规划的前提下,由受让方依法依规补缴土地出让价款。

③ 此处包含契税是因为,财税字〔1995〕48号第10条规定的扣除项目里不包括纳税人取得旧房及建筑物时所支付的税金。

要扣除。另外,纳税人通过受赠、继承、离婚财产分割取得房屋的,不属于取得土地使用权时未支付地价款的情况。根据国家税务总局《关于房地产税收政策执行中几个具体问题的通知》(以下简称国税发〔2005〕172 号)的规定,个人将通过受赠、继承、离婚财产分割等非购买形式取得的住房对外销售的行为,也适用国税发〔2005〕89 号的有关规定。其购房时间按发生受赠、继承、离婚财产分割行为发生前的购房时间确定,其购房价格按发生受赠、继承、离婚财产分割行为发生前的购房原价确定。

四是"不能提供已支付的土地价款凭据"的情况是普遍存在的。购进房屋时,无论是购房发票还是购房合同,一般都不会把土地价款单独列出来或者单独开具发票。假如只评估房屋重置成本,对没有土地价款凭据的房屋不认可土地成本支付,无疑是极不合理的,因此,税务机关不应当以此规定为由拒绝确认合理的土地价款。

忠县建忠发电公司将资产连同 2, 833, 521 元土地出让金取得的 9 万余平方米土地使用权转给忠县人民政府,忠县人民政府再将资产统一转给天运公司,天运公司代忠县建忠发电公司偿还银行欠款 3300 万元。之后,天运公司向忠县县城迁建管理委员会缴纳征地成本 430 万元,另取得 14 万余平方米土地使用权,县财政局代天运公司补缴土地出让金 850 万元。在项目建设过程中,因天运公司欠工程款 535 万元,两块地及地上建筑物、机器设备等被司法拍卖,竞买人为通瑞公司,不动产拍卖价为 134, 547, 136 元。忠州第一税务所要求天运公司缴纳土地增值税 32, 125, 469. 52 元,计算方法为:

(转让不动产收入 - 取得土地使用权所支付 - 旧房及建筑物评估价格 - 转让不动产缴纳税费 - 房屋评估费) ×50% - (取得土地使用权所支付 + 旧房及建筑物评估价格 + 转让不动产缴纳税费 + 房屋评估费) × 速算扣除系数 15% = 土地增值税

即(134, 547, 136 元 - 7, 133, 521 元 - 38, 961, 000 元 - 7, 547, 715. 67 元 - 431, 761 元) ×50% - (7, 133, 521 元 + 38, 961, 000 元 + 7, 547, 715. 67 元 + 431, 761 元) × 15% = 32, 125, 469. 52 元

天运公司认为,忠州第一税务所计算的土地增值税存在遗漏项目,具体包括:房屋勘测费及拆迁户安置费 890 余万元,土地出让金欠款 96 万元,征地拆迁费 144 万元,欠财政局土地出让金 850 万元,工程款 535 万元,以及印花税、契税等。忠州第

一税务所认为,对天运公司主张应扣除的项目,其在诉讼中提供的证据材料虽然有所涉及,但是天运公司并未实际支付,也不能提供已支付的土地价款的有效凭据,证据材料的证明效力不充分,根据财税字〔1995〕48 号第 10 条规定的"不能提供已支付的地价款凭据,不允许扣除取得土地使用权所支付的金额",不能扣除上述项目金额。忠州第一税务所的上述主张得到一审、二审法院的支持。①

实际上,忠州第一税务所的主张部分是不成立的,比如,工程款、欠财政局代垫土地出让金等,都是有证据证明的实际发生且与收入有关的费用,即使没有实际支付,根据《企业所得税法实施条例》第 9 条规定的权责发生制,也应该将其作为当期的支出进行扣除。②

天运公司实际上是从忠县人民政府处受让的土地使用权,代忠县火电厂偿还银行欠款的 3300 万元实为购买土地使用权及其他资产的对价,虽未明确其中多少金额为土地价款,但忠州第一税务所以无有效凭据证明天运公司实际支付了土地出让金为由一概不予认可,不允许扣除土地出让金,仅将忠县火电厂取得土地使用权所支付的金额作为成本扣除,与事实不符。

(六)土地价格评估方法

对土地使用权支付的价格,《土地增值税暂行条例实施细则》第 14 条规定以取得土地使用权时的基准地价进行评估。基准地价是一个地价体系,而不是一个价格标准,由于要对转让收入与原取得成本的增值部分征税,应理解为,以取得土地使用权的时间为估价时点,依据当时适用的基准地价体系,采用基准地价系数修正法进行评估的土地使用权的市场价值。对如何在基准地价的基础上进行评估,土地增值税法规未作规定。因此,有些纳税人认为,取得土地使用权所支付的土地价款应当包含土地开发成本及应得利润等,其理由是:土地《房地产评估规范》规定,测算土地成本和土地重置成本,可采用比较法、成本法、基准地价修正法等方法,并应符合下

① 重庆市第二中级人民法院行政判决书,(2017)渝 02 行终 118 号。

② 《企业所得税法实施条例》第 9 条规定,企业应纳税所得额的计算,以权责发生制为原则,属于当期的收入和费用,不论款项是否收付,均作为当期的收入和费用;不属于当期的收入和费用,即使款项已经在当期收付,均不作为当期的收入和费用。

列规定:(1)土地成本和土地重置成本应为在价值评估时点重新购置土地的必要支出,或重新开发土地的必要支出及应得利润。(2)重新购置土地的必要支出应包括土地购置价款和相关税费,重新开发土地的必要支出及应得利润应包括待开发土地成本、土地开发成本、管理费用、销售费用、投资利息、销售税费和开发利润。(3)除估价对象状况相对于价值评估时点应为历史状况或未来状况外,土地状况应为土地在价值评估时点的状况,土地使用期限应为自价值时点起计算的土地使用权剩余期限。[①]

三、购房发票具体包含哪些扣除凭证

购房发票作为扣除凭证,是特指营业税发票或者增值税发票,还是泛指能证明房屋购进价格的其他发票?比如,契税完税凭证,记载着房屋购进时的价格以及购买时间。有些纳税人没有取得购房发票,也没有保存好契税完税凭证,但有法院判决、裁决,仲裁机构的裁定,或者以房抵债的协议等,这些能否作为购进房屋成本的凭证?财税〔2006〕21号只提到购房发票,未提及其他扣除凭证。因此,关于其他凭据是否可以作为扣除凭证税务机关与纳税人产生争议。税务机关一般以财税〔2006〕21号为依据,拒绝认可其他能证明房屋购进价格的凭证,但是纳税人认为,只要是能证明购进价格的合法凭据,都应当作为扣除凭证。

根据《民法典》第229条的规定,人民法院、仲裁机构的法律文书能导致物权的转让。[②] 因此,在以房屋抵债的诉讼中,债权人可以根据法院的判决书或者裁决书取得房屋所有权,并以判决书、裁决书为依据办理过户手续,虽然这种情况下债权人取得房屋产权时没有从债务人处取得发票,但税务机关没有理由否定法院判决、裁决以及仲裁机构的仲裁裁决。

四、如何确定购入房屋时间

从《民法典》的角度来看,房屋购入时间是非常清晰的,无论合同什么时候签订,

---

① 《房地产评估规范》第4.4.4条。

② 《民法典》第229条规定,因人民法院、仲裁机构的法律文书或者人民政府的征收决定等,导致物权设立、变更、转让或者消灭的,自法律文书或者征收决定等生效时发生效力。

也无论房屋什么时候交付,购买人取得房屋所有权以及土地使用权的时间都以办理过户登记时间为准。但当购入房屋时间涉及税收征管时,就成了一个问题,因为税收法规存在与《民法典》规定不一致的地方。比如,财税〔2016〕36 号附件规定,个人将购买 2 年以上(含 2 年)的住房对外销售的,免征增值税。① 这个 2 年从什么时候开始计算?根据国税发〔2005〕172 号的规定,可以按房屋产权证和契税完税证明二者"孰先"的原则予以确定,②也就是说,即使没有办理过户手续,只要购房人缴纳了契税,增值税法规就认可房屋已经购入。这个规定是否可以适用于土地增值税?抑或是土地增值税法规对房屋购入时间是否有其他解释?因旧房销售将发票所载金额作为扣除项目计算土地增值税时可以每年加计 5% 扣除,所以,纳税人购进房屋的时间点是一个值得关注的问题。

坚通投资有限公司(以下简称坚通投资)于 2003 年购入位于北京市朝阳区的某 1505 号房屋,于 2003 年 6 月 30 日缴纳契税并办理房产证。由于该处房产属于用港币购买的外销楼,房地产开发商当时未给坚通投资提供发票。坚通投资于 2014 年转让涉案房屋时因土地增值税扣除项目的需要,要求房地产开发商开具发票。房地产开发商于 2014 年 8 月给坚通投资提供了购房发票。北京市朝阳区第六税务所(以下简称第六税务所)将 2014 年 8 月作为坚通投资购入涉案房屋的时间计算土地增值税的扣除项目金额,为此税企双方发生争议。③

坚通投资认为,房产证及契税完税凭证可以证明其购入房屋的时间是 2003 年 6 月 30 日,5% 的加计扣除时间应该从 2003 年开始计算。而第六税务所认为,根据国税函〔2010〕220 号的规定,在确定土地增值税扣除项目时,"每年"按购房发票所载日期起至售房发票开具之日止,其起始时间既不是取得房产证的时间,也不是契税

① 《销售服务、无形资产、不动产注释》(财税〔2016〕36 号附件)第 5 条规定,个人将购买不足 2 年的住房对外销售的,按照 5% 的征收率全额缴纳增值税;个人将购买 2 年以上(含 2 年)的住房对外销售的,免征增值税。上述政策适用于北京市、上海市、广州市和深圳市之外的地区。

② 国税发〔2005〕172 号第 3 条规定,纳税人申报时,同时出具房屋产权证和契税完税证明且二者所注明的时间不一致的,按照"孰先"的原则确定购买房屋的时间。房屋产权证上注明的时间早于契税完税证明上注明的时间的,以房屋产权证注明的时间为购买房屋的时间;契税完税证明上注明的时间早于房屋产权证上注明的时间的,以契税完税证明上注明的时间为购买房屋的时间。

③ 北京市朝阳区人民法院,(2015)朝行初字第 847 号。

完税凭证上记载的时间，而是购房发票记载的时间。①

国税函〔2010〕220 号对财税〔2006〕21 号规定的“可按发票所载金额并从购买年度起至转让年度止每年加计 5% 计算”进行了限缩解释。“可按发票所载金额并从购买年度起至转让年度止每年加计 5% 计算”包含两个方面的意思。一方面，加计 5% 计算的“基数”是发票所载金额；另一方面，加计计算的年度自购买年度起至转让年度止。当发票开具的时间与房屋购入时间不一致时，购买年度如何确定？根据《民法典》的规定，办理房屋过户的时间应该为购入房屋年度。有些地方税务机关为鼓励购房者早日缴纳契税，将缴纳契税时间视为房屋购入时间，比如，重庆市地方税务局《关于土地增值税若干政策执行问题的公告》规定，购置月份按购置发票、契税证明以及房地产权证载明时间孰先原则确定。重庆的这个规定既未否定《民法典》的规定，又给了纳税人选择权，对纳税人有利。

第六税务所对国税函〔2010〕220 号规定的“计算扣除项目时‘每年’按购房发票所载日期起至售房发票开具之日止”理解有误，理由有三：首先，这里的购房发票并不局限于“营改增”之前的营业税发票、“营改增”之后的增值税发票，应该包括契税完税凭证，契税完税凭证也属于发票的范畴。其次，《民法典》以及当时适用的《物权法》（已失效）都规定，房屋购买年度为取得房产证年度，签订的购房合同、取得的购房发票都不是购房人取得房屋所有权的证据。因此，国税函〔2010〕220 号关于“每年”的规定应该属于无效条款，纳税人在行政复议以及行政诉讼过程中可以就这个条文的合法性申请审查。② 最后，以转让方开具的增值税发票或者营业税发票时间为购进房屋时间，对纳税人不公平，因为开具发票的时间在很大程度上取决于转让方，尤其是当房地产开发企业作为转让方时，买方只能被动接受。将营业税发票

① 国税函〔2010〕220 号第 7 条、财税〔2006〕21 号第 2 条第 1 款均规定，纳税人转让旧房及建筑物，凡不能取得评估价格，但能提供购房发票的，经当地税务部门确认，《土地增值税暂行条例》第 6 条第 1 项、第 3 项规定的扣除项目的金额，可按发票所载金额并从购买年度起至转让年度止每年加计 5% 计算。计算扣除项目时“每年”按购房发票所载日期起至售房发票开具之日止，每满 12 个月计 1 年；超过 1 年，未满 12 个月但超过 6 个月的，可以视同为 1 年。

② 《行政诉讼法》第 53 条第 1 款规定，公民、法人或者其他组织认为行政行为所依据的国务院部门和地方人民政府及其部门制定的规范性文件不合法，在对行政行为提起诉讼时，可以一并请求对该规范性文件进行审查。

或者增值税发票记载的时间作为购进房屋的时间，对纳税人不公平。当缴纳契税的时间与办理房屋过户的时间一致或者时间相距不远时，将契税完税凭证记载的时间作为计算“每年”的起始时间，更符合实际购进的情况。因此，坚通公司以契税凭证记载的 2003 年 6 月 30 日为计算“每年”的起始日期的主张应该得到法院的支持。①

对“计算扣除项目时‘每年’按购房发票所载日期起至售房发票开具之日止”同样有这类误解的还有南宁市良庆区税务局。在“李某荣诉良庆区税务局案”中，李某荣于 2017 年 9 月 14 日与广西桂盛房地产有限责任公司签订车位买卖合同，合同于 2017 年 9 月 25 日登记备案，缴纳契税与印花税的时间是 2017 年 9 月 20 日，广西桂盛房地产有限责任公司给李某荣开具购房发票的时间是 2019 年 7 月 15 日。李某荣于 2019 年 8 月 19 日与黄某功签订车位买卖合同，在 2019 年 11 月 29 日将车位过户到黄某功名下。李某荣在缴纳土地增值税时就车位购买年度的起算点与税务机关发生争议。良庆区税务局认为，应该按购房发票所载日期即 2019 年 7 月 15 日确定“每年”的起算点。一审法院认为，李某荣购买车位的时间是 2017 年 9 月，截至 2019 年转售给黄某功时已满 2 年，土地增值税应该加计扣除。二审法院认为，应该按购房发票记载的时间确定“每年”的起算点，因 2019 年 7 月 15 日距 2019 年 11 月 29 日只相差 4 个月零 4 天，根据国税函〔2010〕220 号的规定，涉案车位的土地增值税计征不符合加计扣除条件。②

第五节　因土地增值税纳税义务发生时间引发的争议

华润置地于 2011 年、2012 年就外滩九里苑项目分别计提土地增值税 5.1 亿元、0.57 亿元并在当年企业所得税汇算清缴时全额税前列支，而其在 2011 年、2012 年实际预缴的土地增值税分别为 0.29 亿元、0.21 亿元。上海市国家税务局第五稽查局（以下简称第五稽查局）认为，华润置地不能将计提未预缴的土地增值税在企业所

① 法院没有支持坚通公司的主张。

② 南宁铁路运输中级人民法院行政判决书，(2020) 桂 71 行终 346 号。

得税汇算清缴前扣除，应当补缴2011年、2012年企业所得税。华润置地不服第五稽查局作出的处理决定，向法院提起税务行政诉讼。一审华润置地败诉，二审华润置地撤诉。① 华润置地与第五稽查局的争议主要集中在土地增值税的纳税义务发生时间。

华润置地认为，外滩九里苑项目自2009年开始预售，土地增值税的纳税义务已经发生，根据《企业所得税法实施条例》第9条的规定，②企业应纳税所得额的计算，以权责发生制为原则，属于当期的收入和费用，无论款项是否收付，均作为当期的收入和费用。因此，预提的土地增值税虽然没有交给国家，但是，根据权责发生制原则，预提的土地增值税应该在2011年、2012年企业所得税汇算清缴时扣除。

第五稽查局认为，《企业所得税法》第8条所指实际发生的土地增值税，③应为当期以预征方式实际缴纳入库的土地增值税，不应按照企业会计上的权责发生制进行处理确认。华润置地认为，没有任何法律法规规定土地增值税的扣除不适用《企业所得税法实施条例》第9条规定的权责发生制。

根据权责发生制原则，只要华润置地在2011年、2012年产生了土地增值税纳税义务，则无论其预提的土地增值税是否已交给税务机关，都可以在2011年、2012年的企业所得税汇算清缴时扣除。因此，土地增值税义务产生时间的确定是关键。

《土地增值税暂行条例》第10条规定，纳税人自转让房地产合同签订之日起7日内需要向房地产所在地主管税务机关办理纳税申报，并在税务机关核定的期限内缴纳土地增值税。④ 华润置地认为，其已于2011年、2012年签订商品房预售合同时产生土地增值税纳税义务，预提土地增值税虽然没有缴纳给税务机关，但属于已经

---

① 参见上海市黄浦区人民法院行政判决书，(2015)黄浦行初字第256号；上海市第三中级人民法院行政裁定书，(2016)沪03行终117号。

② 《企业所得税法实施条例》第9条规定，企业应纳税所得额的计算，以权责发生制为原则，属于当期的收入和费用，不论款项是否收付，均作为当期的收入和费用；不属于当期的收入和费用，即使款项已经在当期收付，均不作为当期的收入和费用。本条例和国务院财政、税务主管部门另有规定的除外。

③ 《企业所得税法》第8条规定，企业实际发生的与取得收入有关的、合理的支出，包括成本、费用、税金、损失和其他支出，准予在计算应纳税所得额时扣除。

④ 《土地增值税暂行条例》第10条规定，纳税人应当自转让房地产合同签订之日起7日内向房地产所在地主管税务机关办理纳税申报，并在税务机关核定的期限内缴纳土地增值税。

实际发生的支出。第五稽查局认为,根据《土地增值税暂行条例实施细则》第16条的规定,华润置地就外滩九里苑项目的土地增值税的缴纳分两步,首先在取得销售收入后的一定时间内预缴土地增值税,然后待开发项目全部销售完毕,收入、成本及费用确定后,通过清算程序由税务机关确定华润置地在什么时间内履行土地增值税纳税义务。华润置地对第五稽查局的观点提出反对意见,认为房屋没有销售完毕,但符合国税发〔2009〕91号第10条规定的,①也能进行土地增值税清算。

上述关于"实际发生""土地增值税纳税义务发生时间"的争议的产生,源于立法上的不完善。《土地增值税暂行条例》第10条对土增值税纳税义务的发生时间的规定是模糊的,自合同签订之日起的7日之内只是纳税申报时间,不是缴纳土地增值税时间,缴纳土地增值税的时间由税务机关核定。而且,华润置地的纳税申报时间可以不适用《土地增值税暂行条例》第10条的规定,根据《土地增值税暂行条例实施细则》第15条第2款的规定,纳税人因经常发生房地产转让而难以在每次转让后申报的,经税务机关审核同意后,可以定期进行纳税申报,具体期限由税务机关根据情况确定。

根据财税字〔1995〕48号第16条的规定,②税务机关核定的纳税期限,应在纳税人签订房地产转让合同之后、办理房地产权属转让手续(过户及登记)之前。该条文要求转让方在办理房地产权属转让手续之前缴纳土地增值税的规定,与《土地增值税暂行条例》第2条以及《民法典》第208条的规定是冲突的,③因为只有办理房地产登记过户手续,受让方才能取得不动产物权,不动产产权才能转让成功,转让方才是纳税义务人。在房地产未办理转让登记之前,即使签订了转让合同,因物权未发

① 国税发〔2009〕91号第10条第1款规定,对符合以下条件之一的,主管税务机关可要求纳税人进行土地增值税清算。(1)已竣工验收的房地产开发项目,已转让的房地产建筑面积占整个项目可售建筑面积的比例在85%以上,或该比例虽未超过85%,但剩余的可售建筑面积已经出租或自用的;(2)取得销售(预售)许可证满3年仍未销售完毕的;(3)纳税人申请注销税务登记但未办理土地增值税清算手续的;(4)其他。

② 财税字〔1995〕48号第16条规定,根据条例第10条、第12条和细则第15条的规定,税务机关核定的纳税期限,应在纳税人签订房地产转让合同之后、办理房地产权属转让(过户及登记)手续之前。

③ 《民法典》第208条规定,不动产物权的设立、变更、转让和消灭,应当依照法律规定登记。《土地增值税暂行条例》第2条,转让国有土地使用权、地上的建筑物及其附着物(以下简称转让房地产)并取得收入的单位和个人,为土地增值税的纳税义务人(以下简称纳税人),应当依照本条例缴纳土地增值税。

生转移,交易未完成,转让方还不是土地增值税的纳税义务人。但是,《土地增值税暂行条例》第 10 条却要求转让方自合同签订之日起 7 日内向税务机关进行纳税申报,并在办理过户登记之前缴纳土地增值税。

先税后证的不合理规定在执行中存在困难,部分非从事房地产开发的纳税人在合同签订后,未办理产权过户登记前缴纳土地增值税,事后因合同未履行而要求税务机关退还税款时,税务机关会根据《税收征收管理法》第 51 条,①以超过 3 年时间为由不予退还,从而发生税企争议。为此,部分不动产权转让人不会在合同签订之日起 7 日内进行纳税申报,而是选择在办理过户登记的当天缴纳土地增值税。

房地产开发企业预提土地增值税,一方面,是为了在土地增值税清算后能及时足额补缴税款;另一方面,是为了在预提当年少缴企业所得税。因此,当税务机关不允许房地产开发企业将预提的土地增值税在企业所得税汇算清缴中扣除时,双方即产生争议。但是,从华润置地的角度来看,没有必要就土地增值税的纳税义务发生时间与税务机关发生争议,更没有必要就预提土地增值税的扣除发生争议。假如税务机关认可华润置地在 2011 年、2012 年产生了 5.1 亿元、0.57 亿元土地增值税纳税义务,在华润置地事实上并没有缴纳相应税款的情况下,税务机关有权要求华润置地补缴土地增值税共计 5.67 亿元,并以 5.67 亿元计算滞纳金与罚款,这笔滞纳金和罚款将远远大于调增 2011 年、2012 年企业所得税应税所得额 5.67 亿元的滞纳金与罚款。

第六节　因先税后证引发的争议

2008 年,北京京门国有资产经营中心(以下简称京门中心)转让门头沟区城子市场 29 号土地使用权给华东电子研究所。根据不动产过户登记流程,只有在京门

① 《税收征收管理法》第 51 条规定,纳税人超过应纳税额缴纳的税款,税务机关发现后应当立即退还;纳税人自结算缴纳税款之日起 3 年内发现的,可以向税务机关要求退还多缴的税款并加算银行同期存款利息,税务机关及时查实后应当立即退还;涉及从国库中退库的,依照法律、行政法规有关国库管理的规定退还。

中心缴纳了土地增值税之后，才能办理土地使用权过户手续。① 但是，时任北京市资源局门头沟分局副局长的董某根据门头沟区国资委出具的一份关于企业兼并改制不缴纳土地增值税的情况说明，②在《北京市国有土地使用权登记审批表》中签署“同意”，使该宗土地使用权在未缴纳土地增值税的前提下办理了产权登记过户手续。一审、二审法院认为，董某违反土地登记管理规范行使职权，给国家税收造成158余万元的税款损失，其行为构成玩忽职守罪，判处有期徒刑2年，缓刑3年。③

先税后证制度来自《房地产税收一体化管理业务规程》（国税发〔2007〕114号），上述案例足以说明先税后证在我国的执行力度很大，需要缴纳土地增值税的不动产若不事先缴税，则不能办理过户登记。

对于房地产开发企业预售的商品房，购买方缴纳契税后即可办理过户登记手续；房地产开发企业无须出具土地增值税、所得税等完税凭据，购房者即可办理不动产权证书。但是，房地产开发企业不能取得车库（位）的预售许可证，转让车库（位）时，个别地区不允许车库（位）的产权证在预售窗口办理，要求到存量房窗口办理，而存量房窗口要求房地产开发企业提供已缴纳土地增值税的发票才能办理车库（位）的过户登记，不能提供土地增值税纳税凭证的不办理车库（位）的过户登记。房地产管理部门这样做的依据是国税发〔2005〕89号第6条、④国税发〔2005〕156号第1条⑤以及

---

① 国家税务总局、财政部、原国土资源部《关于进一步加强土地税收管理工作的通知》（国税发〔2008〕14号）第3条规定，要继续严格执行“先税后证”的政策，没有财税部门发放的契税和土地增值税完税凭证或免税凭证，国土资源部门一律不得办理土地登记手续。

② 北京市门头沟区人民法院刑事判决书，（2015）门刑初字第45号；北京市第一中级人民法院刑事裁定书，（2015）一中刑终字第1953号。

③ 被北京市住房和城乡建设委员会作出的撤销房屋登记决定书和（2014）门行初字第38号行政判决书、（2014）一中行终字第10906号行政判决书撤销。

④ 国税发〔2005〕89号第6条规定，市、县房地产管理部门在办理房地产权属登记时，应严格按照《契税暂行条例》《土地增值税暂行条例》的规定，要求出具完税（或减免）凭证；对于未出具完税（或减免）凭证的，房地产管理部门不得办理权属登记。

⑤ 国税发〔2005〕156号第1条规定，对存量房交易环节所涉及的税收要实行“一窗式”征收。契税已划归地税部门管理的，在房地产交易场所设置的征收窗口，要做到各税统管，即负责办理契税的征收事项，又负责办理营业税及城市维护建设税和教育费附加、个人所得税、土地增值税、印花税等相关税种的征收事项。

《土地增值税暂行条例》第 12 条,[①]这些条文都规定,纳税人必须先缴纳土地增值税,否则土地管理部门、房产管理部门不得办理产权变更手续。就这种先税后证制度,有以下问题需要探讨。

一、先税后证对房地产开发企业造成哪些不利影响

房地产开发企业对销售车库(位)所取得的收入,已依各省、市(自治区)的规范性文件预缴土地增值税,若在办理车库(位)的过户时再缴纳土地增值税,会造成重复纳税,而且就重复缴纳的土地增值税,税务机关退还的可能性很小。即使房地产开发企业在办理车库(位)过户登记时还未就车库(位)的销售收入预缴土地增值税,并以其在办理车库(位)过户时已缴纳土地增值税为由,不预缴车库(位)的土地增值税的,也很难被税务机关所接受。

二、《土地增值税暂行条例》第 12 条的规定是否合理

国税发〔2005〕89 号第 6 条以及国税发〔2005〕156 号第 1 条源自《土地增值税暂行条例》第 12 条,第 12 条本身存在以下问题。

(一)违反了《土地增值税暂行条例》第 2 条的规定

《土地增值税暂行条例》第 2 条明确规定,[②]土地增值税的纳税义务人是转让国有土地使用权、地上建筑物及其附着物并取得收入的单位和个人。在土地使用权、房屋所有权未办理过户登记之前,物权转让是没有完成的,因为《民法典》第 209 条明确规定,[③]不动产未经登记的,不发生物权转让的效力。既然在未办理过户登记前物权没有转让,转让方还不是纳税义务人,就不应当要求转让方缴纳土地增值税。

---

① 《土地增值税暂行条例》第 12 条规定,纳税人未按照本条例缴纳土地增值税的,土地管理部门、房产管理部门不得办理有关的权属变更手续。

② 《土地增值税暂行条例》第 2 条规定,转让国有土地使用权、地上的建筑物及其附着物并取得收入的单位和个人,为土地增值税的纳税义务人,应当依照本条例缴纳土地增值税。

③ 《民法典》第 209 条第 1 款规定,不动产物权的设立、变更、转让和消灭,经依法登记,发生效力;未经登记,不发生效力,但法律另有规定的除外。

在“宁某诉南京市税务局第二税务分局案”中,[①]案外人孙某青于2013年与金地公司签订商品房预售合同,买受南京市雨花台区案涉房屋。签订案涉房屋买卖合同后,孙某青取得销售不动产统一发票,但未办理不动产产权登记。后因孙某青与银行的借款纠纷,涉案房屋被鼓楼法院拍卖。鼓楼法院在拍卖公告中载明:“标的物过户登记手续由买受人自行办理,所涉及的一切税、费……由买受人自行解决并自行核实。”2017年4月,宁某通过淘宝网竞得涉案房屋,并与鼓楼法院签订拍卖成交确认书,明确拍卖标的的过户费用、其他所涉税等均由买受人自行承担等内容。2017年5月,宁某到南京地税局(2018年机构改革后,复议机构变为南京市税务局)第八所办理纳税申报,以孙某青为纳税义务人缴纳个人所得税、增值税,申报了土地增值税(因个人转让住宅免土地增值税而未缴纳)。[②] 申报缴纳税款之后,宁某认为孙某青不是涉案房屋的纳税义务人,向南京地税局提出复议申请,要求第二税务分局退回其缴纳的税款。

一审、二审法院与再审法院都没有支持宁某的退税请求,理由是孙某青与金地公司签订了《商品房预售合同》并在不动产登记部门办理了预购商品房预告登记,鼓楼区人民法院作出的(2016)苏0106执3945号民事裁定书亦明确拍卖标的物系孙某青名下的涉案房屋,且通过司法拍卖程序,孙某青实质取得涉案房屋拍卖款用于清偿自身债务。

孙某青虽然没有实际缴纳土地增值税,但以土地增值税纳税义务人的身份进行了纳税申报,[③]孙某青是否是土地增值税的纳税义务人呢?虽然孙某青已经支付购房款并取得销售不动产统一发票,也进行了预告登记,金地公司负有交付房屋的义务,但因未办理房屋过户登记,孙某青并未取得涉案房屋的所有权,只取得了要求金

① 宁某与国家税务总局南京市税务局第二税务分局、国家税务总局南京市税务局再审行政裁定书,(2020)苏行申425号。

② 财政部、国家税务总局《关于调整房地产交易环节税收政策的通知》(财税〔2008〕137号)第3条规定,对个人销售住房暂免征收土地增值税。《税收征收管理法实施细则》第32条规定,纳税人在纳税期内没有应纳税款的,也应当按照规定办理纳税申报。纳税人享受减税、免税待遇的,在减税、免税期间应当按照规定办理纳税申报。

③ 国税发〔2006〕108号第4条规定,为方便出售住房的个人依法履行纳税义务,加强税收征管,主管税务机关要在房地产交易场所设置税收征收窗口,个人转让住房应缴纳的个人所得税,应与转让环节应缴纳的营业税、契税、土地增值税等税收一并办理。

地公司办理产权过户的债权。假如法院判决或者裁定涉案房屋归孙某青所有，即使未办理过户登记，孙某青也能取得涉案房屋所有权，但鼓楼区人民法院并未就房屋权属作出裁决，只是将涉案房屋当成是由孙某青享有所有权的房屋进行了拍卖。在孙某青未取得房屋所有权的情况下，其自身也无权转让房屋。实际上，孙某青通过淘宝网拍卖的是其对涉案房屋的债权，即要求金地公司办理涉案房屋过户手续的债权。孙某青转让债权的行为，不需要缴纳土地增值税，也无须缴纳增值税。① 由于房屋未登记在孙某青名下，该房屋是从金地公司名下直接过户到宁高名下。金地公司作为涉案房屋转让方，才是涉案房屋的土地增值税纳税义务人。

"宁某诉南京市税务局第二税务局案"的办案法院忽略了《土地增值税暂行条例》第 2 条关于纳税人必须是转让房屋所有权人或土地使用权人的规定，国家税务总局《关于未办理土地使用权证转让土地有关税收问题的批复》（国税函〔2007〕645 号，部分失效）也是如此。该批复称，土地使用者转让、抵押或置换土地的，无论其是否取得了该土地的使用权属证书，无论其在转让、抵押或置换土地过程中是否与对方当事人办理了土地使用权属证书变更登记手续，只要土地使用者享有占有、使用、收益或处分该土地的权利，且有合同等证据表明其实质转让、抵押或置换了土地并取得了相应的经济利益，土地使用者及对方当事人就应当依照税法规定缴纳营业税、土地增值税和契税等相关税款。②

在"九安昌平置业有限公司（以下简称九安公司）与信阳市平桥区税务局案"中，一审、二审法院对土地增值税纳税义务人的认定是正确的。九安公司与九龙公司签订《合作开发建设协议》，协议约定双方合作开发属于九安公司的 A5 地块，且九安公司向九龙公司借款 8000 万元。平桥区税务局稽查局认为，8000 万元名为借

① 《营业税改征增值税试点实施办法》第 1 条规定，在中华人民共和国境内（以下简称境内）销售服务、无形资产或者不动产（以下简称应税行为）的单位和个人，为增值税纳税人，应当按照本办法缴纳增值税。

② 国家税务总局《关于未办理土地使用权证转让土地有关税收问题的批复》写明，土地使用者转让、抵押或置换土地，无论其是否取得了该土地的使用权属证书，无论其在转让、抵押或置换土地过程中是否与对方当事人办理了土地使用权属证书变更登记手续，只要土地使用者享有占有、使用、收益或处分该土地的权利，且有合同等证据表明其实质转让、抵押或置换了土地并取得了相应的经济利益，土地使用者及其对方当事人应当依照税法规定缴纳营业税、土地增值税和契税等相关税收。

款,实为土地使用权转让款,因此,九安公司应该缴纳土地增值税、企业所得税等,合计 1836 万元。一审、二审法院都认为,平桥区税务局稽查局认定存在土地使用权转让的事实不清,证据不足,九安公司不是土地增值税的纳税义务人。[①]

(二)违背了《土地增值税暂行条例》的立法宗旨

《土地增值税暂行条例》第 1 条规定,制定该条例的宗旨之一是规范土地、房地产市场交易秩序。[②] 而因为该条例第 12 条先缴纳税款再办理过户登记的规定与第 1 条的规定在实践中存在出入而破坏了市场交易秩序,因为根据该条例第 1 条的规定,应当在办理不动产过户登记之后转让方才缴纳土地增值税。

《土地增值税暂行条例》第 12 条对市场交易秩序的破坏不仅表现在前述房地产开发企业销售车库(位)上,还体现在二手房司法拍卖中。房地产被法院拍卖意味着债务人已无力偿还到期债务,也无力缴纳转让环节产生的土地增值税,债务人不缴纳土地增值税会直接导致拍卖房产无法过户,竞买方缴纳房款后无法取得房屋产权,从而导致法院的案件难以执行。法院为了解决案件执行难问题,在拍卖公告中写明由竞买方承担转让环节的一切税费,一切税费自然包括土地增值税。暂且不谈法院是否有权指定纳税义务人,这种指定纳税人的行为是否合法,在此仅谈竞买方缴纳土地增值税存在的困难。首先,因竞买方没有被拍卖房屋、土地的成本发票,无法扣除成本,从而需要缴纳巨额的土地增值税,部分竞买人因无力缴纳意料之外的巨额土地增值税无法取得不动产权。其次,竞买方缴纳土地增值税后,发票注明的纳税人是卖方而不是竞买方,一旦交易最终因某些原因没有达成,竞买方无法申请退还已缴纳的土地增值税,或者一旦与税务机关发生争议,竞买方会因不是纳税义务人而无法主张权利。

三、房地产开发企业修建的车库(位)是否是存量房

国税发〔2005〕156 号第 1 条适用于存量房交易。对于什么是存量房,法律没有

---

① 河南省信阳市中级人民法院行政判决书,(2019)豫 15 行终 184 号。

② 《土地增值税暂行条例》第 1 条规定,为了规范土地、房地产市场交易秩序,合理调节土地增值收益,维护国家权益,制定本条例。

规定。只因房地产开发企业新开发的车库(位)不能拿到预售许可证,不能预售即被部分税务机关视为存量房而对其适用不同于商品房的税收政策,这种做法缺乏法律依据。

上述问题产生的主要原因是土地增值税纳税义务产生时间的规定与《民法典》存在出入。不动产交易不同于一般有形动产交易,一般有形动产通过交付就能发生物权变更、转让的效力。而房地产交易合同的签订或者房地产的交付并不会产生权属转移的效力。因此,《土地增值税暂行条例》第 12 条,以及第 10 条关于纳税人应当自转让房地产合同签订之日起 7 日内办理纳税申报的规定才是争议产生的根源。①

四、未在不动产过户登记前缴纳土地增值税是否会导致国家税款流失

无论从《土地增值税暂行条例》的立法宗旨还是该条例第 2 条的规定来看,土地增值税都应当产生在不动产过户登记之后。该条例之所以在第 12 条要求不动产转让方在不动产过户前缴税,应该是为了减少税收征管成本。但事实是,即使未在不动产登记过户前缴纳土地增值税,也不必然会导致土地增值税的损失。本节前述"京门中心转让土地使用权案"即是例证。

首先,转让方京门中心的纳税义务主体身份并没有因为在办理过户登记之前未缴纳税款而消失,即使涉案土地使用权已办理了过户登记,税务机关仍然可以向其追缴土地增值税。其次,京门中心作为不动产转让方,有主动申报缴纳所得税、增值税、土地增值税的义务。最后,京门中心作为国有资产管理单位,既未消失又有缴纳税款的能力,并不会因为董某未要求京门中心在登记过户前出示完税凭证而导致税务机关丧失追征的时机。综上所述,京门中心未履行纳税义务,税务机关未依法进行税款追征的,假如真有税款损失,承担责任的应当是京门中心和税务机关,因为董某的行为不会直接导致土地增值税税款的损失。

---

① 《土地增值税暂行条例》第 10 条规定,纳税人应当自转让房地产合同签订之日起 7 日内向房地产所在地主管税务机关办理纳税申报,并在税务机关核定的期限内缴纳土地增值税。

第七节 因以土地使用权投资入股引发的争议

非货币性资产投资,在税法上被认定为非货币性资产转让与投资两个环节,投资人需要缴纳所得税、增值税①、土地增值税等。但是,投资人在投资环节并未取得现金,投资也难以在短期内取得收益,为了规避纳税人以投资形式逃避缴纳税款,又不至于因高额税负阻碍投资,影响市场经济的发展,针对非货币性资产投资,国家税务总局出台多个文件给予税收优惠。比如,在所得税方面给予纳税递延,企业所得税纳税人可以在5个纳税年度内均匀纳税,②个人所得税纳税人可以5个公历年度内合理确定分期缴纳计划;③在土地增值税方面,也给予了一定的税收优惠,但是实务中仍存在争议。

一、投资人是否需要缴纳土地增值税

投资人在以土地使用权投资时并没有取得现金收入,因此,投资人认为,根据财税字〔1995〕48号第1条的规定,④其不需要就投资行为缴纳土地增值税。实际上,该条已被财政部、国家税务总局《关于企业改制重组有关土地增值税政策的通知》(财税〔2015〕5号,已失效)废止。⑤ 也就是说,目前税法规定,投资人以不动产投资入股需要申报缴纳土地增值税。不过,也有税收优惠政策。

---

① 财税〔2016〕36号第10条规定,销售服务、无形资产或者不动产,是指有偿提供服务、有偿转让无形资产或者不动产……第11条规定,有偿,是指取得货币、货物或者其他经济利益。

② 国家税务总局《关于非货币性资产投资企业所得税有关征管问题的公告》(国家税务总局公告2015年第33号)规定,实行查账征收的居民企业(以下简称企业)以非货币性资产对外投资确认的非货币性资产转让所得,可自确认非货币性资产转让收入年度起不超过连续5个纳税年度的期间内,分期均匀计入相应年度的应纳税所得额,按规定计算缴纳企业所得税。

③ 《关于个人非货币性资产投资有关个人所得税政策的通知》(财税〔2015〕41号)规定,纳税人一次性缴税有困难的,可合理确定分期缴纳计划并报主管税务机关备案后,自发生上述应税行为之日起不超过5个公历年度内(含)分期缴纳个人所得税。

④ 财税字〔1995〕48号第1条规定,对于以房地产进行投资、联营的,投资、联营的一方以土地(房地产)作价入股进行投资或作为联营条件,将房地产转让到所投资、联营的企业中时,暂免征收土地增值税。对投资、联营企业将上述房地产再转让的,应征收土地增值税。

⑤ 财政部、国家税务总局《关于企业改制重组有关土地增值税政策的通知》(财税〔2015〕5号,已失效)第8条规定,财税字〔1995〕48号第1条、第3条……同时废止。

根据财政部、国家税务总局公告2021年第21号的规定，单位、个人在改制重组时以房地产作价入股进行投资，将房地产转移、变更到被投资企业名下，暂不征土地增值税。但是，只要改制重组中有一方是房地产开发企业，即不能享受暂不征土地增值税的优惠政策。① 根据财政部、国家税务总局公告2021年第21号第1条至第3条的规定，改制是指根据《公司法》的规定，非公司制企业改制为有限责任公司或者股份有限公司，有限责任公司整体改制为股份有限公司，股份有限公司变更为有限责任公司，不改变原企业的投资主体，并承继原企业权利、义务的行为。重组，是指企业的合并与分立；合并，是指两个或两个以上企业合并为一个企业，且原企业投资主体存续；分立，是指企业分设为两个或两个以上与原企业投资主体相同的企业。

综上所述，判断投资人用土地使用权投资入股是否需要承担土地增值税申报缴纳义务，首先，要看其是否满足财政部、国家税务总局公告2021年第21号规定的改制重组条件。只有符合财政部、国家税务总局公告2021年第21号规定的改制重组条件，投资方才暂时不需要就土地使用权投资入股行为承担土地增值税申报缴纳义务。其次，要看改制重组方是否有房地产开发企业，假如改制重组任一方是房地产开发企业，投资人在以房地产投资的过程中则需要承担土地增值税申报缴纳义务。假如在非改制重组的情况下以不动产投资，则无论投资方是谁，都需要申报缴纳土地增值税。

二、如何确定投资收入

投资收入是以投资方与被投资方约定的价格确定，还是以评估机构的评估价予以确定？对此税企双方也容易产生争议。在"大山公司与宿迁稽查局案"中，大山公司认为，其投资协议价仅低于评估价格的6.05%，此偏差属于正常范围，不属于价格明显偏低，不应以评估价进行清算。② 宿迁稽查局认为，应该按评估价确认投资收入，法律依据如下：(1)《公司法》规定，对作为出资的非货币财产应当评估作价，核

① 财政部、国家税务总局公告2021年第21号第4条规定，单位、个人在改制重组时以房地产作价入股进行投资，对其将房地产转移、变更到被投资的企业，暂不征土地增值税；第5条规定，上述改制重组有关土地增值税政策不适用于房地产转移任意一方为房地产开发企业的情形。

② 江苏省高级人民法院行政判决书，(2015)苏行终字第00508号。

实财产,不得高估或者低估作价。[①] (2)国税发〔2006〕187 号第 3 条规定,房地产开发企业将开发产品用于对外投资的,应视同销售房地产,其收入按下列方法和顺序确认:①按本企业在同一地区、同一年度销售的同类房地产的平均价格确定;②由主管税务机关参照当地当年、同类房地产的市场价格或评估价值确定。由于大山公司在同一地区、同一年度无同类房地产销售平均价格,当地当年也无同类房地产的市场价格,应当以评估价格确定收入。(3)《税收征收管理法》第 36 条规定,关联企业之间的业务往来,应当按照独立企业之间的业务往来收取或者支付价款、费用,不按照独立企业之间的业务往来收取或者支付价款、费用,而减少其应纳税的收入或者所得额的,税务机关有权进行合理调整。

在实务中,以房地产投资入股的,只要有一方是房地产开发企业,税务机关普遍要求按评估价格来确认收入,并将以此作为土地增值税、企业所得税、契税等税种的计税依据。

三、如何确定被投资人可以扣除的“取得土地使用权所支付的金额”

接受土地使用权的被投资人没有就土地使用权支付对价,当其就投资土地上的开发项目进行土地增值税清算时,关于可以扣除的“取得土地使用权所支付的金额”容易与税务机关发生争议。

有人认为,应当将投资人取得土地使用权所支付的金额作为被投资人可以扣除的“取得土地使用权所支付的金额”,理由有二:一是当投资时的评估价大于投资人取得土地使用权所支付的金额时,允许被投资人以评估价为扣除金额,国家就差额部分(增值部分)未能征收土地增值税,这会导致国家税款流失;二是财政部、国家税务总局公告 2021 年第 21 号第 4 条规定的是投资环节暂不征土地增值税,这是一种纳税递延,递延到被投资人转让开发项目时其再履行土地增值税纳税义务,并不是免征土地增值税。

---

① 《公司法》第 27 条规定,股东可以用货币出资,也可以用实物、知识产权、土地使用权等可以用货币估价并可以依法转让的非货币财产作价出资;但是,法律、行政法规规定不得作为出资的财产除外。对作为出资的非货币财产应当评估作价,核实财产,不得高估或者低估作价。法律、行政法规对评估作价有规定的,从其规定。

反对上述观点的人认为,不应当将投资人取得土地使用权所支付的金额作为被投资人可以扣除的“取得土地使用权所支付的金额”,理由如下:一是这里的暂不缴纳土地增值税就是免征土地增值税的意思,并不是指递延纳税。[①] 为什么用“暂免”而不直接写“免征”,是因为这个文件只在3年内有效,即有效期限为2021年1月1日至2023年12月31日。二是没有理由让被投资方替投资方缴纳土地增值税,即使财政部、国家税务总局公告2021年第21号第4条规定的是纳税递延,税务机关也应当找投资人补税,而不应该要求被投资人就投资人的增值额缴纳土地增值税。三是被投资人无法将投资人的成本作为成本使用,因为被投资人不能将抬头为投资人的发票作为扣除凭证。四是以投资人取得土地使用权所支付的金额作为被投资人可以扣除的“取得土地使用权所支付的金额”会极大增加被投资人税负。下述案例能很好地说明了土地增值税纳税递延给被投资方带来的影响。

假设A公司在2010年以10亿元人民币的价格取得某土地使用权,于2017年将其投入B公司(非从事房地产开发的纳税人)建设办公大楼,评估价格为50亿元。B公司接受投资后,投资10亿元建成办公大楼,因经济不景气无力经营,未入驻即以80亿元出售。为简化计算且突出土地增值税,计算时将忽略印花税、城市维护建设税、教育费附加等。

方案一:以投资人投资时不动产的评估价格作为被投资人可以扣除的“取得土地使用权所支付的金额”,则A公司在投资时缴纳土地增值税:

不含增值税销售额 $=50/(1+5\%)=47.62$ 亿元

增值额 $=47.62-10=37.62$ 亿元

土地增值税 $=37.62\times60\%-10\times35\%=22.5-3.5=19.07$ 亿元

B公司出售办公大楼时缴纳土地增值税:

不含增值税销售额 $=80/(1+9\%)=73.39$ 亿元

增值额 $=73.39-(50+10)\times(1+10\%$[②]$)=7.39$ 亿元

土地增值税 $=7.39\times30\%=2.22$ 亿元

---

① 参见艾华、张延辉:《关于非地产公司土地投资的土地增值税问题探讨》,载《税务研究》2013年第2期。

② 10%为开发费用。由于B公司不是从事房地产开发的纳税人,不能加计20%扣除。

税务机关共收取土地增值税 = 19.07 + 2.22 = 21.29 亿元。

方案二:以投资人取得土地使用权所支付的金额作为被投资人可以扣除的“取得土地使用权所支付的金额”,则 A 公司在投资时不缴纳土地增值税,B 公司出售办公大楼时应当缴纳的土地增值税为:

不含增值税销售额 = 80/(1 + 5%) = 76.19 亿元

增值额 = 76.19 - 10 ×(1 + 10%) = 65.19 亿元

土地增值税 = 65.19 × 60% - 11 × 35% = 35.26 亿元。

方案二比方案一多缴土地增值税 13.97 亿元(35.26 亿元 - 21.29 亿元)。

从上述例子可以看出,假如投资人在投资时依据财政部、国家税务总局公告 2021 年第 21 号第 4 条的规定未缴纳土地增值税,税务机关要求被投资人将投资人取得土地使用权所支付的金额作为可以扣除的“取得土地使用权所支付的金额”,则国家将会收取更多的土地增值税,给被投资人带来更重的土地增值税税负,这与财政部、国家税务总局出台该公告的目的,即“为支持企业改制重组,优化市场环境”相违背。

第八节　因预缴土地增值税引发的争议

根据《土地增值税暂行条例实施细则》的规定,对纳税人在项目全部竣工结算前转让房地产取得的收入可以预征土地增值税。具体征收办法由各省、自治区、直辖市地方税务局根据当地情况制定。

从理论上说,预缴土地增值税不会增加房地产开发企业的应纳税额。但实际情况是,预缴土地增值税对没有增值额的项目、增值额很低的项目,或者前期建设大量回迁房的房地产开发项目来说,称得上是一种“负担”。一般而言,预缴土地增值税会极大地占用房地产开发企业的资金,严重点会导致房地产开发企业资金链断裂,而且有些税务机关会以各种借口不退还房地产开发企业多预缴的土地增值税,从而增加房地产开发企业的实际税负。此外,国家税务总局将土地增值税预征的权力下放地方税务机关,但是各地规范性文件规定的内容不一致,且各地规范的重点在预征率上,对于一些重要内容未进行规范等,从而导致实务中存在一些争议。

一、保障性住房是否需要预缴土地增值税

国税发〔2010〕53 号没有规定各省市保障性住房的最低预征率，但也没有明确规定保障性住房不预征土地增值税。[①] 因此，各地关于保障性住房是否应当预缴土地增值税的规定不一样。北京市、江苏省、山东省、四川省规定房地产开发企业不需要就保障性住房预缴土地增值税。[②] 潮州市规定在开发商品住房项目中配套建造经济适用住房能分开核算的，按 1.5% 预征土地增值税。[③] 大部分地区对保障性住房是否需要预缴土地增值税没有作出明确规定，在实务中按普通住宅的预征率对保障性住房预征土地增值税。

在本书第四章第四节中提及房地产开发企业将保障性住房无偿交付给政府，或者直接交付给政府的，不应该征收土地增值税，那么对不应该征收土地增值税的保障性住房，也不应该预征土地增值税。对于政府拟有偿收回的保障性住房，因政府是以低价收回的，且有的税务机关将收回价认定为保障性住房的建造成本，所以不会有增值额，笔者认为，在这种情况下，没有必要要求房地产开发企业预缴土地增值税。

二、预征土地增值税的截止时间是何时

按照《土地增值税暂行条例实施细则》的规定，预缴土地增值税的截止时间是项目全部竣工结算前。在实务中，税务机关一般会要求房地产开发企业在竣工结算后继续预缴土地增值税，有的甚至要求房地产开发企业在土地增值税清算期间预缴土

---

① 国税发〔2010〕53 号规定，除保障性住房外，东部地区省份预征率不得低于 2%，中部和东北地区省份不得低于 1.5%，西部地区省份不得低于 1%，各地要根据不同类型房地产确定适当的预征率（地区的划分按照国务院有关文件的规定执行）。

② 京建发〔2010〕677 号第 1 条规定，房地产开发企业销售经济适用住房、限价商品住房等保障性住房取得的收入，暂不预征土地增值税；苏地税规〔2016〕2 号第 3 条规定，公共租赁住房、廉租住房、经济适用房、城市和国有工矿棚区改造安置住房等保障性住房，仍暂不预征；山东省地方税务局公告 2017 年第 5 号第 10 条规定，纳税人转让经政府批准建设的保障性住房取得的收入，暂不预征土地增值税，但应当在取得收入时按规定到主管地税机关登记或备案；四川省地方税务局、四川省财政厅公告 2010 年第 1 号第 1 条第 1 款第 1 项规定，对保障性住房暂不预征土地增值税。

③ 国家税务总局潮州市税务局公告〔2019〕6 号规定，对能提供政府部门出具相关材料的经济适用住房且在开发商品住房项目中配套建造经济适用住房能分开核算的，其土地增值税按 1.5% 预征。

增值税。税总函〔2016〕309号公布了9份纳税申报表，其中，从事房地产开发的纳税人清算土地增值税适用的《土地增值税纳税申报表（二）》要求填写的税款所属期是项目预征开始的时间，截止日期是税务机关规定（通知）的申报期限的最后一日（自应清算项目达到清算条件起90日的最后一日/自可清算项目税务机关通知书送达之日起90日的最后一日）。也就是说，在清算项目达到清算条件起90日的最后一日（包含当日）之前销售的房地产，都需要预缴土地增值税。

税务机关通过《土地增值税纳税申报表（二）》延长房地产开发企业预缴土地增值税期限的做法不合适，原因有三：一是这个申报表的要求与《土地增值税暂行条例实施细则》的规定有冲突，税务机关无权通过申报表来改变部门规章的规定。二是房地产开发企业难以满足这个申报表的要求。因为房地产开发企业计算、填表、从税务师事务所获取土地增值税鉴证报告需要比较长的时间，[①]假设在申报期限的最后一天刚好有预缴土地增值税义务需要履行，这时再根据预缴土地增值税的情况对相应数据进行修改，对土地增值税清算鉴证报告进行修改，然后再在当天向税务机关提交，显然是无法做到的。三是对销售情况不太好的房地产开发企业不公平。有些房地产开发项目销售情况不好，竣工后很长时间未能达到85%以上的销售比例，一直无法清算，或者在销售比例超过85%而未达到100%的情况下税务机关一直不下达清算通知书，从而导致前期预缴的土地增值税因未清算而无法退回。

青岛市要求房地产开发企业在主管税务机关作出清算申报审核结论之前就房地产销售收入预缴土地增值税的规定，会导致预缴土地增值税的截止日期无限延长，因为国税发〔2009〕91号第15条并没有就税务机关清算审核作时间上的规定，而是授权各省、自治区、直辖市、计划单列市税务机关由其自行确定。[②] 未就清算审核时间作出规定的地区，有可能导致清算审核时间被无限期延长。假如青岛市的税务机关无限延长清算审核时间，则会导致两个后果：一是房地产开发企业需要就新销售的房地产继续预缴土地增值税；二是无法就多预缴的土地增值税在短期内要求税

① 《土地增值税清算鉴证业务准则》。

② 国税发〔2009〕91号第15条规定，主管税务机关受理纳税人清算资料后，应在一定期限内及时组织清算审核。具体期限由各省、自治区、直辖市、计划单列市税务机关确定。

务机关退还。

因此，应当严格按照《土地增值税暂行条例实施细则》的规定，对房地产项目竣工后销售的房地产，不再预缴土地增值税，这样一方面，可以避免过重的预征土地增值税拖垮房地产开发企业；另一方面，也可以避免税务机关为了延期退还多预征的土地增值税，而人为地拖延土地增值税清算审核时间。

三、省级以下税务机关是否有权设定土地增值税预征率

财税〔2006〕21 号规定，各地要进一步完善土地增值税预征办法，根据本地区房地产业增值水平和市场发展情况，区别普通住房、非普通住房和商用房等不同类型，科学合理地确定预征率，并适时调整。因此，各地在国税发〔2010〕53 号规定的最低预征率的基础上，纷纷制定有关土地增值税预征率的文件。比如，新疆维吾尔自治区地方税务局《关于土地增值税预征率的公告》（新疆维吾尔自治区地方税务局公告 2017 年第 2 号）规定的土地增值税预征率为：普通住宅 1%、非普通住宅 3%、其他类型房地产根据城市的不同为 3% 或者 4%。湖南省地方税务局公告 2015 年第 4 号规定的土地增值税预征率为：普通标准住宅 1.5%、非普通标准住宅 2%、非住宅 3%、土地使用权 5%。国家税务总局武汉市税务局公告 2018 年第 3 号规定的土地增值税预征率为：普通住房 1.5%、非普通住房 4%、其他类型房地产 6%。①

《土地增值税暂行条例实施细则》与财税字〔1995〕48 号②中均规定，预征土地增值税的具体办法由各省、自治区、直辖市地方税务局根据当地情况制定。但实际情况是，绝大部分预征率由省级以下税务机关设定，比如，2018 年 12 月 7 日颁布的国家税务总局烟台市税务局《关于调整土地增值税预征率和核定征收率有关问题的公告》、2019 年 4 月 29 日颁布的国家税务总局绍兴市税务局《关于统一全市房地产开

---

① 国家税务总局武汉市税务局公告 2018 年第 3 号第 1 条规定，土地增值税预征率，按普通住房、非普通住房及其他类型房地产 3 种划分，分别为 1.5%、4%、6%。

② 财税字〔1995〕48 号第 14 条规定，根据《土地增值税暂行条例实施细则》的规定，对纳税人在项目全部竣工结算前转让房地产取得的收入可以预征土地增值税。具体办法由各省、自治区、直辖市地方税务局根据当地情况制定。

发项目土地增值税预征率的公告》、2019 年 12 月 19 日颁布的国家税务总局潮州市税务局公告〔2019〕6 号等。根据国家税务总局《关于修改〈税务规范性文件制定管理办法〉的决定》(国家税务总局令第 53 号)第 11 条的规定,这些省级以下税务机关设定的土地增值税预征率是无效的,因为财政部和国家税务总局并没有授权省级以下税务机关就土地增值税制定规范性文件,省级税务机关作为被授权税务机关,不得将被授予的权力转授给其他机关。①

四、未按税务机关要求预缴土地增值税是否需要缴纳滞纳金、罚款

各地对预缴土地增值税的时间的规定不一样,有的地区规定按月预缴,如深圳市;②有的地区可于季度终了后 7 日内办理纳税申报手续,如北京市。③ 房地产开发企业未在税务机关规定的时间内预缴土地增值税的,税务机关都会要求预缴,并加收滞纳金,行为的依据有财税〔2006〕21 号第 3 条第 2 款、④地方税务规范性文件。⑤实际上,财税〔2006〕21 号第 3 条第 2 款的合法性值得商榷。首先,该款缺乏上位法规定。该款规定的依据是《税收征收管理法》,但是,该法第 32 条针对的是税款,并没有规定未按期缴纳预缴税款的需要加收滞纳金,税款不同于预缴税款。⑥ 其次,规

---

① 《税务规范性文件制定管理办法》第 11 条规定,上级税务机关需要下级税务机关对规章和税务规范性文件细化具体操作规定的,可以授权下级税务机关制定具体的实施办法。被授权税务机关不得将被授予的权力转授给其他机关。

② 国家税务总局深圳市税务局公告 2019 年第 8 号第 10 条规定,房地产项目预缴土地增值税的纳税义务发生时间以转让房地产合同签订时间为准,并在收取款项次月纳税期限内缴纳。

③ 北京市地方税务局《关于土地增值税若干征收管理问题的通知》(京地税二〔1996〕240 号)第 1 条第 2 款规定,专门从事房地产开发以及主管或兼营房地产开发业务的单位,应在签订房地产开发合同(或立项)后 7 日内办理纳税登记手续,在签订转让合同并取得收入后 7 日内填报土地增值税纳税申报表。如因经常发生房地产转让而难以在每次转让以后申报的,由纳税人提出申请,经地方主管税务机关批准,可于季度终了后 7 日内办理纳税申报手续。转让存量房地产的单位和个人,应在办理房地产买卖契约为后 7 日内填报《土地增值税纳税申报表》。

④ 财税〔2006〕21 号第 3 条第 2 款规定,对未按预征规定期限预缴税款的,应根据《税收征收管理法》及其实施细则的有关规定,从限定的缴纳税款期限届满的次日起,加收滞纳金。

⑤ 国家税务总局天津市税务局《关于土地增值税征管有关事项的公告》(国家税务总局天津市税务局公告 2019 年第 13 号)第 5 条规定,从事房地产开发的纳税人应分月预缴土地增值税,自月份终了之日起 15 日内到主管税务机关申报缴纳税款。对未按规定期限缴纳税款的,从缴纳期限届满次日起加收滞纳金。

⑥ 《税收征收管理法》第 32 条规定,纳税人未按照规定期限缴纳税款的,扣缴义务人未按照规定期限解缴税款的,税务机关除责令限期缴纳外,从滞纳税款之日起,按日加收滞纳税款 5‰的滞纳金。

范性文件在缺乏上位法的情况下加重纳税人负担。预收税款对没有利润预期的纳税人来说本就是极重的负担，加收滞纳金如同雪上加霜。

房地产开发企业未按时预缴土地增值税的，不应该对其处以罚款，理由有二：首先，罚款属于行政处罚，而预缴土地增值税的时间由地方税务机关规定，地方税务机关制定的是规范性文件。根据《行政处罚法》第16条的规定，除法律、法规、规章外，其他规范性文件不得设定行政处罚。其次，预缴税款不同于实际应当缴纳的税款，未按时预缴土地增值税不属于《税收征收管理法》第63条规定的“偷税”。因此，地方规范性文件没有规定房地产开发企业未能在规定期限内预缴土地增值税的，需要缴纳罚款。在“周某甲逃税案”中，[①]税务机关对其未缴纳的营业税、城建税、印花税、城镇土地使用税处以10万余元的罚款，对其未预缴的1.7万余元的土地增值税，未予以处罚；在“山西金宏泽房地产公司诉闻喜县地税局案”中，税务机关对金宏泽公司少缴的营业税、城建税、契税、城镇土地使用税、企业所得税等处以50%的罚款，对少预缴的79万余元土地增值税未进行处罚。[②]

第九节　因土地增值税清算单位引发的争议

对于开发的房屋类型多、项目多且周期长的房地产开发企业，在收入与可扣除项目不变且计算方法相同的情况下，其仅因清算单位的不同，就会导致计算得出的土地增值税应纳税额数值相差较大。假设当某开发项目分为两个清算单位A和B时（见表5-4），应纳税额为54万元（45+9），当该开发项目为一个清算单位时，应纳税额为45万元（见表5-4）。

① 四川省达州市达川区人民法院刑事判决书，(2016)川1703刑初64号。

② 山西省运城市中级人民法院行政判决书，(2018)晋08行终3号。

表5－4　清算单位不同对土地增值税应纳税额的影响

清算单位	应税收入/万元	准予扣除金额/万元	增值额/万元	税率/%	应纳税额/万元
A	220	100	120	50	45
B	130	100	30	30	9
A＋B	350	200	150	50	45

在“巴楚县新联公司与巴楚县地方税务局案”中，新联公司将“未来城”的6栋楼按普通住宅和其他项目分两类做两次清算，计算结果为：1～4号商住楼增值率为－16.92%，其中普通住宅增值率0.00%，其他项目增值率－16.92%，应缴土地增值税税额0.00元；5～6号楼商住楼增值率为－7.74%，其中普通住宅增值率为0.00%，其他项目增值率－7.74%，应缴土地增值税税额0.00元。巴楚县地方税务局（以下简称巴楚县地税局）不认同新联公司的分类方法和清算方法，将1～6栋楼分为普通住宅、非普通住宅、非住宅3类，计算结果为：普通标准住宅增值额为－13,783,747.40元，增值率为0.00%，应缴纳土地增值税0.00元；非普通住宅增值额为－308,946.71元，增值率为0.00%，应缴纳土地增值税0.00元；非住宅增值额为8,255,836.49元，增值率为34%，应缴纳土地增值税2,476,750.95元。巴楚县地税局要求新联公司补缴土地增值税2,476,750.95元。①

从上述案例可以看出，将开发项目分成普通住宅、其他项目2类或者分成普通住宅、非普通住宅、非住宅3类进行清算，将一宗地上开发的房产作为整体项目清算或者分为几个项目进行清算，计算出来的土地增值税额是不一样的。换言之，有时土地增值税额的多少取决于清算单位，清算单位分割得越细，房地产开发企业需要缴纳的土地增值税越多，土地增值税的清算单位对房地产开发企业土地增值税税负有很大影响。

但是，有关土地增值税清算单位的立法有待完善。《土地增值税暂行条例实施细则》第8条规定，土地增值税以纳税人房地产成本核算的最基本的核算项目或核

① 参见新疆维吾尔自治区巴楚县人民法院行政判决书，（2016）新3130行初2号；新疆维吾尔自治区喀什地区中级人民法院行政判决书，（2018）新31行终5号；新疆维吾尔自治区高级人民法院行政裁定书，（2019）新行申53号。

算对象为单位计算。从字面意思理解,土地增值税的核算单位取决于房地产开发企业成本核算的最基本的核算项目或者核算对象。但是,其他法律和规范性文件并未规定何为最基本的核算项目或者核算对象。在实务中,土地增值税的核算单位的确定也不取决于房地产开发企业的做账方式。国税发〔2006〕187 号第 1 条规定,土地增值税以国家有关部门审批的房地产开发项目为单位进行清算,对于分期开发的项目,以分期项目为单位清算。开发项目中同时包含普通住宅和非普通住宅的,应分别计算增值额。国税发〔2000〕187 号第 1 条与《土地增值税暂行条例实施细则》第 8 条的规定不一致,有人认为其合法性令人质疑,①而且该条款用词比较模糊。

由于清算单位在土地增值税中的重要地位,以及立法的有待完善,实务中如何确定土地增值税清算单位成了房地产开发企业与税务机关关注的焦点。

一、确定开发项目的有关部门是哪个部门

国税发〔2006〕187 号第 1 条规定,土地增值税以国家有关部门审批的房地产开发项目为单位进行清算。房地产开发企业在开发过程中被要求审批的内容较多,例如,建设用地规划许可证、建筑工程规划许可证、建筑施工许可证、商品房预售许可证等的取得都需要有关部门审批。因此,有关部门的确定就成了清算过程中的首要问题。

有的地方性文件对"有关部门"进行了明确,如江西的"有关部门"是发展和改革委员会;②天津的"有关部门"为国土房管部门;③辽宁的"有关部门"为发展和改革委员会;④安徽的"有关部门"有多个,如发展改革部门,履行项目备案职能的经信

---

① 参见罗昌财:《土地财政、房地产调控与土地增值税制度》,载《现代经济探讨》2014 年第 8 期。

② 国家税务总局江西省税务局《关于土地增值税若干征管问题的公告》(国家税务总局江西省税务局公告 2018 年第 16 号)第 1 条规定,房地产开发项目的土地增值税清算单位应依据发展和改革委员会审批或核准的项目文件确定。

③ 天津市地方税务局《关于发布〈天津市土地增值税清算管理办法〉的公告》(以下简称天津市地方税务局公告 2016 年第 24 号)第 5 条第 1 款规定,土地增值税以纳税人与国土房管部门签订的土地出让合同所列范围内的房地产开发项目为单位进行清算。

④ 辽地税函〔2012〕92 号第 1 条规定,确定土地增值税清算单位时,地方税务机关应以发改委审批、备案确定的房地产开发项目作为清算单位。

委、计经委等部门。①

有的地方性文件对“有关部门”未作规定，如北京市②、苏州市。③

有的地方不提及“有关部门”，规定以“批文”或者“证”为确定清算单位的依据。比如，山东省地方税务局规定，《建设用地规划许可证》《建设工程规划许可证》可以作为确定清算单位的一个参考要素；④西安市地方税务局规定，以规划部门审批的《建设工程规划许可证》或者房屋管理部门颁发的《商品房预售许可证》为确定清算单位的依据；⑤湖南省地方税务局规定，原则上以《建设工程规划许可证》为依据确认清算单位；⑥海南省地方税务局以《建设工程规划（临时）许可证》确认清算单位；⑦深圳市税务局以《建设用地规划许可证》中的项目名称办理项目登记。⑧

由此可见，我国各地确定房地产开发项目的标准不一致，可能会引发争议。

---

① 安徽省地方税务局《关于发布〈安徽省土地增值税清算管理办法〉的公告》（安徽省地方税务局公告2017年第6号）第10条规定，本办法所称房地产开发项目是指经国家有关部门审批、备案的项目。对于分期开发的项目，以分期项目为单位清算。上述国家有关部门是指发展改革部门，或者履行项目备案职能的经信委、计经委等部门。

② 北京市地方税务局公告2016年第7号第6条规定，房地产开发项目应以国家有关部门审批、备案的项目为单位进行日常管理和清算（以下简称清算单位）。对于分期开发的项目，可以结合项目实际情况及相关材料进行判定，以确定的分期建设项目作为清算单位。

③ 江苏省地方税务局《关于印发〈土地增值税清算管理规程〉的通知》（以下简称苏地税发〔2009〕72号）第17条规定，清算审核时，应审核房地产开发项目是否以国家有关部门审批、备案的项目为单位进行清算；对于由发改委或规划部门批准的分期开发的项目，是否以分期项目为单位清算；普通标准住宅是否与其他类型的房屋分别计算增值额、增值率，缴纳土地增值税。

④ 山东省地方税务局公告2017年第5号第5条规定，主管地税机关应当依据国家有关部门审批、备案的项目，结合《建设用地规划许可证》《建设工程规划许可证》确定项目管理单位。

⑤ 西安市地方税务局《关于明确土地增值税若干政策问题的通知》（西地税发〔2010〕235号）规定，清算项目以规划部门审批的《建设工程规划许可证》或房屋管理部门颁发的《商品房预售许可证》中所列建设项目为准。

⑥ 湖南省地方税务局《关于进一步规范土地增值税管理的公告》（湖南省地方税务局公告2014年第7号）第2条规定，土地增值税以国家有关部门审批的房地产开发项目为单位进行清算，原则上以《建设工程规划许可证》为依据确认清算单位。

⑦ 琼地税发〔2009〕187号第1条规定，土地增值税以国家有关部门核发的“建设工程规划（临时）许可证”确认的房地产开发项目为单位进行清算。

⑧ 国家税务总局深圳市税务局公告2019年第8号第4条规定，纳税人进行房地产开发，以规划部门审批的建设用地规划许可证中的项目名称办理项目登记。城市更新项目可结合城市更新项目批复、社会投资项目备案证等情况办理项目登记。对于分期开发的项目，主管税务机关可结合建设工程规划许可证、建筑工程施工许可证、预售许可证以及纳税人会计核算情况，经集体合议后，确认按分期建设的项目进行项目登记。

二、如何确定分期项目

国税发〔2006〕187 号第 1 条规定，分期开发的项目，以分期项目为单位清算，即只要项目被分期开发的，开发项目就不再是清算单位，清算单位就变成了分期项目。如何判断“分期项目”？什么情况属于“分期开发”？各地对此的规定并不相同。

有的地区以“有关部门”来确定分期开发项目，比如，天津市以区级（含）以上发展改革部门的备案确定分期开发项目；①辽宁省以住建部门、国土规划部门下发的《建设工程规划许可证》确定分期建设项目；②安徽省以规划部门下发的《建设工程规划许可证》确定分期建设项目。③

有的地方性文件对如何确定分期项目的规定是模糊的，如北京市规定，可以结合项目实际情况及相关材料对分期项目进行判定；④苏州市规定，分期项目由发改委或者规划部门审批；⑤深圳市规定，需要由税务机关结合建设工程规划许可证、建筑工程施工许可证、预售许可证以及纳税人会计核算情况确定分期开发项目。⑥

---

① 天津市地方税务局公告 2016 年第 24 号第 5 条第 2 款规定，对于分期开发的项目以区级（含）以上发展改革部门备案的项目为单位进行清算，各期的清算方式和扣除项目金额的计算分摊方法应保持一致。

② 辽地税函〔2012〕92 号第 1 条规定，对于分期开发的项目，地方税务机关应以住建部门或国土规划部门下发的《建设工程规划许可证》确定的分期建设项目作为清算单位。

③ 《安徽省土地增值税清算管理办法》（安徽省地方税务局公告 2017 年第 6 号）第 10 条规定，上述分期开发的项目，是指规划部门下发的《建设工程规划许可证》中确认的项目。依据《建设工程规划许可证》难以确认分期开发项目的，纳税人应于取得《建设工程规划许可证》之日起 30 日内向主管税务机关报告，主管税务机关应依据《建设用地规划许可证》、《建设工程规划许可证》以及相关《建筑工程施工许可证》、《预售许可证》及预售资金回笼等情况，经调查核实、集体审议，综合认定分期开发项目。主管税务机关认定分期开发项目，应当于纳税人报送分期项目最后一个《预售许可证》之日起 15 日内书面告知纳税人。

④ 北京市地方税务局公告 2016 年第 7 号第 6 条第 2 款规定，对于分期开发的项目，可以结合项目实际情况及相关材料进行判定，以确定的分期建设项目作为清算单位。

⑤ 苏地税发〔2009〕72 号第 17 条规定，清算审核时，对于由发改委或规划部门批准的分期开发的项目，是否以分期项目为单位清算。

⑥ 国家税务总局深圳市税务局公告 2019 年第 8 号第 4 条第 2 款规定，对于分期开发的项目，主管税务机关可结合建设工程规划许可证、建筑工程施工许可证、预售许可证以及纳税人会计核算情况，经集体合议后，确认按分期建设的项目进行项目登记。

由于各地对分期开发项目的规定不一致、不明确,导致实务中出现了一些争议较大的案例。

在“荣德公司诉海口市地方税务局案”中,海口市地税局以琼地税函〔2007〕356号规定的“2005年6月1日后销售的普通住宅标准与之前不一样”为由,将荣德公司开发的房地产项目以2005年6月1日为分界线分为两个项目进行土地增值税清算。①

在“清远市伟华实业有限公司(以下简称伟华公司)诉广东省地方税务局案”中,伟华公司通过拍卖取得某商场首层、二层和三层的所有权,然后将首层以商铺为单位出售,二层、三层以“层”为单位出售,之后伟华公司将首层、二层与三层作为一个整体申报缴纳土地增值税。广东省地方税务局以首层、二层、三层是分别取得购入发票、且分层销售为由,以“层”为土地增值税清算单位进行计算,要求伟华公司补缴土地增值税500余万元。②

三、哪个是最小的清算单位

分期项目不是最小的清算单位。在一般情况下,税务机关会要求房地产开发企业对同在一个开发项目内的房产作进一步细分。关于细分的方法、标准,各地规定得不一致。

有的地区采用“两分法”,如北京市、广州市、辽宁省等地区。北京市和广州市将房地产分为普通住宅和其他商品房;辽宁省将房地产分为普通住宅和非普通住宅。③将房地产细分为普通住宅与非普通住宅显然是不科学的,因为除住宅外,还有其他房地产类型。有的地区采用“三分法”,如湖南省、山东省、天津市、福建省等地区。

---

① 海南省海口市美兰区人民法院行政判决书,(2015)美行初字第51号。

② 广东省高级人民法院行政判决书,(2015)粤高法行终字第686号。

③ 参见北京市地方税务局《关于明确土地增值税有关问题的公告》(北京市地方税务局公告2013年第8号)第2条规定,纳税人进行房地产开发项目土地增值税清算时,开发项目中包含多种类型房屋的,应按照财税〔2006〕21号第1条、国税发〔2006〕187号第1条的规定,区分为普通住宅和其他商品房两类分别计算增值额;广州市地方税务局《关于印发〈土地增值税清算工作若干问题处理指引〔2012年修订版〕〉的通知》(穗地税函〔2012〕198号)第14条规定,同一房地产项目中既建造普通住宅、又建造其他商品房的,进行清算时,应分别计算增值额、增值率,分别核算土地增值税;辽地税函〔2012〕92号第3条规定,对一个清算项目中同时包含普通住宅和非普通住宅的,应分别核算增值额。

湖南省、[①]山东省和天津市将住宅分成普通住宅与非普通住宅、其他类型房地产；[②]福建省将房地产分为普通住房、非普通住房和非住房3类。[③] 在房地产开发企业预征以及清算土地增值税时适用的《土地增值税纳税申报表》中，房地产类型被分为普通住宅、非普通住宅、其他类型房地产。[④] 有的地区规定可以不分类型，如深圳市规定，假如纳税人不申请享受免征普通标准住宅的土地增值税优惠政策的，则不用对房地产进行分类核算土地增值税。[⑤]

四、细化房地产类型的目的是什么

新联公司向法院起诉巴楚县地税局的理由有两个：首先，其共修建6幢房子，自行清算土地增值税时以“幢”为计算单位，根据《土地增值税暂行条例实施细则》第8条的规定，“幢”已经是最基本的核算项目，不用再进一步细分为普通住宅、非普通住宅和非住宅；其次，新联公司将普通住宅和非普通住宅合并清算并不违法，根据财税字〔1995〕48号第13条的规定，[⑥]将普通住宅单独进行土地增值税清算的目的，是使房地产开发企业能享受《土地增值税暂行条例》第8条第1款规定的免税优惠，假如纳税人不想享受这个优惠，其应当有权选择不进一步区分房

---

① 湖南省地方税务局《关于进一步规范土地增值税管理的公告》（湖南省地方税务局公告2014年第7号）第2条规定，清算单位应按照普通标准住宅、非普通标准住宅、非住宅类型分类，分别计算增值额、增值率，据此申报土地增值税。

② 山东省地方税务局公告2017年第5号第14条规定，各市地方税务局应当按照普通住房、非普通住房和其他房地产3种类型，科学合理地确定预征率进行预征，并按规定进行清算；天津市地方税务局公告2016年第24号第6条规定，房地产开发项目中同时包含普通住宅、非普通住宅或其他类型房地产的，应分别进行土地增值税清算。

③ 国家税务总局福建省税务局《关于土地增值税若干政策问题的公告》（国家税务总局福建省税务局公告2018年第21号）第5条规定，同一清算单位中包含普通住房、非普通住房和非住房不同类型房地产的，其扣除项目金额在不同类型房地产间，原则上按可售面积计算分摊，也可按税务机关确认的其他合理方式计算分摊。

④ 税总函〔2016〕309号。

⑤ 国家税务总局深圳市税务局公告2019年第8号第21条规定，纳税人办理清算申报时，对同一开发项目或同一分期项目中既建有普通标准住宅又建有非普通标准住宅、其他类型房地产的，如纳税人申请享受免征普通标准住宅的土地增值税优惠政策，应分别计算增值额、增值率以及应缴的土地增值税。

⑥ 财税字〔1995〕48号第13条规定，对纳税人既建普通标准住宅又搞其他房地产开发的，应分别核算增值额。不分别核算增值额或不能准确核算增值额的，其建造的普通标准住宅不能适用《土地增值税暂行条例》第8条第1项的免税规定。

地产类型。

对于“巴楚县新联公司与巴楚县地方税务局案”中的新联公司的观点，其他房地产开发企业基本赞同。他们认为，《土地增值税暂行条例》第8条第1项关于普通住宅出售的增值额未超过扣除项目金额20%即免征土地增值税的规定，是为了解决普通住房供应不足问题，鼓励房地产开发企业多开发普通住宅并以合理的价格销售。这项优惠政策是国家赋予纳税人的一项权利，既然是权利，纳税人应享有放弃权利的权利，即有权选择普通住宅和非普通住宅“不分别计算”。税务机关“强迫”纳税人享受国家税收优惠政策，实质上增加了纳税人的负担，违背了《土地增值税暂行条例》及《土地增值税暂行条例实施细则》设立土地增值税优惠政策的立法本意。①

有的税务机关认为，依据财税字〔1995〕48号第13条第2款、财税〔2006〕21号第1条第1款、②国税发〔2006〕187号第1条③，以及新疆维吾尔自治区地方税务局《关于土地增值税若干问题的通知》（以下简称新地税发〔2002〕150号）第7条④的规定，房地产开发企业开发的房地产项目中既有普通住宅，又有非普通住宅，还包括非住宅的，应当就不同类型房地产分别计算增值额、增值率。甚至有的税务机关认为，纳税人没有是否区分普通住宅与非普通住宅的选择权，对不区分普通住宅与非普通住宅的纳税人，应当进行处罚。

对于税务机关与房地产开发企业关于清算单位的争议，法院基本上支持税务机关的观点。

在“巴楚县新联公司与巴楚县地方税务局案”中，二审法院认为，“分别核算增值额的目的是分别计算土地增值税，通过分别核算增值额达到分别计算土地增值税，进而起到税收杠杆调节的作用，达到引导房地产经营方向，规范房地产市场的交

---

① 海南省海口市美兰区人民法院行政判决书，（2015）美行初字第51号。

② 财税〔2006〕21号第1条第1款规定，纳税人既建造普通住宅，又建造其他商品房的，应分别核算土地增值额。

③ 国税发〔2006〕187号第1条规定，土地增值税以国家有关部门审批的房地产开发项目为单位进行清算，对于分期开发的项目，以分期项目为单位清算。开发项目中同时包含普通住宅和非普通住宅的，应分别计算增值额。

④ 新地税发〔2002〕150号第7条规定，房地产开发企业转让不同类别的房地产的，应分别核算，申报缴纳土地增值税。

易秩序,合理调节土地增值收益分配,促进房地产开发的健康发展的目的。故新联公司主张'分别计算增值额,并不产生分别计算土地增值税,而是为了区分普通标准住宅'的上诉理由,没有法律依据,是对法律的曲解,不予采纳。财税字〔1995〕48 号第 13 条的规定,并没有赋予新联公司在分别核算增值额和分别计算土地增值税方面具有选择权……而是进一步对应该分别计算,没有分别核算的纳税人,普通标准住宅不得享受免税的规定,是一种惩罚性条款,而非选择性条款"。再审法院认为,原审法院适用法律、法规错误,指令二审法院重审,新联公司在二审法院重审过程中撤回再审申请。①

在"荣德公司诉海口市地方税务局案"中,一审法院认为,虽然财税字〔1995〕48 号第 13 条赋予了纳税人既可以"分别核算土地增值税",也可以"不分别核算土地增值税"的权利,但国税发〔2006〕187 号第 1 条第 2 款对分开清算作出了明确规定,这是对我国房地产开发企业土地增值税清算管理征收方式的进一步确认。

在"海南三正实业投资有限公司(以下简称三正实业公司)与海南省海口市地方税务局上诉案"②中,法院认为,海南省地方税务局《关于土地增值税有关问题的通知》(琼地税发〔2009〕104 号)是海南省地方税务局为贯彻国家税务总局《关于印发〈土地增值税清算管理规程〉的通知》而对土地增值税有关问题作的进一步明确。国税发〔2009〕91 号第 17 条规定,清算审核时,应审核……对不同类型房地产是否分别计算增值额、增值率,缴纳土地增值税。

综上所述,对将房地产细分为普通住宅、非普通住宅、其他类型房地产的目的究竟是什么,纳税人、税务机关与法院之间没有达成共识,即使是法院之间,观点也不

① 新疆维吾尔自治区巴楚县人民法院行政判决书,(2016)新 3130 行初 2 号;新疆维吾尔自治区喀什地区中级人民法院行政判决书,(2017)新 31 行终 7 号;新疆维吾尔自治区喀什地区中级人民法院行政裁定书,(2019)新 31 行再 3 号。

② 海南省海口市中级人民法院行政判决书,(2012)海中法行终字第 85 号。该判决书明确,三正实业公司进行土地增值税清算申报时,将普通住宅和非普通住宅合并清算,申报应缴、补缴土地增值税为 0。海口市地税局认为,依据 2009 年 6 月 29 日由海南省地方税务局下发的《关于土地增值税有关问题的通知》(琼地税发〔2009〕104 号),对同一清算单位的房地产项目中同时包含普通住房和非普通住房的,应分别计算普通住房和非普通住房的增值额、增值率,遂于 2012 年 2 月 7 日向三正实业公司作出《土地增值税清算税款缴纳通知书》[海口市地税清缴(2012)2 - 1 号],要求三正实业公司缴土地增值税 320 余万元。

同,如财税字〔1995〕48号第13条究竟是赋予纳税人选择的权利,还是命令纳税人必须细分,以上两案中的法院对此的观点就不一致。

笔者认为,虽然财税字〔1995〕48号第13条、财税〔2006〕21号第1条第1款、国税发〔2006〕187号第1条以及新地税发〔2002〕150号第7条都用了"应"字,让税务机关机关和法院认为房地产开发企业申报缴纳土地增值税时,必须将房地产进一步细分,但细究起来,这些文件的规定仍有待完善之处:首先,这些文件的制订未充分考虑房地产开发企业的利益。在分类计算增值额的情况下,不同类型房地产之间的盈利与亏损不能相互抵消,有时会出现房地产开发企业在某开发项目并未盈利,却因为分类计算增值额而需要缴纳土地增值税的情况。其次,这些文件的制订未充分考虑《土地增值税暂行条例》第8条第1款的立法目的。该条规定,纳税人建造普通标准住宅出售,增值额未超过扣除项目金额20%的,免土地增值税,这毫无疑问是一个税收优惠措施。没有任何法律会强迫纳税人接受税收优惠措施。假如纳税人不愿意接受这个税收优惠措施,或者觉得其不符合享受这个优惠的条件,是没有必要将房地产细分为普通标准住宅和其他类型房地产的。最后,《土地增值税暂行条例》及《土地增值税暂行条例实施细则》都没有规定房地产开发企业必须将房地产细分为普通住宅与其他类型住宅计算增值额。

在强调保护纳税人权益、不能收"过头税"的今天,上述要求房地产开发企业一定要将房地产细分为普通住宅和其他类型房地产的规定显然已不合时宜。通过细分房地产类型多收土地增值税并不能发挥税收杠杆调节作用,也不能达到规范房地产市场交易、促进房地产开发市场健康发展的目标。因此,有的地方规范性文件规定,纳税人申请放弃享受普通住宅税收优惠政策的,不需要区分普通住宅与非普通住宅,如安徽省①和前述提到的深圳市。

---

① 安徽省地方税务局公告2017年第6号第52条规定,纳税人按照本办法第21条规定办理清算申报时,对同一开发项目或同一分期项目中既建有普通标准住宅又建有非普通标准住宅(其他类型房地产)的,如纳税人在清算报告中就其普通标准住宅申请免征土地增值税,应分别计算增值额、增值率以及应缴的土地增值税;如纳税人在清算报告提出放弃申请免征普通标准住宅土地增值税权利的,应以整个开发项目为对象,统一计算增值额、增值率以及应缴的土地增值税。

第十节　因尾盘处理引发的争议

一、尾盘的单位建筑面积可扣除项目金额应该如何计算

对在土地增值税清算时未转让的房地产，在清算后销售或有偿转让的，国税发〔2006〕187号规定，纳税人应按规定进行土地增值税的纳税申报，扣除项目金额按清算时的单位建筑面积成本费用乘以销售或转让面积计算：

单位建筑面积成本费用＝清算时的扣除项目总金额/清算的总建筑面积

笔者认为，尾盘扣除项目金额应该按清算时的单位建筑面积可扣除项目金额乘以销售或者转让的建筑面积计算，单位建筑面积可扣除项目金额＝清算时的扣除项目总金额/总可售建筑面积。清算时的扣除项目总额应该剔除纳税人进行清算时扣除的与转让房地产有关的税金。比如，深圳市税务局规定，单位建筑面积成本费用（不含与转让房地产有关的税金）＝房地产开发项目总扣除项目金额（不含与转让房地产有关的税金）/房地产开发项目的总可售建筑面积。① 因为从字面意思理解，单位建筑面积成本费用不包括20%的加计扣除，扣除项目总金额只能在总可售建筑面积中分摊，对于不可售建筑面积，其成本费用依法不能扣除。在计算总的尾盘扣除项目金额时，还应该扣除销售尾盘时支付的税金。

二、能否二次清算

对于房地产开发企业在清算时未取得发票的巨额成本支出，其在清算时未能作为成本扣除，在土地增值税清算后才取得发票，以及房地产开发企业在清算前已按较高的增值率对其缴纳了巨额土地增值税，清算后的尾盘价格暴跌的，或者尾盘主要是车位的等，假如对其重新清算，一方面，会加重税务机关的工作负担；另一方面，

---

① 国家税务总局深圳市税务局公告2019年第8号第31条规定，清算后尾盘申报时，扣除项目金额按清算时的单位建筑面积成本费用（不含与转让房地产有关的税金）乘以清算后转让的面积再加上清算后转让时缴纳的与转让房地产有关的税金计算。单位建筑面积成本费用（不含与转让房地产有关的税金）＝房地产开发项目总扣除项目金额（不含与转让房地产有关的税金）/房地产开发项目的总可售建筑面积。

可能导致房地产开发企业少缴土地增值税。比如，尾盘以地下车位为主，除一线城市外，地下车位的售价绝大部分低于成本，在车位分摊土地成本时更甚，因此，有可能清算时少扣了成本，增加了增值率，导致房地产开发企业多缴纳了土地增值税。但是，相关法规并没有就是否可以重新清算作出规定。

笔者认为，应当允许房地产开发企业重新清算，理由如下：重新清算有利于更好地实现土地增值税法规的立法宗旨，制定《土地增值税暂行条例》的目的之一是合理调节土地增值收益，既然法律规定以清算单位进行土地增值税清算，那么就应当以一个清算单位的增值额、增值率来确定纳税人的土地增值税税负。对于增值率高的开发项目，在其未全部销售完毕时就进行土地增值清算，能保证国家及时足额收到土地增值税。对于增值率低甚至负增值的开发项目，在其未全部销售完毕时即进行土地增值清算，能及时退还纳税人多预缴的土地增值税。也就是说，在开发项目未全部销售的情况下进行土地增值税清算，只是为了保证国家财政收入或者避免长时间占用纳税人的资金，不宜因土地增值税清算环节的设置而加重纳税人的税收负担。因此，部分地区是允许土地增值税二次清算的，如北京市。[①]

三、能否就所有尾盘合并缴纳土地增值税

大部分地区要求尾盘销售按月申报缴纳土地增值税，例如，深圳市税务局规定，清算后再转让的，纳税人应按月汇总，并在次月纳税期限内申报缴纳土地增值税。[②] 有的地方要求按季申报缴纳，如北京市。[③] 有的地区允许纳税人作出选择，选择按月

① 北京市地方税务局《关于土地增值税清算管理若干问题的通知》（京地税地〔2007〕325 号）第 5 条规定，纳税人在项目完成清算后继续支付并取得合法有效凭证的成本和费用，主管税务机关可根据实际情况重新调整扣除项目金额，但原则上应在项目全部销售完毕时进行调整。

② 国家税务总局深圳市税务局公告 2019 年第 8 号第 30 条规定，在土地增值税清算时未转让的房地产，清算后再转让的，纳税人应按月汇总，并在次月纳税期限内申报缴纳土地增值税。

③ 北京市地方税务局公告 2016 年第 7 号第 46 条规定，土地增值税清算时未转让的房地产，纳税人清算后转让的（以下简称清算后再转让房地产），按以下规定办理：(1) 清算后再转让房地产的纳税人应在每季度终了后 15 日内进行纳税申报（含零申报）……

预缴,在年度终了后进行申报缴纳,如重庆。①

尾盘很难在一个月或者一个季度内销售完毕,这可能导致房地产开发企业需要就售价高的房屋缴纳高额土地增值税,而当某套房屋的销售价格低,尤其是出现亏本时,房地产开发企业却不能将不同月份售价低的房屋与售价高的房屋合并在一起申报缴纳土地增值税。为保障税负公平,是否可以将所有尾盘一并申报缴纳税款?目前的法规并未对此作出明确规定。

① 重庆市地方税务局《关于土地增值税若干政策执行问题的公告》(重庆市地方税务局公告 2014 年第 9 号)第 1 条第 5 项第 3 目规定,清算后转让房产土地增值税应按月计算,于次月征收期内申报缴纳;清算后转让房产涉及上述后续扣除的,土地增值税应按月预缴、按年计算,于年度终了后 15 日内申报,在主管税务机关规定的期限内缴纳。

第六章　引发风险及争议的原因分析

土地增值税之所以会给纳税人与税务机关都带来风险，且容易引发征纳双方矛盾，原因在于土地增值税立法的不完善、税收执法不规范、纳税人税法遵从度不高、民法和税法就同一事实的认定不一致等，其中最主要的原因是立法有待完善。

第一节　部分规范性文件的合法性问题

《土地增值税暂行条例》共计 15 条，《土地增值税暂行条例实施细则》共计 24 条，两者规定的内容可操作性较低，导致税务机关主要依据税务规范性文件进行土地增值税征管。《税务规范性文件制定管理办法》第 2 条规定，税务规范性文件，是指县以上税务机关依照法定职权和规定程序制定并发布的，影响税务行政相对人权利、义务，在本辖区内具有普遍约束力并反复适用的文件。

作为国务院财政部门的财政部、作为国务院直属机构的国家税务总局，以及各省、自治区、直辖市和设区的市、自治州的人民政府有权制定规章，也有权制定规范性文件。因规章属于广义法的范畴，可以作为法院判案的法律依据，规范性文件不属于法的范畴，因此，有必要区别有权制定规章的政府机构制定的到底是规章，还是规范性文件。根据《立法法》及《税务部门规章制定实施办法》的规定，财政部、国家税务总局制定的规章应当符合以下条件：一是由院务会议审议通过；二是由财政部部长或者国家税务总局局长签署命令公布。比如，《税务行政复议规则》于 2010 年 2 月 10 日经国家税务总局令第 21 号公布，即为规章。地方规章应该符合以下条件：一是经政府常务会议或者全体会议决定；二是由省长、自治区主席、市长或者自治州州长签署命令予以公布。

但需要注意的是，有些设区的市人民政府制定的并不是规章，比如，株洲市人民政府办公室《关于印发〈株洲市存量房交易税收征收管理暂行办法〉的通知》（株政办发〔2012〕11 号）不是规章，因为株洲市人民政府在 2012 年还没有制定规章的权力。2015 年《立法法》在修改之后，才于第 82 条赋予设区的市人民政府规章制定权。①

法律的制定需要经历法律草案的提出、审议、表决、公布 4 个程序。在一般情况下，法律草案会向社会公布，向各界广泛征求意见，经过 3 次以上的审议。而税务规范性文件没有这么严格的制定程序，相对比较草率。因此，部分税务规范性文件存在以下 4 种现象。

一、超越制定机关的法定职权制定税务规范性文件

虽然县级以上税务机关有制定税务规范性文件的权力，但是，这种权力受到严格限制。比如，县级税务机关制定税务规范性文件必须有法律、法规、规章或者省级以上税务机关规范性文件的明确授权，没有授权又确需制定税务规范性文件的，应当提请上一级税务机关制定。各级税务机关的内设机构、派出机构和临时性机构，不能以自己的名义制定税务规范性文件。②

规范性文件的制定机关不能超越授权范围。以《土地增值税暂行条例实施细则》第 16 条为例，③该条只赋予了地方税务机关就土地增值税预征与清算的具体方法制定规范性文件的权力，没有授予地方税务机关就土地增值税收入、可扣除项目的增减制定相关规范性文件的权力。但事实是，部分地方税务机关对土地增值税收入和可扣除项目的增减已经作出了规定。

① 《立法法》第 82 条规定，省、自治区、直辖市和设区的市、自治州的人民政府，可以根据法律、行政法规和本省、自治区、直辖市的地方性法规，制定规章。

② 《税务规范性文件制定管理办法》（国家税务总局令第 50 号）第 6 条。

③ 《土地增值税暂行条例实施细则》第 16 条规定，纳税人在项目全部竣工结算前转让房地产取得的收入，由于涉及成本确定或其他原因，而无法据以计算土地增值税的，可以预征土地增值税，待该项目全部竣工、办理结算后再进行清算，多退少补。具体办法由各省、自治区、直辖市地方税务局根据当地情况制定。

二、通过转授权制定税务规范性文件

我国立法明令禁止转授权立法。《立法法》第 8 条规定，税种的设立、税率的确定和税收征收管理等税收基本制度，只能制定法律。同时，该法第 9 条规定，本法第 8 条规定的事项尚未制定法律的，全国人民代表大会及其常务委员会有权作出决定，授权国务院可以根据实际需要，对其中的部分事项先制定行政法规。由此可见，我国允许在一定条件下授权立法。授权立法，是指一个立法主体将立法权授予另一个能够承担立法责任的机关，该机关根据授权要求所进行的立法活动。① 但是，《立法法》第 12 条规定，被授权机关不得将被授予的权力转授给其他机关。

《税务规范性文件制定管理办法》也同样禁止转授权制定税务规范性文件，该办法第 11 条规定，上级税务机关需要下级税务机关对规章和税务规范性文件细化具体操作规定的，可以授权下级税务机关制定具体的实施办法，被授权税务机关不得将被授予的权力转授给其他机关。但是，转授权行为依然存在。

财政部与国家税务总局在财税字〔1995〕48 号中，将土地增值税预征率设定权授予省、自治区、直辖市地方税务局，由省级税务机关根据当地情况设定土地增值税预征率，而有的省则转授权下级税务机关制定土地增值税预征率，如山东省地方税务局公告 2017 年第 5 号第 14 条规定，各市地方税务局应当按照普通住房、非普通住房和其他房地产 3 种类型，科学、合理地确定预征率进行预征。

三、部分税务规范性文件的内容与上位法相冲突

（一）部分税务规范性文件设定了行政处罚

根据《行政处罚法》第 14 条的规定，税务规范性文件不能设定行政处罚。但是，有些税务规范性文件却设定了处罚条款。以湖南省地方税务局公告 2015 年第 4 号为例，该公告规定，普通标准住宅、非普通标准住宅、非住宅的核定征收率分别为 5%、6%、6%，对符合清算条件但未按规定期限办理清算手续，经税务机关责令期限

① 参见陈伯礼：《授权立法研究》，法律出版社 2000 年版，第 13 页。

清算,逾期仍不清算的,核定征收率为10%。将正常情况下5%、6%的核定征收率提升到10%,事实上就是一种行政处罚。《土地增值税暂行条例》及其实施细则对未按期进行土地增值税清算的企业如何处罚未作出规定,规范性文件无权独创行政处罚。即使是行政法律、规章,其设置行政处罚的权力都受到严格限制,行政法规只能设定除人身自由以外的行政处罚,地方性法规只能设定除限制人身自由、吊销营业执照外的行政处罚,而规章则只能在法律、行政法规给予行政处罚的行为、种类和幅度内作出具体规定。

(二)部分税务规范性文件设定了税收征管制度

《立法法》第8条规定,税种的设立、税率的确定和税收管理等税收基本制度只能制定法律。但是土地增值税的征管制度大部分来自税务规范性文件。比如,财税字〔1995〕48号规定合作建房暂免征收土地增值税,个人互换住房免征土地增值税,如何界定新房与旧房,如何确定旧房的扣除项目金额,契税、评估费用是否可以扣除等;国税发〔2006〕187号规定了土地增值税的清算单位,清算条件,扣除项目,核定征收等重要问题。此外,地方各级税务机关就土地增值税征管还制定了海量的规范性文件,这些规范性文件成为各地税务机关征管土地增值税的主要依据。

税务规范性文件与法规相冲突的,应当无效。但是,税务规范性文件与法规不协调的情况并不鲜见。比如,对利息如何扣除的问题,《土地增值税暂行条例实施细则》规定,只有在房地产开发企业能按转让房地产项目计算分摊并提供金融机构证明,且利率未超过商业银行同类同期贷款利率的情况下,才能据实扣除。即使据实扣除的,也只能计入开发费用项目中扣除。但琼地税函〔2007〕356号规定,"房地产开发企业为建造房地产项目向金融机构借款发生的利息支出,属于房地产项目完工前发生的,按规定计入房地产开发成本予以扣除;属于房地产项目完工后发生的,应计处入财务费用按规定予以扣除"。根据这个规定,开工期间向金融机构借款发生的利息,可以超过商业银行同类同期贷款利率,也不受"能按转让房地产项目计算分摊"的约束,而且可作为开发成本加计20%扣除。

四、没有上位法依据增加纳税人义务或者减损纳税人合法权益

《立法法》之所以规定对税种的设立、税率的确定和税收管理等税收基本制度只能制定法律,源于税收法定原则。“无代表,不纳税”,非经立法,不能增加纳税人的义务或者减损纳税人的权益。即使是规章,也不得设立减损纳税人权利或者增加其义务的规范,税务规范性文件更该如此。但是,少部分税务规范性文件存在此类问题。

比如,财政部、国家税务总局公告2021年第21号规定了一些企业改制重组暂不征土地增值税的情形,之所以出台这个规定,是因为当一个人将自己的东西从左口袋放入右口袋、将一个口袋的东西放到自己的两个口袋,或者将自己两个口袋的东西装入一个口袋的时候,实质上没有发生交易,假如以左口袋与右口袋是独立的民事主体为由征收税款,则会阻碍市场经济的发展。也就是说,规定单位、个人在改制重组时以房地产作价入股进行投资,将房地产转移、变更到分立或者合并企业的暂不征土地增值税,是应该且必需的。

但是,财政部、国家税务总局公告2021年第21号却规定,这些改制重组有关的土地增值税政策不适用于房地产转移任意一方为房地产开发企业的情形。这个规定严重阻碍了房地产开发企业的重组改制,影响房地产开发企业对土地的开发利用。虽然财税〔2016〕140号第8条规定,房地产开发企业受让土地向政府部门支付土地价款后,设立项目公司对该受让土地进行开发,符合3个条件的,可由项目公司按规定扣除房地产开发企业向政府部门支付的土地价款,从而达到房地产开发企业将土地使用权交由项目公司开发而不缴纳土地增值税的目标。① 但是,这3个条件过于严苛。首先,需要与政府部门签订补充协议,只要政府部门不同意签订变更协议或者补充协议,房地产开发企业即需要就这种投资行为承担土地增值税纳税义

① 财税〔2016〕140号第8条规定,房地产开发企业(包括多个房地产开发企业组成的联合体)受让土地向政府部门支付土地价款后,设立项目公司对该受让土地进行开发,同时符合下列条件的,可由项目公司按规定扣除房地产开发企业向政府部门支付的土地价款。(1)房地产开发企业、项目公司、政府部门三方签订变更协议或补充合同,将土地受让人变更为项目公司;(2)政府部门出让土地的用途、规划等条件不变的情况下,签署变更协议或补充合同时,土地价款总额不变;(3)项目公司的全部股权由受让土地的房地产开发企业持有。

务；其次，假如土地使用权已登记在项目公司名下，当项目公司不能开发，需要把土地使用权交还给房地产开发企业时，需要走复杂的评估程序，且由项目公司承担土地增值税纳税义务；最后，项目公司不能引进其他投资，股权只能由房地产开发企业持有。

假如纳税人认为，税务机关税收征管所依据的是不合法的规范性文件，在申请税务行政复议以及提起税务行政诉讼的时候，有权要求行政复议机关、法院对该规范性文件一并进行审查。法院可以从规范性文件制定机关是否超越权限或者违反法定程序制定文件、税务机关作出行政行为所依据的条款，以及相关条款等方面进行审查。[①] 比如，“在浙江广鸿房地产开发有限公司（以下简称广鸿地产）诉杭州市地方税务局稽查局案”中，广鸿地产申请对2011年4月11日国家税务总局的答复、国家税务总局《关于印发〈重大税务案件审理办法（试行）〉的通知》（国税发〔2001〕21号，已失效）、浙江省地方税务局《关于印发〈浙江省地税系统重大税务案件审理暂行办法〉的通知》（浙地税发〔2003〕28号）一并进行合法性审查。[②] 在“张某来诉天津市税务局第二稽查局案”中，张某来申请对天津市地方税务局《关于征收土地增值税问题的通知》（津地税地〔2005〕11号，已废止）进行合法性审查。[③]

不合法税务规范性文件除有上述表现形式外，还有其他不合法情形，例如，限制或者剥夺上位法赋予纳税人的权利，增加纳税人的义务，[④]违反上位法的立法目的等。因部分税务规范性文件存在上述不合法情形，从而在纳税人与税务机关之间引发争议。

---

① 最高人民法院《关于适用〈中华人民共和国行政诉讼法〉的解释》第148条规定，人民法院对规范性文件进行一并审查时，可以从规范性文件制定机关是否超越权限或者违反法定程序、作出行政行为所依据的条款以及相关条款等方面进行。

② 杭州铁路运输法院行政判决书，（2016）浙8601行初225号。

③ 天津市高级人民法院行政裁定书，（2018）津行申501号。

④ 根据《税收征收管理法》第54条及其实施细则第86条的规定，税务机关有权检查纳税人的账簿、记账凭证……必要时，经县以上税务局（分局）局长批准，可以将纳税人、扣缴义务人以前会计年度的账簿、记账凭证、报表和其他有关资料调回税务机关检查。在这些条文中，没有要求账簿、记账凭证必须是原件。国税发〔2009〕91号第12条第3项规定，主管税务机关需要相应项目记账凭证的，纳税人还应提供记账凭证复印件。而《贵州省土地增值税清算管理办法》第24条第4项规定，主管地方税务机关需要相应项目记账凭证的，房地产开发企业还应提供记账凭证原件及复印件。很显然，《贵州省土地增值税清算管理办法》第24条第4项提供记账凭证原件的要求增加了纳税人的义务。

第二节　税务机关执法的规范性问题

一、个别税收征管依据的规范性问题

依法行政、税收法治都要求税务机关依法进行税收征管，由于立法有待完善，且个别税务人员法治意识不强，在税收征管中不太关注土地增值税法规，因此部分争议是由个别税务机关将内部工作指引、批复、工作简报等作为税收征管依据导致的。在“海南华城房产开发有限公司诉海口市税务局、海南省税务局案”中，二审判决书 11 次提到《土地增值税征管与清算工作》简报第 4 期（土地增值税清算工作领导小组办公室 2011 年 11 月 3 日），海口市税务局将《土地增值税征管与清算工作》简报第 4 期作为划分普通住宅与非普通住宅、衡量销售房地产价格是否偏低、分摊普通住宅与非普通住宅可扣除项目的依据。海口市税务局在上诉中提到，《土地增值税征管与清算工作》简报第 4 期的指导性规定，经实践后在该省存在一些问题，故已被新的规范性文件所取代。指引、批复、工作简报等不能作为税收征管依据，也不应当作为法院判案的依据。但是，二审法院仍以海口市税务局自认为存在问题的工作简报为依据判华城公司败诉。① 华城公司向海南省高级人民法院提请再审，申请被驳回。②

二、个别税务机关执法过程中对法定程序的重视有待进一步加强

任何行政行为，不仅应当实体合法，同时应当做到程序合法。③ 假如税务机关在土地增值税征管过程中违反“法定程序”，即使其作出的处理处罚决定有充分的事实证据，有正确的法律依据，也会因为程序的合法性问题而被认定为不规范行政。以税务行政处罚为例，假如税务机关在作出行政处罚之前未在法定时间内告知纳税人其有处罚听证的权利，或者未书面告知其处罚听证的时间、地址，则作出的处罚决定无效。

---

① 海南省海口市中级人民法院行政判决书，（2018）琼 01 行终 273 号。

② 海南省高级人民法院行政裁定书，（2020）琼行申 51 号。

③ 参见胡建淼：《行政执法：从法定程序到正当程序》，载《学习时报》2021 年 5 月 26 日，A2 版。

土地增值税征管过程中存在税务人员不注重程序合法的现象。在“环球置业公司诉孝感市税务局稽查局案”中，重大案件审理委员会认定环球置业公司偷税。但是，重大案件审理委员会只有负责人杜某签发的会议纪要（2017 年 12 月 29 日和 2018 年 3 月 15 日两次纪要），没有会议记录，没有参会人员名单以及审理委员会成员单位及入会人员的发言和签名，环球置业公司认为，孝感市税务局稽查局程序不合法，湖北省云梦县人民法院赞同环球公司的主张，判决撤销孝感市地方税务局稽查局作出的（2018）3 号《税务行政处罚决定书》和湖北省地方税务局作出的（2018）4 号《行政复议决定书》。①

在“大宇陶瓷公司诉恩平市地方税务局案”中，恩平市地税局在未制作强制执行决定书，也未向大宇公司送达强制执行决定书的情况下，从其银行账户划走土地增值税 1024 万元。② 恩平市地税局举证证明其已对大宇公司进行过催告，却未提及其作为行政机关，在强制执行划走大宇公司银行存款时，应当遵守《行政强制法》。《行政强制法》规定，经催告，当事人逾期不履行行政决定，且无正当理由的，行政机关可以作出强制决定，强制执行决定应当以书面形式作出，并应当将强制执行决定书直接送达当事人。③

三、执法口径有待进一步统一

由于《土地增值税暂行条例》及其实施细则规定的内容简单，可操作性不强，加之我国幅员辽阔，各地经济发展水平不均衡，房地产价格差异大，导致各地出台的土地增值税政策不同。同一个行为，在不同地区产生的土地增值税不一样，比如，不同的预征率，会导致巨额的土地增值税预缴差异；不同清算单位的划分，即采用“两分

① 湖北省云梦县人民法院行政判决书，（2018）鄂 0923 行初 21 号。

② 广东省江门市中级人民法院行政判决书，（2015）江中法行终字第 60 号。

③ 《行政强制法》第 37 条规定，经催告，当事人逾期仍不履行行政决定，且无正当理由的，行政机关可以作出强制执行决定。强制执行决定应当以书面形式作出，并载明下列事项：（1）当事人的姓名或者名称、地址；（2）强制执行的理由和依据；（3）强制执行的方式和时间；（4）申请行政复议或者提起行政诉讼的途径和期限；（5）行政机关的名称、印章和日期。第 38 条规定，催告书、行政强制执行决定书应当直接送达当事人。当事人拒绝接收或者无法直接送达当事人的，应当依照《民事诉讼法》的有关规定送达。

法”(住宅与非住宅)、“三分法”(普通住宅、非普通住宅、非住宅),还是“四分法”(普通住宅、非普通住宅、商业用房、其他)来确定最小核算单位,计算出来的土地增值税额不一致。在各地有分支机构的房地产开发企业对不同执法口径的感受最为明显,会不由自主地将各地执法口径进行比较,从而认为某些地区的税收政策不公平、不合理。

四、个别税务人员学习主动性有待加强

税收征管工作对税务人员的要求非常高,一方面,需要其对相关税收法律制度有深入的了解;另一方面,需要其对相关法规有一定的研究。比如,稽查人员有必要学习《行政强制法》《行政处罚法》《行政复议法》《行政诉讼法》等相关法规,因为税务稽查属于行政执法行为,若缺乏系统的行政法律知识,在工作中难免出现失误。

税收征管人员只有认真学习《民法典》《公司法》等,才能判别纳税人的行为是否应该交税,应该缴纳什么税,缴纳多少税。因为民商事法规是判断合同、民事行为性质的依据,而不同类型的合同、不同的民事行为产生的税收效果是不一样的。在“鑫城公司与顺德税局案”中,①顺德税局之所以将地下人防工程车位租赁合同认定为不动产转让合同,就是因为税务人员对物权、合同等相关法律缺乏了解。又如,了解物权相关法律知识的人就会知道,不能参照国家税务总局《关于未办理土地使用权证转让土地有关税收问题的批复》(国税函〔2007〕645 号)进行执法。因为这个批复是 2007 年作出,2008 年出台的《物权法》(已失效)明确规定过户登记才能发生物权变更的效力。未通过合法的权属变更登记,即使土地使用者享有占有、使用、收益或处分土地的权利,且有合同等证据表明其实质转让,也不发生物权转让的效力,不应该征收土地增值税。

而且,税务人员只有精通相关法律,了解一定的财务知识,才能辨别纳税人的税收违法行为。税务人员缺乏相关知识会导致执法错误。纳税人不了解相关法律制度,但能感受到税务人员的执法行为是否合理、公正。税务人员的执法一旦违背立法宗旨,与立法精神相驳,即有可能使纳税人与税务机关产生争议。

---

① 广东省佛山市顺德区人民法院行政判决书,(2015)佛顺法行初字第 53 号。

第三节　纳税人税法遵从度有待提高

一、纳税人不愿意遵守土地增值税法规

土地价值主要受社会因素的影响，如人口集聚、国家发展战略、城市化、城市规划等，即有些土地增值不完全是依靠土地使用权人的努力、辛勤劳动或者聪明才智实现的，因此国家有权要求土地使用权出让人将部分土地增值返还社会。[①] 但是，利益最大化是市场主体的追求目标，纳税人对税负，尤其是高额税负有一种天然的抗拒。

在“清澜钛矿案”中，清澜钛矿拍卖土地使用权取得收入3631万元，因清澜钛矿通过划拨方式取得该土地，未支付过土地出让金，且转让的是工业用地使用权，没有地上建筑物，也未就地上建筑物提供产权证明和价值评估报告，故文城税务分局未作任何项目金额扣除，要求清澜钛矿缴纳土地增值税2166万元，且文城税务分局的此处理决定被文昌市人民法院支持。这个案件中纳税人的土地增值税税负比例高达59.6%。[②] 在“关某华诉佛山市南海区税务局狮山税务分局案”中，关某华拍卖土地使用权，拍卖款17.5亿余元，狮山税务分局要求关某华缴纳土地增值税9.96亿元，关某华的土地增值税税负比例高达56.9%。[③]

以上两案并非个例。假设某个开发项目的增值率超过200%，则每增加100元不含增值税收入，将缴纳土地增值税60元。[④] 缴纳企业所得税10元[(100－60)×25%＝10元]。换言之，房地产开发企业的部分不含增值税收入，最高税负比例可能达到70%。追求利益最大化的房地产开发企业很难接受如此高的税负。因此，房地产开发企业会尽量采取措施降低增值率，以达到少缴税款的目的。

---

① 参见程雪阳:《土地发展权与土地增值收益的分配》，载《法学研究》2014年第5期。

② 海南省文昌市人民法院行政判决书，(2018)琼9005行初42号。

③ 广东省高级人民法院行政裁定书，(2019)粤行申2657号。

④ 当增值率超过200%时，增加的收入在计算土地增值税时不需要考虑速算扣除数，因为扣除项目金额是固定的。

二、纳税人守法面临困难

（一）税务规范性文件变动较频繁

由于税务规范性文件的制定没有严格的程序性要求，地方政府、地方财政部门和地方税务机关在制定税务规范性文件时具有一定的随意性，容易作出制定、修改、废止税务规范性文件的决定。以海南为例，琼地税函〔2007〕356 号第6 条从容积率、单套建筑面积、实际成交价格三个方面对普通住宅进行确认，并对“实际成交价格”作了详细规定。但不到一年时间，海南省人民政府下发的《关于促进房地产业持续稳定健康发展的意见》（琼府〔2008〕74 号）第 9 条就将享受税收优惠政策普通住房标准调整为：同时具备住宅小区容积率 1.0 以上，单套建筑面积 144 平方米以下（含 144 平方米）两个条件。

海南的情况不是个例，天津也有类似情况。天津 5 年出台 3 个土地增值税清算文件，分别是天津市地方税务局《关于明确土地增值税清算若干问题的通知》（津地税地〔2011〕24 号）、天津市地方税务局公告 2015 年第 9 号、天津市地方税务局《关于土地增值税清算有关问题的公告（2016）》（天津市地方税务局公告 2016 年第 25 号），其中，天津市地方税务局公告 2015 年第9 号的有效期只有一年零一个月（2015 年 11 月1 日～2016 年 12 月31 日）。

（二）部分税务规范性文件晦涩难懂

部分规范性文件缺乏逻辑性、用词不明确，纳税人了解、掌握并正确适用这些文件存在困难。以财政部、国家税务总局公告 2021 年第 21 号为例，该公告第 3 条规定，按照法律规定或者合同约定，企业分设为两个或两个以上与原企业投资主体相同的企业，对原企业将房地产转移、变更到分立后的企业，暂不征土地增值税。该条规定对分立后的企业与原企业只要求股东名字一致？还是要求持股比例也一致？该公告对此并未明确。该公告第 4 条规定，单位、个人在改制重组时以房地产作价入股进行投资，对其将房地产转移、变更到被投资的企业，暂不征土地增值税。这里的“（被投资企业）改制重组时”具体是指什么时间段，从什么时候开始，到什么时候截止？公告对此未予明确。

财税〔2016〕140 号第 8 条规定，房地产开发企业将土地交由项目公司开发的，符合条件的情况下，可由项目公司扣除房地产开发企业向政府部门支付的土地价款。这个条款有两处不明确：一是房地产开发企业支付了土地价款，且办理了土地使用权证，再设立项目公司对该土地进行开发的，是否可以适用这个文件？二是土地使用权是否必须过户到项目公司名下？

再如，财政部、国家税务总局《关于企业重组业务企业所得税处理若干问题的通知》（财税〔2009〕59 号）规定，被分立企业所有股东按原持股比例取得分立企业的股权是进行特殊税务处理的条件之一，该通知同时又规定，假如被分立企业的股东取得分立企业的股权（以下简称“新股”），以放弃原持有的被分立企业的股权（以下简称“旧股”）为条件，则“新股”的计税基础应以放弃“旧股”的计税基础为前提予以确定。[①] 这种表述给纳税人造成了困扰，股东放弃被分立企业的股权之后，怎么还能做到在分立企业与被分立企业中的持股比例一样？

第四节　民法和税法就同一事实的认定不一致

税收机关需要基于民法对民事法律关系性质的认定征税，在《民法典》及其他民事法律规范认定民事行为的性质、交易金额的大小、财产归属等基础法律关系的基础上，税务机关才能作出是否征税、向谁征税、应该征多少税、什么时候征税等判断。换言之，民法是实施税法的基础，民事法律关系是确定税收法律关系的前提。但是，由于民法与税法的完善程度不一样，二者规范原则、立法目的不一样等，实务中经常

① 财政部、国家税务总局《关于企业重组业务企业所得税处理若干问题的通知》（财税〔2009〕59 号）第 6 条第 5 项规定，企业分立，被分立企业所有股东按原持股比例取得分立企业的股权，分立企业和被分立企业均不改变原来的实质经营活动，且被分立企业股东在该企业分立发生时取得的股权支付金额不低于其交易支付总额的 85%，可以选择按以下规定处理……被分立企业的股东取得分立企业的股权，如需部分或全部放弃原持有的被分立企业的股权，“新股”的计税基础应以放弃“旧股”的计税基础确定。如不需放弃“旧股”，则其取得“新股”的计税基础可从以下两种方法中选择确定：直接将“新股”的计税基础确定为零；或者以被分立企业分立出去的净资产占被分立企业全部净资产的比例先调减原持有的“旧股”的计税基础，再将调减的计税基础平均分配到“新股”上。

发生争议。

一、有些交易模式虽然已在市场经济活动中存在，但民事法规、税法未对其进行特别调整

例如，在让与担保中，让与担保，是指债务人或者第三人为了担保债权人债权的实现，将担保的权属（通常是所有权）整体让渡给债权人。让与担保是一种常见的债权担保方式，但《民法典》没有对其作出规定。可一旦当事人产生纠纷并诉诸法院，法院不能以《民法典》及其他民事法规没有相关规定为由拒绝审判案件。在司法实务中，假如让与担保合同约定，债务人到期未能履行债务，担保物即归债权人所有，法院就会根据《民法典》第401条、第428条的规定判决该约定无效，因为债权人不能直接享有担保物的所有权。① 即使担保物登记在债权人名下，债权人也不能就担保物享有所有权，债权人只能在债务人未能及时清偿债务时从担保物拍卖、变卖的价款中优先受偿。

但当让与担保涉及税收时，税务机关对让与担保的处理与民法的认定不一致，税务机关会认定担保物归债权人（让与担保权人）所有。当作为担保物的不动产被拍卖变卖时，税务机关会向债权人（让与担保权人）征土地增值税，理由是该不动产登记在债权人（让与担保权人）名下，在税法没有专门就让与担保作出特别规定的情况下，税务机关不能因一纸让与担保合同免除债权人（让与担保权人）的纳税义务。

二、有时民法和税法对同一个行为都进行了规范，但由于民法和税法归属于不同的法律部门，作出的规定不一样，从而纳税人与税务机关发生争议

《民法典》关于取得不动产产权的时间与税收法规规定的不一致，这点在本

---

① 《民法典》第401条规定，抵押权人在债务履行期限届满前，与抵押人约定债务人不履行到期债务时抵押财产归债权人所有的，只能依法就抵押财产优先受偿。第428条规定，质权人在债务履行期限届满前，与出质人约定债务人不履行到期债务时质押财产归债权人所有的，只能依法就质押财产优先受偿。

书第五章第六节有讨论，以及《民法典》规定不动产物权权属变更必须进行登记，这也与《土地增值税暂行条例》等土地增值税法规语境下的不动产产权转让不一致。

在“同盛公司诉郑州经济开发区税务局案”中，平顶山市昌茂物资贸易有限公司（以下简称昌茂公司）投资6800万元，以持有同盛公司45%股份的形式，与同盛公司合作建房。郑州经济开发区税务局认为，昌茂公司与同盛公司不是合作建房，而是房屋买卖关系，要求同盛公司缴纳土地增值税、印花税、地方教育附加、教育费附加、城市维护建设税合计980余万元，以及增值税460余万元。同盛公司不服，不服的依据是（2019）豫民再689号民事判决书。该判决书认定，昌茂公司与同盛公司签订的《合作建房协议书》及《补充协议（四）》均系双方真实意思表示，其内容不违反法律、法规的强制性规定，双方系合作建房关系。根据财税字〔1995〕48号第2条的规定，其不应该缴纳土地增值税、增值税等。①

该案争议的焦点是同盛公司与昌茂公司是否是合作建房关系。对何为合作建房，不同的法规作出了不同的规定。

在《民法典》以及已经失效的《合同法》中，合作建房合同不是典型合同，二者都没有对其作出明确规定。但是，合作建房合同不是典型合同，并等同《民法典》对其没有进行规范。根据《民法典》第467条的规定，对非典型合同，可以适用《民法典》合同编通则的规定，也可以参照适用《民法典》合同编或者其他法律中与合同相类似的规定。②《民法典》奉行的是意思自治原则，只要双方协商一致，合作建房的意思表示真实，未违反法律的强制规定，那双方就是合作建房关系。所以（2019）豫民再689号民事判决书认定同盛公司与昌茂公司是合作建房关系。

最高人民法院《关于审理涉及国有土地使用权合同纠纷案件适用法律问题的解释》第12条、第13条规定，合作开发房地产合同的一方必须具备房地产开发资质，

① 财税字〔1995〕48号第2条规定，对于一方出地，另一方出资金，双方合作建房，建成后按比例分房自用的，暂免征收土地增值税。

② 《民法典》第467条规定，本法或者其他法律没有明文规定的合同，适用本编通则的规定，并可以参照适用本编或者其他法律最相类似合同的规定。

当事人双方共担风险、共享收益。①

国家税务总局《关于印发〈营业税问题解答(之一)〉的通知》(以下简称国税发〔1995〕156号,部分失效)第17条规定,合作建房,是指由一方(以下简称甲方)提供土地使用权,另一方(以下简称乙方)提供资金,合作建房。合作建房的方式一般有两种:第一种方式是纯粹的"以物易物",即双方以各自拥有的土地使用权和房屋所有权相互交换。第二种方式是甲方以土地使用权乙方以货币资金合股,成立合营企业,合作建房。根据该条规定,有的合作建房需要缴纳营业税(增值税),有的合作建房不需要缴纳营业税(增值税)。②

财税字〔1995〕48号第2条规定,对于一方出地,一方出资金,双方合作建房,建成后按比例分房自用的,暂免征收土地增值税。

从上述法规可以看出,财税字〔1995〕48号的规定比较简单,并未对合作建房方的资质提出要求,也没有要求共建方必须共担风险,共负盈亏。由于立法不一致,从而产生以下争议:

首先,最高人民法院《关于审理涉及国有土地使用权合同纠纷案件适用法律问题的解释》第12条规定的合作开发房地产合同是否等同于合作建房合同?假如不等同,是否应当参照合作开发房地产合同的规定对合作建房合同进行评判?

其次,国税发〔1995〕156号第17条是营业税(增值税)法规对合作建房的界定,那么是否可以适用该条款对土地增值税征缴中的合作建房进行界定?

该案一审、二审法院认定,同盛公司提供土地使用权,昌茂公司提供资金,双方以同盛公司的名义合作开发房地产,建设过程中土地使用权未转移登记,昌茂公司只分配固定数量的房屋,根据国家税务总局《关于合作建房营业税问题的批复》(国

① 最高人民法院《关于审理涉及国有土地使用权合同纠纷案件适用法律问题的解释》第12条规定,本解释所称的合作开发房地产合同,是指当事人订立的以提供出让土地使用权、资金等作为共同投资,共享利润、共担风险合作开发房地产为基本内容的合同。第13条规定,合作开发房地产合同的当事人一方具备房地产开发经营资质的,应当认定合同有效。

② 虽然2016年已全面营业税改增值税,但该条款仍然有效,即按该条规定的情形征收增值税。

税函〔2005〕第1003号）[①]以及最高人民法院《关于审理涉及国有土地使用权合同纠纷案件适用法律问题的解释》第12条的规定，同盛公司与昌茂公司的行为不属于税收法律关系上的合作建房，不能享受合作建房税收优惠政策。

再审法院认为，昌茂公司对同盛公司的建设项目以持有同盛公司45%股份的形式注入6800万元现金，该合作形式虽然不符合税务管理文件中的“合作建房”情形，但亦不同于传统意义上的房屋买卖，且该合作项目形成了土地使用权跟随房屋权属分割而发生变更的法律后果，故该项目仍属于纳税征管事项。随着我国经济发展和新形势变化，对企业经营活动中发生的新型合作方式，如其不存在违反法定禁止情形的，应当予以包容和观察，而非将时间较久，根据当时企业经济活动的现状出台的管理规定套用在现阶段的企业经济活动行为上。就“合作建房”的认定问题而言，郑州经济开发区税务局的税务征管工作亦应适应当前的现状，对涉案合作项目就其合作形式、房屋权属转移和土地使用权转移的事实，作出合法适当的税务征收处理。再审法院判决撤销二审判决、税务行政复议决定，责令税务机关重新作出税收征管行为。[②]

① 国家税务总局《关于合作建房营业税问题的批复》（国税函〔2005〕1003号）规定，鉴于该项目开发建设过程中，土地使用权人和房屋所有权人均为甲方，未发生《营业税条例》规定的转让无形资产的行为。因此，甲方提供土地使用权，乙方提供所需资金，以甲方名义合作开发房地产项目的行为，不属于合作建房，不适用国税发〔1995〕156号第17条有关合作建房征收营业税的规定。

② 河南省高级人民法院行政判决书，（2019）豫行再157号。

第七章　争议解决机制及风险规避措施

第一节　争议解决机制

相较其他税务行政争议，税务机关与纳税人因土地增值税发生的争议具有以下特点：

其一，专业性更强。土地增值税争议的专业性主要表现在两个方面：一是税收方面；二是物权法方面。土地增值税相较其他税种，理解起来难度更大，比如，增值税的进项税额、销项税额都很容易确定，计算公式也相对简单，土地增值税则不一样，扣除项目众多，需要先对各扣除项目进行分类，然后才能逐一确定扣除项目金额。对于土地增税，无论是其收入的确定，还是扣除项目的归类，甚至是计算公式的确定，都是建立在对物权法正确理解的基础之上的。如必须先能正确区分新房与旧房，才能确定用哪一个土地增值税计算公式，如何进行项目扣除。必须在正确理解车位的权属类型，知道地下人防工程的用途、权属的情况下，才能分辨什么情况属于车位（库）转让，是否应该征收土地增值税。

其二，争议的问题更复杂。这种复杂性体现在两个方面：一是争议焦点复杂。增值税与企业所得税的争议焦点往往集中在是否有某笔收入，是否有某笔支出上。而土地增值税除要确定收入是否存在、支出是否真实外，更多的争议焦点在是否应当确定收入，成本是否应该分摊，应该如何分摊等问题上。二是缺乏解决争议的统一依据。企业所得税、个人所得税都有相对完善的立法，关于增值税的规定虽然没有法律，但有海量的规范性文件，这些文件虽然层级不高，但基本上全国适用，口径一致。土地增值税则不同，缺乏全国统一适用的法律法规及规范性文件。比如，何为在建工程？何为旧房？何为尾盘？尾盘的土地增值税应该如何计算？不仅没有统一的法律和文件进行规定,很多地区也未制定土地增值税相关规范性文件。正因如此,税务机关与纳税人在争议中各执己见,很难说服对方。

其三,纳税人的对抗情绪较强。增值率200%以上的土地增值税纳税义务人,可能需要将一半以上的毛利润以税收的名义上缴给国家,纳税人很难心平气和地接受。尤其是在某些情况下的增值额并不是纳税人真实的税前利润,仅仅是计算得出来的增值额,真实的情况是亏损。在亏损的情况下还要以增值的名义缴纳巨额税款,也使部分纳税人难以接受。

其四,税务机关不愿意发生争议。基于前述土地增值涉税争议的专业性和复杂性,查明事实、理清纳税人的财务及法律关系是一件极费时间与精力的事。因此,税务人员并不乐意与纳税人发生争议。

纳税人与税务机关都不愿意发生争议,但无论双方是否愿意争议都在那里。一味地回避税务机关与纳税人的矛盾,或者通过《税收征收管理法》第88条的规定限制纳税人的法律救济权等都不是税务机关建立和谐税收法律关系的优选方案。如何更好地解决矛盾,让纳税人不缴纳冤枉税,让税务机关依法及时足额地将税款收归国库,才是本书研究的主要目的。

机制,泛指一个工作系统的组织或部分之间相互作用的过程和方式。“机制”在本书中是指解决税务行政争议的方式,根据税务机关与纳税人产生争议的阶段的不同,采取不同的争议解决机制,分别为:沟通、处罚听证、税务行政复议、税务行政诉讼、调解及和解等。

一、沟通

沟通是解决税务行政争议最关键,也是最有效的方式。这里所说的沟通,是指在稽查阶段,在稽查局作出处理处罚决定之前,纳税人与税务机关可以从以下几个方面交流:

一是从《民法典》物权篇、合同篇入手,分析不动产权属转移、合同效力等,纳税人与税务机关共同探讨土地增值税纳税义务是否产生,应该在什么时候产生。比如,在“宁某诉南京市税务局第二税务分局案”中,只要征纳双方能心平气和地坐下来沟通,认真研读《物权法》(已失效)第9条(现《民法典》第209条),就会发现孙某青并不是涉案房屋的所有权人，房屋的所有权人是金地公司。孙某青与金地公司签订房屋买卖合同，在未办理过户登记之前，孙某青取得的只是债权。① 在孙某青未取得涉案房屋所有权的前提下，其通过拍卖转让也只能是债权，转让债权需要申报缴纳所得税，不需要缴纳土地增值税。

二是从房地产行业的商业模式、盈利模式方面来探讨土地增值税纳税义务是否应当产生，应当什么时候产生。例如，房地产开发公司将土地交由项目公司开发，这在房地产开发领域是一件极常见的行为。假如一定要求符合财税〔2016〕140 号第 8 条才能将土地价款放项目公司扣除，则既给房地产开发企业设立项目公司造成不便，有时也会导致国家税款损失。假设地价持续上涨，某房地产开发企业拿地成本是 1 亿元，交给项目公司时市场估值 1.25 亿元，因此交易不符合财税〔2016〕140 号第 8 条的要求需要缴纳土地增值税，增值的 0.25 亿元按 30% 的土地增值税税率纳税后，1.25 亿元成为项目公司的拿地成本。相较于将 1 亿元直接作为项目公司的土地成本，项目公司可以多出 0.25 亿元的 20% 加计扣除，可能因为 0.25 亿元及其加计扣除成本，刚好降低了项目公司的增值率，从而使土地增值税税率降低一档，造成国家税款流失。因此，在财税〔2016〕140 号第 8 条对房地产企业已取得土地使用权证后是否还可以适用这个条款、土地使用权是否必须登记在项目公司名下等问题不明确的情况下，税务机关对纳税人要求适用财税〔2016〕140 号第 8 条的要求没有必要断然拒绝，因为适用财税〔2016〕140 号第 8 条究竟对谁有利并不清楚，没有必要执着。

三是引用其他地区的先前案例进行说明。我国不认可判例法，但是，当个别税务人员对某些条文在理解上有分歧，把握不准时，将其他地区类似案件的处理方法提供给税务机关，也不失为一种好的沟通方式。

四是分析采用不当税收征管方式的不利后果。近年来，税务机关的执法越来越文明，只有极少数税务人员的法治意识欠缺。假如纳税人能从税法、行政法等角度指出执法行为的不足，让税务人员意识到其选择的执法方式或者作出的处理处罚决定将对税务机关、税收法治进程不利，税务人员有可能会改变或者撤销其作出的具

① 江苏省高级人民法院行政裁定书，(2020) 苏行申 425 号。

体行政行为。

二、处罚听证

根据《税务行政处罚听证程序实施办法(试行)》的规定,税务机关在对公民作出2000元以上(含本数)罚款,对法人或者其他组织作出1万元以上(含本数)罚款的行政处罚之前,应当向当事人送达《税务行政处罚事项告知书》。告知当事人已经查明的违法事实、证据、行政处罚的法律依据和拟将给予的行政处罚,并告知其有要求举行听证的权利。也就是说,在税务机关作出正式处罚之前,纳税人有机会与案件调查人就事实与法律进行质证与辩论。关于这个程序,税务机关与纳税人要关注以下几个时间点:

第一,税务机关的告知时间。税务机关在对公民作出罚款的行政处罚之前,应当向当事人送达《税务行政处罚事项告知书》。税务机关未事先告知而直接作出处罚的,即使作出处罚所依据的法律与事实没有问题,处罚决定也会因未事先告知公民听证权而无效。

第二,纳税人提起听证申请的时间。纳税人必须在《税务行政处罚事项告知书》送达后5日内向税务机关书面提出听证;逾期不提出的,视为放弃听证权利。

第三,举行听证的时间。纳税人要求听证的,税务机关就要举行听证,而且应当在收到当事人听证要求后15日内举行听证,并在举行听证7日前将《税务行政处罚听证通知书》送达当事人,通知当事人举行听证的时间、地点,听证主持人的姓名及有关事项。

第四,时间期限的计算。期限以工作日计算,不含法定节假日。假如将法定假期也算到期限里,那纳税人的权利就没有办法得到保障。比如,税务机关将《税务行政处罚告知书》于9月30日送达给纳税人,接下来是7天国庆假,假期还没有过完,纳税人申请听证的权利就消失了,那税务机关会专选这天送达《税务行政处罚告知书》,纳税人申请听证的权利将形同虚设。因此,不但法定节假日不算在期限内,就是开始的那一天,也不算在期限内。也就是说,期间开始的时和日,不计算在期间内,期间届满的最后一日是节假日的,以法定休假日结束的次日为期间的最后一日。

如税务机关在2021年6月14日(周一)将《税务行政处罚事项告知书》送达给

纳税人，14 日当日不计入期限，从 17 日起算，第五日是周六，同样不计入期限，则 21 日周一为第五日，所以在 22 日之前不申请听证的，就错过了 5 日的申请期，纳税人就丧失了听证权。

纳税人取得听证权之后，应该抓紧时间为听证做以下准备工作：

1. 查阅相关法律，以辨别税务机关所告知的违法事实是否成立。《税务行政处罚事项告知书》所依据的法律，有可能适用不当，即税务机关所采用的法律不适用这个案子，依据的规章、规范性文件也有可能与上位法相冲突。

2. 回忆税务人员在调查取证过程中是否有违法行为。即使纳税人存在违法行为，但假如税务机关在执法的过程中存在违法现象，那么其组织的证据是不可以采用的。比如，在税务检查的时候，只有一个工作人员在场，或者税务人员没有出示税务检查证、没有《税务检查通知书》，就属于税务机关执法行为不合法。

3. 注意听证的时间、地点。假如纳税人记错了听证的时间、地点，无法按时参加听证，会被视为放弃听证。

4. 分析是否需要申请回避。假如主持人与案件有利害关系，纳税人可以申请主持人回避。

5. 委托听证代理人。听证的时候要不要请代理人，请什么样的代理人，是很多纳税人纠结的问题。由于听证类似法院庭审，有举证、质证、辩论等程序，因此纳税人最好委托有庭审经验的、懂税的律师。税务师虽然懂税，但缺乏法律思维，不太了解举证和质证的相关法规，未受过法庭辩论培训。

6. 分析是否需要申请不公开听证。当案件涉及国家机密、商业秘密、个人隐私时，纳税人可以申请不公开听证。

做好准备工作之后，即进入听证阶段。在听证阶段，纳税人应该注意以下五个方面的问题：一是听证开始后才知道主持人与案件有利害关系的，纳税人仍然可以申请回避；二是在质证、辩论的过程中发现税务机关提供的证据有问题的，可以申请重新核定证据、延期听证；三是就涉案事实与适用的法律进行陈述、申辩和质证、辩论，如同法院开庭审理一样，纳税人可以对税务机关认定的事实提出质疑、反对、不认可等；四是未经过主持人许可不得擅自退出听证会，擅自退会的，会被视为放弃听证；五是对听证笔录进行审核、补充或者修正，并进行签字。听证会后，纳税人会被要求在笔录中签字，这时应该认真地把笔录看一遍，看是否有遗漏或者这个笔录对纳税人的陈述、观点是否有歪曲，确认笔录没有问题后再签字。

三、税务行政复议

《税收征收管理法》第 88 条第 1 款规定，纳税人、扣缴义务人、纳税担保人同税务机关在纳税上发生争议时，必须先依照税务机关的纳税决定缴纳或者解缴税款及滞纳金或者提供相应的担保，然后才可以依法申请行政复议。根据该规定，假如纳税人无力在税务机关指定的时间内按税务机关的要求缴纳或者解缴税款，或者无力提供相应担保，则其会丧失申请行政复议的权利，进而丧失提起诉讼的权利。对于行政复议，纳税人需要注意下文所列 3 个方面的问题。

（一）纳税担保

由于纳税人难以在短时间内筹集到大笔现金，提供担保即成为其获得行政复议权的重要途径。纳税人在提供担保时需要注意的事项如下：

一是提供担保的时间最长只有 15 日。《税收征收管理法实施细则》第 73 条规定，缴纳或者解缴税款的最长期限不得超过 15 日，对于具体多少日，法律没有作出下限规定，税务机关在法律规定的 15 日内有自由裁量权。

二是不得将土地使用权作为纳税担保物。《纳税担保试行办法》（中华人民共和国国家税务总局令第 11 号）规定，不得以土地使用权进行抵押，除非是以依法取得的国有土地上的房屋抵押的，该房屋占用范围内的国有土地使用权同时抵押，或者以乡（镇）、村企业的厂房等建筑物抵押的，其占有范围内的土地使用权同时抵押。

三是对纳税保证人有严格的要求。纳税保证人，是指在中国境内具有纳税担保能力的自然人、法人或者其他经济组织。作为纳税保证人，必须符合以下几个条件：首先，法人或其他经济组织财务报表资产净值超过需要担保的税额及滞纳金 2 倍以上，自然人、法人或其他经济组织所拥有或者依法可以处分的未设置担保的财产的价值超过需要担保的税额及滞纳金；其次，不能有或者涉嫌税收违法行为，即没有因偷税、抗税、骗税、逃避追缴欠税行为被税务机关、司法机关追究过法律责任未满 2 年，没有因税收违法行为正在被税务机关立案处理或涉嫌刑事犯罪被司法机关立案侦查，纳税信誉等级被评为C级以上；最后，自然人在主管税务机关所在地的市（地、州）有住所或企业的税务登记在本市（地、州），且与纳税人不存在担保关联关系。

四是最长在15日内办好担保手续。提供担保，不是指提出担保申请，而是指办理好担保手续。假如是保证人担保，纳税担保从纳税人、纳税保证人、税务机关在纳税担保书上签字盖章之日起生效。假如通过担保物进行纳税担保，则纳税担保财产清单应当写明财产价值以及相关事项。纳税担保书和纳税担保财产清单须经纳税人签字盖章并经税务机关确认。纳税抵押财产应当办理抵押物登记。纳税抵押自抵押物登记之日起生效。纳税人应向税务机关提供由抵押登记部门出具的抵押登记证明及其复印件。

（二）行政复议被申请人

在一般情况下，作出具体税务行政行为的人是行政复议的被申请人，即行政处理决定书、行政处罚决定书以谁的名义作出，谁就是行政复议的被申请人。但是有两种特殊情形：一是税务机关依照法律、法规和规章规定，经上级税务机关批准作出具体行政行为的，批准机关为被申请人；二是申请人对经重大税务案件审理程序作出的决定不服的，审理委员会所在税务机关为被申请人。

在“浙江广鸿房地产开发有限公司诉杭州市地方税务局稽查局案”中，杭州市税务局稽查局作出的《税务处理决定书》由重大案件审理委员会作出，根据《税务行政复议规则》第29条第2款的规定，[①]申请人对经重大税务案件审理程序作出的决定不服的，审理委员会所在税务机关为被申请人，即该案的税务行政复议被申请人应该是审理委员会所在的杭州市地税局。但杭州市税务局稽查局在《税务处理决定书》中告知申请人复议机关是杭州市地税局，从而导致杭州市税务局稽查局错误地成为行政复议的被申请人、一审被告、二审被上诉人。最终该案通过再审程序，撤销了行政处理决定书、行政复议决定书、一审和二审行政判决书。[②]

① 《税务行政复议规则》第29条规定，税务机关依照法律、法规和规章规定，经上级税务机关批准作出具体行政行为的，批准机关为被申请人。申请人对经重大税务案件审理程序作出的决定不服的，审理委员会所在税务机关为被申请人。

② 浙江省高级人民法院行政判决书，（2020）浙行再44号。

（三）听证审理

税务行政复议以书面审查为原则，以听证审理为例外。《税务行政复议规则》第65条规定，对重大、复杂的案件，申请人提出要求或者行政复议机构认为必要时，可以采取听证的方式审理，即是否听证审理，取决于复议机关的决定。关于听证审理应当注意以下3个方面：

1. 力争听证审理。对行政复议，纳税人应当力争听证审理，因为书面审理无法与税务机关当面质证，也没有机会与税务机关调解、和解。因此，除提出听证审理的书面申请外，纳税人还应当主动找领导沟通，争取听证审理机会。

2. 在听证审理过程中要求税务机关出具作出具体行政行为的证据。部分税务机关将听证审理当成一个形式，并未认真准备相关证据，既不会出示证据，也不会质证。有时在听证审理中，参与办案的税务人员将作出处理处罚决定的事实和法律理由说一遍，纳税人对此也只作简单回应，双方未质证证据的真假，也未能将法理说透。正确的做法是要求税务人员出示证据并逐一质证，以确定处理决定书、处罚决定书认定的事实是否清楚、证据是否充分、法律适用是否正确。

3. 听证结束后认真核对听证笔录再签字。实践中，纳税人可以将听证过程中已有的文字材料提供给记录人员，以帮助其更准确、更高效率地记录。听证结束后就其记录逐字审核之后再签字。

四、税务行政诉讼

除纳税争议诉讼有复议前置的要求外，税务行政诉讼与其他行政诉讼没有太大区别，纳税人在诉前主要考虑是否有诉讼的必要。

首先，对没有胜诉把握的案件，没有必要提起诉讼。如纳税人在未在税务机关指定的时间内缴纳税款、滞纳金或者提供相应担保的情况下，请求法院责令税务机关接受其行政复议申请的诉讼，除非纳税人有充分证据证明税务机关违法不接受其提供的合法担保、不配合办理担保手续，或者以误导的方式使纳税人无法提供纳税担保，否则其诉讼请求不会被法院支持。

其次，税务机关程序上违法，但具体行政行为所基于的事实清楚、准确，所依据的法律法规正确的，纳税人没有必要提起诉讼。税务机关在税收征管过程中程序违法，比如，稽查人员未经领导批准延长检查时间、税务稽查报告没有领导签字、重大案件审理委员会审理意见书没有领导亲笔签字等，有可能影响实体正义，但有时候影响不大，法院一般不会因为这些原因撤销税务机关作出的处理处罚决定。即使法院撤销了税务机关作出的处理处罚决定，税务机关将程序上欠缺的手续补正之后，仍可以作出与原来一样的处理处罚决定书。

最后，对某些维持税务机关原具体行政行为的复议决定，有必要提起诉讼。有些复议机关虽然改变原行政行为所认定的主要事实和证据、改变原行政行为所适用的规范依据，但未改变原行政行为处理结果。有些复议机关对原具体行政行为所认定的事实以及所适用的规范依据未作改变，仅以违反法定程序为由确定原行政行为违法的，均属于维持原行政行为。① 虽然法律明确规定，纳税人无须等待税务机关再次作出具体行政行为，即可依据《行政诉讼法》第26条的规定起诉，要求法院撤销原具体行政行为和复议决定，但是有人认为无须立即起诉，因为税务机关重新作出的行政行为可能会对纳税人有利，不会加重对纳税人的处罚。这是一种误解。因为《行政复议法》第28条的规定是“行政复议机关责令被申请人重新作出具体行政行为的，被申请人不得以同一的事实和理由作出与原具体行政行为相同或者基本相同的具体行政行为。”可以将这个规定理解为：首先，立法未禁止税务机关在重新作出处理处罚决定时加重纳税人负担；其次，假如税务机关能取得新的证据，或者有其他法律依据，也可以作出与原具体行政行为相同或者基本相同的具体行政行为。因此，纳税人无须等待税务机关重新作出具体行政行为，即可依法起诉，要求撤销复议决定以及税务机关作出的原具体行政行为。

有观点误认为，原具体行政行为已被复议决定撤销，原具体行政行为已无效，无须再起诉作出具体行政行为的税务机关，只需要起诉行政复议机关即可。若只起诉

① 最高人民法院《关于适用〈中华人民共和国行政诉讼法〉的解释》第22条规定，《行政诉讼法》第26条第2款规定的“复议机关改变原行政行为”，是指复议机关改变原行政行为的处理结果。复议机关改变原行政行为所认定的主要事实和证据、改变原行政行为所适用的规范依据，但未改变原行政行为处理结果的，视为复议机关维持原行政行为……复议机关确认原行政行为违法，属于改变原行政行为，但复议机关以违反法定程序为由确认原行政行为违法的除外。

复议机关,一方面,不符合法律规定,因为《行政诉讼法》第 26 条规定的是“经复议的案件,复议机关决定维持原行政行为的,作出原行政行为的行政机关和复议机关是共同被告”;另一方面,法院可能以复议机关已撤销税务机关作出的具体行政行为,未增加或者减损纳税人的权益为由驳回纳税人的诉讼请求。①

五、调解

使用调解方式解决争议不需要双方当事人提供充足的证据、适用完全正确的法规等,非常适合解决立法待完善引起的土地增值税纠纷,一方面,可以减轻税务机关提供执法依据的压力;另一方面,可以减轻纳税人行政复议、行政诉讼之压力,同时也能减轻行政复议机关与法院的工作负担。但是,使用调解方式应当注意以下几个问题:

1. 适用调解处理税务行政争议的范围过窄。根据《税务行政复议规则》第 86 条的规定,调解主要适用下列行政复议事项:税务机关行使自由裁量权作出的具体行政行为,如行政处罚、核定税额、确定应税所得率等;行政赔偿;行政奖励;存在其他合理性问题的具体行政行为。《行政诉讼法》第 60 条规定,行政赔偿、补偿以及行政机关行使法律、法规规定的自由裁量权的案件可以调解。也就是说,调解方式只适用于前述法规明确规定的行政争议,其他行政争议不能适用调解方式。

2. 适用调解机制存在程序方面的困难。虽然《行政复议法实施条例》和《行政诉讼法》提及调解,但其未就如何启动调解程序,谁来主持,如何调解等作出规定。部分地方政府出台了一些规章,如《北京市行政调解办法》《辽宁省行政调解规定》《浙江省行政调解办法》,但这些地方性规章的可操作性仍然不强,其根本原因是调解缺乏独立性。调解应该由第三方主持,居中调停双方纠纷,但这些地方性规章都未要求设立独立行政调解机关。以北京市为例,《北京市行政调解办法》第 6 条规定,行政机关应当确定专门机构统筹本机关的行政调解工作。也就是说,调解机构仍然设在作出具体行政行为的机关内部,并未独立于作出具体行政行为的机关。由此可见,重大案件审理委员会作出的处罚决定,很难在税务机关内设调解机构的主

① 宁夏回族自治区银川市中级人民法院行政裁定书,(2020)宁 01 行终 153 号。

持下作出变更。

3. 税务行政救济前置程序严重阻碍了调解作用的发挥。无论是行政调解还是司法调解，都以纳税人享有法律救济权为前提。但《税收征收管理法》第88条规定的复议前置导致部分纳税人丧失法律救济权。一旦纳税人丧失法律救济权，税务机关作出的处理处罚决定即发生法律效力。税务机关在无执法风险的情况下，几乎不会愿意与纳税人进行调解。又因纳税人无法律救济权，法院不会受理纳税人提起的税务行政诉讼，也就不再存在司法调解的可能。

六、和解

和解，是指双方当事人约定互相让步或者一方让步，以解决双方争议的活动。《行政诉讼法》与《行政复议法》并不认可税务行政争议和解机制，但是，《行政复议法实施条例》和《税务行政复议规则》在一定范围内对和解机制予以了认可，行政和解在税务行政诉讼中被广泛使用。[①] 部分法院对行政诉讼中的和解进行了规范，比如，山东省高级人民法院《关于建立行政争议审前和解机制的若干意见》（鲁高法〔2019〕28号）；上海市高级人民法院2007年4月出台的《关于加强行政案件协调和解工作的若干意见》。使用和解方式应当注意下文几个问题。

（一）法规对行政和解适用范围的规定应当一致

《行政复议法实施条例》规定，可以适用和解的包括经行政复议机关准许和解、且行政机关行使自由裁量权作出的具体行政行为。《税务行政复议规则》规定，下列行为都可以和解：(1)税务机关行使自由裁量权作出的具体行政行为，如行政处罚、核定税额、确定应税所得率等；(2)行政赔偿；(3)行政奖励；(4)存在其他合理性问题的具体行政行为。实际上，调解机制与和解机制在税务行政争议解决实务中的适用范围取决于案件审理机关对“合理性问题”的理解，因为《税务行政复议规则》及相关法律并没有明确规定什么是“合理性”。

① 参见叶正国：《我国行政诉讼现状的反思与超越——基于近年来若干司法现象的思考》，载《广东行政学院学报》2013年第3期。

（二）诉讼和解的适用范围取决于法院

由于《行政诉讼法》未提及和解，故诉讼和解的适用范围取决于各地法院。如山东省各级法院将行政补偿、行政裁决、行政合同、行政机关不配合履行法院职责和其他适用和解的案件都纳入和解的范畴；上海市法院将存在合法性及合理性问题的行政诉讼案件纳入和解的范畴。①

（三）法院不宜泛用和解方式结案

有些行政案件原告证据充分，很难判决行政机关胜诉。有些法官担心原告败诉后上诉等，影响其业绩考评。② 诸如前述的原因，都有可能使法院力争促成原告与行政机关和解。因和解建议由判案法官提出，原告只能被迫接受不平等和解协议。③

第二节　规避税收风险措施

一、税务人员树立风险防范意识

（一）树立行政程序合法意识

税务机关和其他行政机关一样，都存在重实体、轻程序的现象。之所以会出现这种情况，一方面是因为大量的行政行为没有完备的行政规范，无法可依。比如，对于税务机关出具的行政处理决定书、行政处罚决定书有错误，税务机关需要经过什么程序自行撤销这些文书，相关法规没有规定。另一方面税务机关程序违法成本小，程序违法不会给税务机关造成实际损失。行政复议机关认定税务机关作出的具体行政行为违反法定程序的，该具体行政行为被撤销后，税务机关可以重新作出与

---

① 参见廖仕梅：《论税务行政争议和解机制》，载《税务研究》2017 年第 3 期。

② 最高人民法院印发《关于开展案件质量评估工作的指导意见（试行）》的通知（法发〔2008〕6 号）规定，审判公正指标 11 个，由立案变更率、一审陪审率、一审上诉改判率、一审上诉发回重审率、生效案件改判率、生效案件发回重审率、二审开庭率、执行中止终结率、违法审判率、违法执行率、裁判文书质量指标组成。

③ 参见张远照：《行政诉讼和解之困境及路径选择》，载《山西省政法管理干部学院学报》2017 年第4 期。

原具体行政行为相关或者基本相同的具体行政行为。① 因此,除非为了拖延时间,明智的纳税人不会就税务机关的程序违法过度纠缠。正因如此,也就更加放纵了税务机关对合法程序、正当程序的轻视。

税务机关为什么要树立行政程序合法意识?因为依法行政是税务机关进行税收征管的基本要求。首先,违反法定程序是违法行为。《行政诉讼法》和《行政复议法》都规定,违反法定程序是法院和行政复议机关撤销具体行政行为的原因之一。其次,程序正义是实体正义的基础。税务机关只有依法行政,才能更好地保护纳税人的合法权益。比如,假如没有参会人员的亲笔签名,税务机关即可以重大案件审理委员会的名义作出决议,并以此为依据作出处理处罚决定,但很难保证以审理委员会名义作出的决议是参会人员集中意见的体现。假如税务人员能随意拿走纳税人的会计账簿而不按时返还甚至丢失且不需要承担任何法律责任,则税务检查或者稽查有时候会成为对纳税人的伤害。最后,程序违法会损害法律权威和税务机关的威信。法律应该是公正的,税务机关应该依法行政。但是,税务机关行政违法有改错的机会,并不会遭受实际损失。而纳税人漏税(非故意逃税)有可能会受到行政处罚,需要缴纳滞纳金,有时候甚至会因为不小心申报错误而遭受重大损失。于是,纳税人容易对法律的正义性产生怀疑,对税务机关不严谨的行政行为提出质疑。

2021 年 3 月 24 日发布的中共中央办公厅、国务院办公厅《关于进一步深化税收征管改革的意见》要求税务机关要全面落实行政执法公示、执法全过程记录、重大执法决定法制审核制度。行政执法公示有利于社会各界对税务行政执法的监督。执法全过程记录会将不合法、不正当的执法程序留存,最终可能实现对个人的追责。重大执法决定法制审核制度有利于事前保障行政执法的合法性与正当性。因此,税务人员只有树立程序合法意识,才能保护好自己、保护好税务机关的形象,同时保护好纳税人的合法权益,减少税务机关与纳税人的纠纷。

① 《税务行政复议规则》第 76 条规定,行政复议机关责令被申请人重新作出具体行政行为的,被申请人不得以同一事实和理由作出与原具体行政行为相同或者基本相同的具体行政行为;但是行政复议机关以原具体行政行为违反法定程序决定撤销的,被申请人重新作出具体行政行为的除外。

（二）树立纳税人保护意识

中共中央办公厅、国务院办公厅《关于进一步深化税收征管改革的意见》提出，着力建设以服务纳税人缴纳人为中心……的智慧税务。坚持以服务纳税人为中心最好的方式就是不要以税务行政性规范的形式增加纳税人的义务，或者减损纳税人的权利，在法律赋予纳税人选择权或者没有限制纳税人选择权的时候，不要限制或者剥夺纳税人选择的权利。假如在法律规定比较模糊或者没有相关规定时，能从有利于纳税人的角度进行诠释则更好。比如，《土地增值税暂行条例实施细则》第 9 条规定，扣除项目金额可按转让土地使用面积占总面积的比例计算分摊，或按建筑面积计算分摊，税务机关应该允许纳税人自主选择成本分摊方式，没有必要指定一种对纳税人不利的成本分摊方式。

树立纳税人保护意识与保证税款足额及时入库并不冲突。税收来自纳税人，只有纳税人的权益得到充分保障，其在合法、安全、和谐的营商环境中才能创造更多的财富，才能创造更多的税源和产生更多的税收。

二、纳税人树立正确的税收筹划与纳税意识

房地产开发企业的税负重，土地增值税税率最高 60%，增值税税率 9%，企业所得税税率 25%。因此，房地产开发企业在合法的前提下，通过合理合法的筹划，选择一种税负更低的经营模式无可厚非。但房地产开发企业在税收筹划的同时应该树立以下意识。

（一）树立正确的税收筹划意识

税收筹划，是指在遵守法律、税法，尊重中国政策的前提下，规避涉税险，控制或减轻税负，作出有利于实现企业财务目标的谋划、对策和安排。税收筹划具有以下特点：一是合法性。非法的规划与设计不属于筹划的范畴，这点有别于逃税与虚开发票。逃税，是指负有纳税义务的纳税人，故意违反税法，通过对已发生的应税经济行为进行隐瞒、虚报等欺骗手段逃避缴纳税款的行为。虚开发票，是指开具、接收或者介绍开具与交易实际不符的发票的行为。逃税与虚开发票是非法行为，虽然可能

在未被税务机关发现的情况下可以少缴或者不缴税，但一旦税收违法行为被发现，纳税人将会受到法律的严厉制裁。二是事先性。税务筹划发生在税收行为之前，即通过事先规划，在数个合法的交易模式、经营方案中作出对纳税人有利的选择。逃税则发生在税收行为发生之后，通过欺诈、隐瞒的手段达到少缴税或者不缴税的目的。三是正当性。税收筹划不但要遵守法律法规，而且要遵守国家政策，遵循道德的约束，不同于避税。避税，是指纳税人采取利用法律上的漏洞或含糊之处的方式来安排自己的事务，以减少其他应承担的纳税数额。避税并没有违反法律，但往往与税收立法意图相违背，可能被认为是不道德的。

纳税人不能把逃税、虚开发票等税收违法行为误认为是税收筹划，也不要期望通过非法手段达到少缴税或者不缴税的目的。

（二）树立正确的纳税意识

实现利益最大化是市场主体所追求的目标，逐利是商事主体的本性，但商事主体不能以无限地减少税负作为实现利益最大化的手段。财政是国家治理的基础和支柱。没有税收，国家机器难以运行，纳税人的财富会因国家安全保护体系的瘫痪而迅速消失。没有国家创造的好的营商环境，富足的国民，纳税人很难创造较大的财富。因此，一个正常运行的国家是纳税人创造财富的基础，国家机器是纳税人财产的“保护神”。从这个角度来讲，纳税人与国家是一体的，纳税人应当自愿、主动地将一部分财富让与国家。

自愿主动纳税不等同盲目申报纳税，税收法定除要求税务机关依法进行税收征管外，同时也要求纳税人依法纳税。该纳的税应该在法律规定的期限内申报缴纳，既不能缴“过头税”，也不能少缴税。多缴税的行为国家不鼓励，少缴税则会受到法律的严惩。

结　语

纳税人希望在合法的前提下少纳税，税务机关则希望在合法的前提下足额征收。与其他税种一样，引发土地增值税风险与争议的原因无外乎部分税务规范性文件不合法、税务机关在执法过程中存在不规范行为、纳税人税法遵从度不高、部门法之间相互冲突等因素。假如，土地增值税与其他税种有区别，区别在于上述问题在土地增值税领域表现得更突出一些。

引发本书提及的风险点及争议焦点的问题，在2019年国家税务总局公布的《土地增值税法（征求意见稿）》中看不到相应完善的内容。该征求意见稿共计22条，除将征税范围扩大至集体土地使用权、地上建筑及其附着物，土地增值税纳税义务的发生时间及普通住宅免征土地增值税的条件有细微变化外，其他内容几乎与《土地增值税暂行条例》差异不大。

在大力提倡依法治国的今天，依法治税是法治国家不可或缺的重要组成部分。研究如何完善土地增值税法规，减少房地产开发企业等纳税主体的遵从成本，减少税务机关的征管成本，让税务机关与纳税人的关系更加和谐，具有较高的理论与实践意义。因此，在土地增值税立法之际，希望本书能抛砖引玉，引发大家的讨论与研究，共同促进我国土地增值税的法制完善，早日实现依法治税的目标，减少征纳风险与争议，既保证国家的税收及时足额入库，又保护好纳税人的合法权益。

参考文献

一、著作

1. 白彦锋:《税权配置论》,中国财政经济出版社 2006 版。

2. 陈伯礼:《授权立法研究》,法律出版社 2000 年版。

3. 陈华彬:《物权法》,法律出版社 2004 年版。

4. 陈清秀:《现代财税法原理》,厦门大学出版社 2017 年版。

5. 陈清秀:《税法总论》,台北,元照出版公司 2008 年版。

6. 陈太先等:《台湾土地问题研究》,广东省地图出版社 1995 年版。

7. 程雪阳:《中国地权制度的反思与变革》,上海三联书店 2018 年版。

8. 邓宏乾:《中国房地产税制研究》,华中师范大学出版社 2000 年版。

9. 葛克昌:《行政程序与纳税人基本法》,北京大学出版社 2005 年版。

10. 葛克昌:《税法基本问题(财政宪法篇)》,北京大学出版社 2004 年版。

11. 郝琳琳、刘影:《税收法律实务》(第 4 版),北京大学出版社 2015 年版。

12. 贾绍华:《中国税收流失问题研究》,中国财政经济出版社 2015 年版。

13. 姜明安主编:《行政法与行政诉讼法》(第 6 版),北京大学出版社、高等教育出版社 2015 年版。

14. 胡建淼:《行政法学》,法律出版社 2015 年版。

15. 刘连泰:《宪法文本中的征收规范解释——以中国宪法第 13 条第 3 款为中心》,中国政法大学出版社 2014 年版。

16. 罗亚苍:《税收构成要件论》,法律出版社 2019 年版。

17. 刘剑文:《财税法专题研究》,北京大学出版社 2015 年版。

18. 叶金育:《税法整体化研究:一个法际整合的视角》,北京大学出版社 2016

年版。

19. 刘剑文:《财税法——原理·案例与材料》(第4版),北京大学出版社2020版。

20. 刘剑文、熊伟:《税法基础理论》,北京大学出版社2004年版。

21. 施正文:《税收程序法论——监控征税权运行的法理与立法研究》,北京大学出版社2003年版。

22. 施正文:《税收债法论》,中国政法大学出版社2008年版。

23. 熊伟:《法治、财税与国家治理》,法律出版社2015年版。

24. 熊伟:《财政法基本问题》,北京大学出版社2012年版。

25. 杨卫华、周凯主编:《中国税收制度》,中山大学出版社2003年版。

26. 杨小强:《中国税法》,山东人民出版社2008年版。

27. 朱大旗等:《〈税收征收管理法〉修订问题研究》,法律出版社2018年版。

二、论文

1. 艾华、张延辉:《关于非地产公司土地投资的土地增值税问题探讨》,载《税务研究》2013年第2期。

2. 邹程:《基于企业视角的土地增值税征管问题及建议》,载《纳税》2019年第29期。

3. 程雪阳:《土地发展权与土地增值收益的分配》,载《法学研究》2014年第5期。

4. 于芳芳:《房地产增值税差额征税对土地增值税计算的影响》,载《财务与会计》2020年第19期。

5. 杜雪君等:《台湾土地税制及其对大陆的借鉴》,载《台湾研究》2008年第5期。

6. 何其昭:《转让股权征收土地增值税政策的可行性评价》,载《税务研究》2015年第11期。

7. 贺日开:《司法终局性:我国司法的制度性缺失与完善》,载《法学》2002年第12期。

8. 侯卓、吴东蔚:《税基调整权的理论勘误与实践调校——以〈税收征管法〉第三十五、三十六条的差异为视角》,载《税务研究》2020 年第 6 期。

9. 侯卓、黄家强:《中国税权配置的内在逻辑与规范理路——控权论和授权论的融贯分析》,载《中共中央党校(国家行政学院)学报》2020 年第 2 期。

10. 侯卓:《税收法定的学理阐释及其进阶路径》,载《学习与实践》2019 年第 7 期。

11. 胡建淼:《行政执法:从法定程序到正当程序》,载《学习时报》2021 年 5 月 26 日,A2 版。

12. 马奎升:《土地增值税管理中存在的问题与改进》,载《税务研究》2016 年第 5 期。

13. 马蔡琛、朱旭阳:《关于我国房地产税收问题的若干思考》,载《税务研究》2020 年第 4 期。

14. 李瑛:《土地增值税调控与税制重构》,载《税务与经济》2014 年第 5 期。

15. 李炜:《加强土地增值税清算的实践与探索》,载《税务研究》2014 年第 12 期。

16. 李鸿洋:《法治与改革双轮驱动　实现土地增值税"良法善治"》,载《中国税务》2017 年第 8 期。

17. 廖仕梅:《论税务行政争议和解机制》,载《税务研究》2017 年第 3 期。

18. 刘剑文、陈立诚:《房产税改革要走法治化立法路径》,载《经济参考报》2014 年 8 月 26 日,A08 版。

19. 刘剑文:《房地产税法研究》,载《广东社会科学》2017 年第 4 期。

20. 刘勇:《涨价归公的理论依据与政策评析——兼论我国土地增值税政策执行中的问题与对策》,载《当代财经》2003 年第 2 期。

21. 刘暖:《关于国税地税征管体制改革后税收法治建设的思考》,载《税务研究》2019 年第 11 期。

22. 罗昌财:《土地财政、房地产调控与土地增值税制度》,载《现代经济探讨》2014 年第 8 期。

23. 单飞跃:《纳税便利原则研究》,载《中国法学》2019 年第 1 期。

24. 盛泽宇:《不动产税制度的特征及其本土化——以美国法为背景》,载《中国政法大学学报》2018 年第 2 期。

25. 施正文:《论税法的比例原则》,载《涉外税务》2004 年第 2 期。

26. 施正文:《税收征纳法律关系的法理解析》,载《当代法学》2004 年第 2 期。

27. 施正文:《论征纳行为》,载《当代财经》2004 年第 8 期。

28. 施正文:《税收之债的消灭时效》,载《法学研究》2007 年第 4 期。

29. 施正文:《落实税收法定原则　加快完善税收制度》,载《国际税收》2014 年第 3 期。

30. 施正文:《房地产税改革不光要做加法　也要做减法》,载《中国商报》2015 年 8 月 11 日,第 9 版。

31. 孙笑侠:《司法权的本质是判断权——司法权与行政权的十大区别》,载《法学》1998 年第 8 期。

32. 童兆洪:《司法权概念解读及功能探析》,载《中共中央党校学报》2004 年第 2 期。

33. 滕祥志:《我国税权横向配置改革的法治进路》,载《税务研究》2019 年第 9 期。

34. 王平、刘慧勇:《房地产的财税法调控研究》,载《法学杂志》2012 年第 5 期。

35. 王霞:《税收规范性文件的异化:根源及矫正——从海南三正公司税务行政纠纷说起》,载《湖南社会科学》2016 年第 2 期。

36. 王玉红:《土地增值税制度与会计准则的差异分析及协调》,载《税务研究》2012 年第 12 期。

37. 王昉、熊金武:《从"涨价归公"思想到土地增值税制度——兼论近代社会转型时期经济思想与经济制度的关系》,载《财经研究》2010 年第 1 期。

38. 王小燕:《房地产开发企业土地增值税清算的成本分摊问题的分析》,载《财会学习》2020 年第 16 期。

39. 吴润元:《完善土地增值税征管研究——以贵港市为例》,载《经济研究参考》2015 年第 59 期。

40. 吴玉梅、杨小强:《房地产交易的增值税立法问题》,载《法治论坛》2009 年第

4 期。

41. 席卫群、胡芳:《我国税收法治建设状况及指数化评估研究》,载《当代财经》2019 年第 12 期。

42. 徐阳光:《房地产税制改革的立法考量》,载《税务研究》2011 年第 4 期。

43. 杨斌:《土地增值税征缴中的房地产估价相关问题探讨》,载《中国房地产估价与经纪》2014 年第 6 期。

44. 杨小强:《保有环节房地产税改革与量能课税原则》,载《政法论丛》2015 年第 2 期。

45. 尹磊:《我国企业重组税收政策体系的改革与完善》,载《税务研究》2020 年第 5 期。

46. 叶金育:《税及税法的正当性研究》,载《涉外税务》2006 年第 5 期。

47. 叶金育:《税法与私法的解构与整合——征纳关系的视角》,载《甘肃理论学刊》2008 年第 6 期。

48. 叶金育:《国税总局解释权的证成与运行保障》,载《法学家》2016 年第 4 期。

49. 叶剑平、杨乔木等:《中国土地增值税征收问题研究——背景、效果和建议》,载《北京社会科学》2014 年第 5 期。

50. 叶正国:《我国行政诉讼现状的反思与超越——基于近年来若干司法现象的思考》,载《广东行政学院学报》2013 年第 3 期。

51. 余敬、梁亚荣:《城乡统一建设用地市场建设中的土地增值税法律问题研究》,载《行政与法》2015 年第 7 期。

52. 张辉:《土地增值税税率研究——基于甘肃省的分析》,载《中国经贸导刊(中)》2020 年第 6 期。

53. 张标敏:《新形势下土地增值税政策的完善》,载《税务研究》2017 年第 2 期。

54. 张秀莲、唐磊:《我国土地增值税若干问题探析》,载《税务研究》2016 年第 6 期。

55. 张远照:《行政诉讼和解之困境及路径选择》,载《山西省政法管理干部学院学报》2017 年第 4 期。

56. 赵国庆:《土地增值税立法前路荆棘》,载《法人》2019 年第 8 期。

57. 赵国庆、张江虹:《我国资产重组土地增值税处理方法的探讨》,载《财务与会计》2014 年第 5 期。

58. 赵新、徐立群、余菁:《转让的究竟是“股权”还是“土地”》,载《涉外税务》2012 年第 11 期。

59. 赵红卫:《浅议如何应对甲供材税务管理风险》,载《科技创新与应用》2012 年第 17 期。

60. 赵万一:《对民法意思自治原则的伦理分析》,载《河南省政法管理干部学院学报》2003 年第 5 期。

61. 翟继光:《论“计税依据明显偏低又无正当理由”的判断标准》,载《税务研究》2016 年第 8 期。

62. 周诚:《论土地增值及其政策取向》,载《经济研究》1994 年第 11 期。

63. 周兰翔:《房地产企业营改增后土地增值税相关问题》,载《湖南税务高等专科学校学报》2019 年第 6 期。

64. 朱长胜:《“计税依据明显偏低,又无正当理由”在实践中的应用》,载《税务研究》2017 年第 9 期。

65. 朱大旗:《对房地产市场调控的若干思考》,载《国际商报》2010 年 6 月 23 日。

66. 朱大旗:《论税收法定原则的精神实质及其落实》,载《国际税收》2014 年第 5 期。

67. 朱为群、缑长艳:《我国税收立法存在的问题及改革建议》,载《税收经济研究》2015 年第 3 期。

68. 朱为群、缑长艳:《税收法定原则与地方税收立法权》,载《财政科学》2016 年第 12 期。

69. 朱炎生、向东:《房地产税制改革立法探析》,载《社会科学》2013 年第 5 期。

70. 朱秋霞:《土地税与财产税孰优——基于德国土地税和美国财产税制度的比较》,载《现代经济探讨》2009 年第 9 期。

三、译著

1. [法]孟德斯鸠:《论法的精神》,张雁深译,商务印书馆 2012 年版。

2. [日]谷口安平:《程序的正义与诉讼》,王亚新、刘荣军译,中国政法大学出版社 2002 年版。

3. [日]金子宏:《日本税法》,战宪斌、郑林根等译,法律出版社 2004 年版。

4. [英]亚当・斯密:《国富论》,孙善春、李春长译,中国华侨出版社 2011 年版。

5. [德]迪特尔・梅迪库斯:《德国民法总论》,邵建东译,法律出版社 2000 年版。

四、外文著作

1. Brederode & R. F. W. Van, *Immovable Property Under VAT: A Comparative Global Analysisi*, Holland: Kluwer Law International, 2011.

2. Owen Connellan et al., *Land-Value Taxation in Britain: Experience and Opportunities*, *Lincoln Institute of Land Policy*, Cambridge, MA., 2004.

3. Nathaniel Lichfield & Owen Connellan, *Land Value Taxatin in Britain for the Community: History, A-chievements and Prospects*, Lincoln Institute of Land Policy Working Paper, 1997.

4. Nechyba & Thomas J., *Prospects for Land Rent Taxes in State and Local Tax Reforms*, IDEAS (Feb. 15, 2002), https://ideas.repec.org/p/duk/dukeec/02-15.html.

附件：土地增值税纳税申报表（修订版）

土地增值税项目登记表
（从事房地产开发的纳税人适用）

纳税人识别号：　　　　　　　　　　纳税人名称：　　　　　　　填表日期：　　年　月　日

金额单位：元至角分　　　　　　　　　　　　　　　　　　　　　　　　面积单位：平方米

项目名称		项目地址		业别	
经济性质		主管部门			
开户银行		银行账号			
地址		邮政编码		电话	
土地使用权受让（行政划拨）合同号			受让（行政划拨）时间		
建设项目起讫时间		总预算成本		单位预算成本	
项目详细坐落地点					
开发土地总面积		开发建筑总面积		房地产转让合同名称	

续表

<table>
<tr><td>转让次序</td><td>转让土地面积
（按次填写）</td><td colspan="2">转让建筑面积
（按次填写）</td><td colspan="2">转让合同签订日期
（按次填写）</td></tr>
<tr><td>第 1 次</td><td></td><td colspan="2"></td><td colspan="2"></td></tr>
<tr><td>第 2 次</td><td></td><td colspan="2"></td><td colspan="2"></td></tr>
<tr><td>……</td><td></td><td colspan="2"></td><td colspan="2"></td></tr>
<tr><td>备注</td><td colspan="5"></td></tr>
<tr><td colspan="6">以下由纳税人填写：</td></tr>
<tr><td>纳税人声明</td><td colspan="5">此纳税申报表是根据《中华人民共和国土地增值税暂行条例》及其实施细则和国家有关税收规定填报的，是真实的、可靠的、完整的。</td></tr>
<tr><td>纳税人签章</td><td></td><td>代理人签章</td><td></td><td>代理人
身份证号</td><td></td></tr>
<tr><td colspan="6">以下由税务机关填写：</td></tr>
<tr><td>受理人</td><td></td><td>受理日期</td><td>年
月 日</td><td>受理税务机关
签章</td><td></td></tr>
</table>

填表说明：

1. 本表适用于从事房地产开发与建设的纳税人，在立项后及每次转让时填报。

2. 凡从事新建房及配套设施开发的纳税人，均应在规定的期限内，据实向主管税务机关填报本表所列内容。

3. 本表栏目的内容如果没有，可以空置不填。

4. 纳税人在填报土地增值税项目登记表时，应同时向主管税务机关提交土地使用权受让合同、房地产转让合同等有关资料。

5. 本表一式三份，送主管税务机关审核盖章后，两份由地方税务机关留存，一份退纳税人。

土地增值税纳税申报表（一）
（从事房地产开发的纳税人预征适用）

税款所属时间：　　年　月　日至　　年　月　日　　　　　填表日期：　年　月　日

项目名称：　　　　　　　项目编号：　　　　金额单位:元至角分　　面积单位:平方米

纳税人识别号 □□□□□□□□□□□□□□□□□□□□

<table>
<tr><td rowspan="2">房产类型</td><td rowspan="2">房产类型子目</td><td colspan="4">收入</td><td rowspan="2">预征率/%</td><td rowspan="2">应纳税额</td><td colspan="2">税款缴纳</td></tr>
<tr><td>应税收入</td><td>货币收入</td><td>实物收入及其他收入</td><td>视同销售收入</td><td>本期已缴税额</td><td>本期应缴税额计算</td></tr>
<tr><td></td><td>1</td><td>2 = 3 + 4 + 5</td><td>3</td><td>4</td><td>5</td><td>6</td><td>7 = 2 × 6</td><td>8</td><td>9 = 7 − 8</td></tr>
<tr><td rowspan="2">普通住宅</td><td></td><td></td><td></td><td></td><td></td><td></td><td></td><td></td><td></td></tr>
<tr><td></td><td></td><td></td><td></td><td></td><td></td><td></td><td></td><td></td></tr>
<tr><td rowspan="2">非普通住宅</td><td></td><td></td><td></td><td></td><td></td><td></td><td></td><td></td><td></td></tr>
<tr><td></td><td></td><td></td><td></td><td></td><td></td><td></td><td></td><td></td></tr>
<tr><td rowspan="2">其他类型房地产</td><td></td><td></td><td></td><td></td><td></td><td></td><td></td><td></td><td></td></tr>
<tr><td></td><td></td><td></td><td></td><td></td><td></td><td></td><td></td><td></td></tr>
<tr><td>合计</td><td>—</td><td></td><td></td><td></td><td></td><td>—</td><td></td><td></td><td></td></tr>
<tr><td colspan="10">以下由纳税人填写：</td></tr>
<tr><td colspan="2">纳税人声明</td><td colspan="8">此纳税申报表是根据《中华人民共和国土地增值税暂行条例》及其实施细则和国家有关税收规定填报的,是真实的、可靠的、完整的。</td></tr>
<tr><td colspan="2">纳税人签章</td><td></td><td>代理人签章</td><td colspan="2"></td><td colspan="2">代理人身份证号</td><td colspan="2"></td></tr>
<tr><td colspan="10">以下由税务机关填写：</td></tr>
<tr><td colspan="2">受理人</td><td></td><td>受理日期</td><td colspan="2">年 月 日</td><td colspan="2">受理税务机关签章</td><td colspan="2"></td></tr>
</table>

本表一式两份,一份纳税人留存,另一份税务机关留存。

填表说明：

1. 本表适用于从事房地产开发并转让的土地增值税纳税人，在每次转让时填报，也可按月或按各省、自治区、直辖市和计划单列市地方税务局规定的期限汇总填报。

2. 凡从事新建房及配套设施开发的纳税人，均应在规定的期限内，据实向主管税务机关填报本表所列内容。

3. 本表栏目的内容如果没有，可以空置不填。

4. 纳税人在填报土地增值税预征申报表时，应同时向主管税务机关提交《土地增值税项目登记表》等有关资料。

5. 项目编号是在进行房地产项目登记时，税务机关按照一定的规则赋予的编号，此编号会跟随项目的预征清算全过程。

6. 表第 1 列“房产类型子目”是主管税务机关规定的预征率类型，每一个子目唯一对应一个房产类型。

7. 表第 3 栏“货币收入”，按纳税人转让房地产开发项目所取得的货币形态的收入额（不含增值税）填写。

8. 表第 4 栏“实物收入及其他收入”，按纳税人转让房地产开发项目所取得的实物形态的收入和无形资产等其他形式的收入额（不含增值税）填写。

9. 表第 5 栏“视同销售收入”，纳税人将开发产品用于职工福利、奖励、对外投资、分配给股东或投资人、抵偿债务、换取其他单位和个人的非货币性资产等，发生所有权转移时应视同销售房地产，其收入不含增值税。

10. 本表一式两份，送主管税务机关审核盖章后，一份由地方税务机关留存，另一份退纳税人。

土地增值税纳税申报表（二）
（从事房地产开发的纳税人清算适用）

税款所属时间：　　年　月　日至　　年　月　日　　　　　　填表日期：　　年　月　日

金额单位：元至角分　　　　　　　　　　　　　　　　　　　　面积单位：平方米

纳税人识别号 □□□□□□□□□□□□□□□□□□□□

纳税人名称		项目名称		项目编号		项目地址	
所属行业		登记注册类型		纳税人地址		邮政编码	
开户银行		银行账号		主管部门		电话	
总可售面积				自用和出租面积			
已售面积		其中：普通住宅已售面积		其中：非普通住宅已售面积		其中：其他类型房地产已售面积	

<table>
<tr><th colspan="2" rowspan="2">项目</th><th rowspan="2">行次</th><th colspan="4">金额</th></tr>
<tr><th>普通住宅</th><th>非普通住宅</th><th>其他类型房地产</th><th>合计</th></tr>
<tr><td colspan="2">一、转让房地产收入总额 1 = 2 + 3 + 4</td><td>1</td><td></td><td></td><td></td><td></td></tr>
<tr><td rowspan="3">其中</td><td>货币收入</td><td>2</td><td></td><td></td><td></td><td></td></tr>
<tr><td>实物收入及其他收入</td><td>3</td><td></td><td></td><td></td><td></td></tr>
<tr><td>视同销售收入</td><td>4</td><td></td><td></td><td></td><td></td></tr>
<tr><td colspan="2">二、扣除项目金额合计 5 = 6 + 7 + 14 + 17 + 21 + 22</td><td>5</td><td></td><td></td><td></td><td></td></tr>
<tr><td colspan="2">1. 取得土地使用权所支付的金额</td><td>6</td><td></td><td></td><td></td><td></td></tr>
<tr><td colspan="2">2. 房地产开发成本 7 = 8 + 9 + 10 + 11 + 12 + 13</td><td>7</td><td></td><td></td><td></td><td></td></tr>
</table>

续表

项目		行次	金额			
			普通住宅	非普通住宅	其他类型房地产	合计
其中	土地征用及拆迁补偿费	8				
	前期工程费	9				
	建筑安装工程费	10				
	基础设施费	11				
	公共配套设施费	12				
	开发间接费用	13				
3. 房地产开发费用 14 = 15 + 16		14				
其中	利息支出	15				
	其他房地产开发费用	16				
4. 与转让房地产有关的税金等 17 = 18 + 19 + 20		17				
其中	营业税	18				
	城市维护建设税	19				
	教育费附加	20				
5. 财政部规定的其他扣除项目		21				
6. 代收费用		22				
三、增值额 23 = 1 − 5		23				
四、增值额与扣除项目金额之比(%) 24 = 23 ÷ 5		24				
五、适用税率(%)		25				
六、速算扣除系数(%)		26				
七、应缴土地增值税税额 27 = 23 × 25 − 5 × 26		27				
八、减免税额 28 = 30 + 32 + 34		28				

续表

<table>
<tr><th colspan="3" rowspan="2">项目</th><th rowspan="2">行次</th><th colspan="4">金额</th></tr>
<tr><th>普通住宅</th><th>非普通住宅</th><th>其他类型房地产</th><th>合计</th></tr>
<tr><td rowspan="6">其中</td><td rowspan="2">减免税(1)</td><td>减免性质代码(1)</td><td>29</td><td></td><td></td><td></td><td></td></tr>
<tr><td>减免税额(1)</td><td>30</td><td></td><td></td><td></td><td></td></tr>
<tr><td rowspan="2">减免税(2)</td><td>减免性质代码(2)</td><td>31</td><td></td><td></td><td></td><td></td></tr>
<tr><td>减免税额(2)</td><td>32</td><td></td><td></td><td></td><td></td></tr>
<tr><td rowspan="2">减免税(3)</td><td>减免性质代码(3)</td><td>33</td><td></td><td></td><td></td><td></td></tr>
<tr><td>减免税额(3)</td><td>34</td><td></td><td></td><td></td><td></td></tr>
<tr><td colspan="3">九、已缴土地增值税税额</td><td>35</td><td></td><td></td><td></td><td></td></tr>
<tr><td colspan="3">十、应补(退)土地增值税税额 36 = 27 - 28 - 35</td><td>36</td><td></td><td></td><td></td><td></td></tr>
<tr><td colspan="8">以下由纳税人填写:</td></tr>
<tr><td colspan="2">纳税人声明</td><td colspan="6">此纳税申报表是根据《中华人民共和国土地增值税暂行条例》及其实施细则和国家有关税收规定填报的,是真实的、可靠的、完整的。</td></tr>
<tr><td colspan="2">纳税人签章</td><td></td><td colspan="2">代理人签章</td><td></td><td>代理人身份证号</td><td></td></tr>
<tr><td colspan="8">以下由税务机关填写:</td></tr>
<tr><td colspan="2">受理人</td><td></td><td colspan="2">受理日期</td><td>年 月 日</td><td>受理税务机关签章</td><td></td></tr>
</table>

本表一式两份,一份纳税人留存,另一份税务机关留存。

填表说明:

一、适用范围

土地增值税纳税申报表(二),适用从事房地产开发并转让的土地增值税纳税人。

二、土地增值税纳税申报表

(一)表头项目

1. 税款所属期是项目预征开始的时间,截止日期是税务机关规定(通知)申报期限的最后一日(应清算项目达到清算条件起 90 日的最后一日/可清算项目税务机关通知书送达起 90 日的最后一日)。

2. 纳税人识别号：填写税务机关为纳税人确定的识别号。

3. 项目名称：填写纳税人所开发并转让的房地产开发项目全称。

4. 项目编号：是在进行房地产项目登记时，税务机关按照一定的规则赋予的编号，此编号会跟随项目的预征清算全过程。

5. 所属行业：根据《国民经济行业分类》（GB/T 4754—2011）填写。该项可由系统根据纳税人识别号自动带出，无须纳税人填写。

6. 登记注册类型：单位，根据税务登记证或组织机构代码证中登记的注册类型填写；纳税人是企业的，根据国家统计局《关于划分企业登记注册类型的规定》填写。该项可由系统根据纳税人识别号自动带出，无须纳税人填写。

7. 主管部门：按纳税人隶属的管理部门或总机构填写。外商投资企业不填。

8. 开户银行：填写纳税人开设银行账户的银行名称；如果纳税人在多个银行开户的，填写其主要经营账户的银行名称。

9. 银行账号：填写纳税人开设的银行账户的号码；如果纳税人拥有多个银行账户的，填写其主要经营账户的号码。

（二）表中项目

1. 表第1栏“转让房地产收入总额”，按纳税人在转让房地产开发项目所取得的全部收入额（不含增值税）填写。

2. 表第2栏“货币收入”，按纳税人转让房地产开发项目所取得的货币形态的收入额（不含增值税）填写。

3. 表第3栏“实物收入及其他收入”，按纳税人转让房地产开发项目所取得的实物形态的收入和无形资产等其他形式的收入额（不含增值税）填写。

4. 表第4栏“视同销售收入”，纳税人将开发产品用于职工福利、奖励、对外投资、分配给股东或投资人、抵偿债务、换取其他单位和个人的非货币性资产等，发生所有权转移时应视同销售房地产，其收入不含增值税。

5. 表第6栏“取得土地使用权所支付的金额”，按纳税人为取得该房地产开发项目所需要的土地使用权而实际支付（补交）的土地出让金（地价款）及按国家统一规定交纳的有关费用的数额填写。

6. 表第8栏至表第13栏，应根据《中华人民共和国土地增值税暂行条例实施细则》（财法字〔1995〕6号，以下简称《细则》）规定的从事房地产开发所实际发生的各项开发成本的具体数额填写。

7. 表第15栏“利息支出”，按纳税人进行房地产开发实际发生的利息支出中符合《细则》第7条（三）规定的数额填写。如果不单独计算利息支出的，则本栏数额填写为“0”。

8. 表第16栏“其他房地产开发费用”，应根据《细则》第7条（三）的规定填写。

9. 表第18栏至表第20栏，按纳税人转让房地产时所实际缴纳的税金数额（不包括增值税）填写。

10. 表第21栏“财政部规定的其他扣除项目”，是指根据《中华人民共和国土地增值税暂行条例》（国务院令第138号，以下简称《条例》）和《细则》等有关规定所确定的财政部规定的扣除项目的合计数。

11. 表第22栏“代收费用”，应根据财政部、国家税务总局《关于土地增值税一些具体问题》（财税字〔1995〕48号）规定“对于县级及县级以上人民政府要求房地产开发企业在售房时代收的各项费用，如果代收费用是计入房价中向购买方一并收取的，可作为转让房地产所取得的收入计税；如果代收费用未计入房价中，而是在房价之外单独收取的，可以不作为转让房地产的收入。对于代收费用作为转让收入计税的，在计算扣除项目金额时，可予以扣除，但不允许作为加计20%扣除的基数；对于代收费用未作为转让房地产的收入计税的，在计算增值额时不允许扣除代收费用”填写。

12. 表第25栏“适用税率”，应根据《条例》规定的四级超率累进税率，按所适用的最高一级税率填写。

13. 表第26栏“速算扣除系数”，应根据《细则》第10条的规定找出相关速算扣除系数来填写。

14. 表第29、31、33栏“减免性质代码”：按照税务机关最新制发的减免税政策代码表中最细项减免性质代码填报。表第30、32、34栏“减免税额”填写相应“减免性质代码”对应的减免税金额，纳税人同时享受多个减免税政策应分别填写，不享受减免税的，不填写此项。

15. 表第35栏“已缴土地增值税税额”，按纳税人已经缴纳的土地增值税的数额填写。

16. 表中每栏按照“普通住宅、非普通住宅、其他类型房地产”分别填写。

土地增值税纳税申报表（三）
（非从事房地产开发的纳税人适用）

税款所属时间：　　年　月　日至　　年　月　日　　　　填表日期：　　年　月　日

金额单位：元至角分　　　　　　　　　　　　　　　　　　面积单位：平方米

纳税人识别号 □□□□□□□□□□□□□□□□□□□□

纳税人名称		项目名称			项目地址		
所属行业		登记注册类型		纳税人地址		邮政编码	
开户银行		银行账号		主管部门		电话	

<table>
<tr><th colspan="3">项目</th><th>行次</th><th>金额</th></tr>
<tr><td colspan="3">一、转让房地产收入总额 1 = 2 + 3 + 4</td><td>1</td><td></td></tr>
<tr><td rowspan="3">其中</td><td colspan="2">货币收入</td><td>2</td><td></td></tr>
<tr><td colspan="2">实物收入</td><td>3</td><td></td></tr>
<tr><td colspan="2">其他收入</td><td>4</td><td></td></tr>
<tr><td colspan="3">二、扣除项目金额合计
（1）5 = 6 + 7 + 10 + 15
（2）5 = 11 + 12 + 14 + 15</td><td>5</td><td></td></tr>
<tr><td rowspan="5">（1）提供评估价格</td><td colspan="2">1. 取得土地使用权所支付的金额</td><td>6</td><td></td></tr>
<tr><td colspan="2">2. 旧房及建筑物的评估价格 7 = 8 × 9</td><td>7</td><td></td></tr>
<tr><td rowspan="2">其中</td><td>旧房及建筑物的重置成本价</td><td>8</td><td></td></tr>
<tr><td>成新度折扣率</td><td>9</td><td></td></tr>
<tr><td colspan="2">3. 评估费用</td><td>10</td><td></td></tr>
<tr><td rowspan="4">（2）提供购房发票</td><td colspan="2">1. 购房发票金额</td><td>11</td><td></td></tr>
<tr><td colspan="2">2. 发票加计扣除金额 12 = 11 × 5% × 13</td><td>12</td><td></td></tr>
<tr><td colspan="2">其中：房产实际持有年数</td><td>13</td><td></td></tr>
<tr><td colspan="2">3. 购房契税</td><td>14</td><td></td></tr>
</table>

续表

<table>
<tr><td colspan="4">项目</td><td>行次</td><td colspan="2">金额</td></tr>
<tr><td colspan="4">4. 与转让房地产有关的税金等 15 = 16 + 17 + 18 + 19</td><td>15</td><td colspan="2"></td></tr>
<tr><td rowspan="4">其中</td><td colspan="3">营业税</td><td>16</td><td colspan="2"></td></tr>
<tr><td colspan="3">城市维护建设税</td><td>17</td><td colspan="2"></td></tr>
<tr><td colspan="3">印花税</td><td>18</td><td colspan="2"></td></tr>
<tr><td colspan="3">教育费附加</td><td>19</td><td colspan="2"></td></tr>
<tr><td colspan="4">三、增值额 20 = 1 − 5</td><td>20</td><td colspan="2"></td></tr>
<tr><td colspan="4">四、增值额与扣除项目金额之比（%）21 = 20 ÷ 5</td><td>21</td><td colspan="2"></td></tr>
<tr><td colspan="4">五、适用税率（%）</td><td>22</td><td colspan="2"></td></tr>
<tr><td colspan="4">六、速算扣除系数（%）</td><td>23</td><td colspan="2"></td></tr>
<tr><td colspan="4">七、应缴土地增值税税额 24 = 20 × 22 − 5 × 23</td><td>24</td><td colspan="2"></td></tr>
<tr><td colspan="4">八、减免税额（减免性质代码：________）</td><td>25</td><td colspan="2"></td></tr>
<tr><td colspan="4">九、已缴土地增值税税额</td><td>26</td><td colspan="2"></td></tr>
<tr><td colspan="4">十、应补（退）土地增值税税额 27 = 24 − 25 − 26</td><td>27</td><td colspan="2"></td></tr>
<tr><td colspan="7">以下由纳税人填写：</td></tr>
<tr><td>纳税人声明</td><td colspan="6">此纳税申报表是根据《中华人民共和国土地增值税暂行条例》及其实施细则和国家有关税收规定填报的，是真实的、可靠的、完整的。</td></tr>
<tr><td>纳税人签章</td><td></td><td>代理人签章</td><td></td><td colspan="2">代理人
身份证号</td><td></td></tr>
<tr><td colspan="7">以下由税务机关填写：</td></tr>
<tr><td>受理人</td><td></td><td>受理日期</td><td>年
月　日</td><td colspan="2">受理税务机关
签章</td><td></td></tr>
</table>

本表一式两份，一份纳税人留存，另一份税务机关留存。

填表说明：

一、适用范围

土地增值税纳税申报表（三）适用于非从事房地产开发的纳税人。该纳税人应在签订房地产转让合同后的 7 日内，向房地产所在地主管税务机关填报土地增值税纳税申报表（三）。

土地增值税纳税申报表(三)还适用于以下从事房地产开发的纳税人:将开发产品转为自用、出租等用途且已达到主管税务机关旧房界定标准后,又将该旧房对外出售的。

二、土地增值税纳税申报表(三)主要项目填表说明

(一)表头项目

1. 纳税人识别号:填写税务机关为纳税人确定的识别号。

2. 项目名称:填写纳税人转让的房地产项目全称。

3. 登记注册类型:单位,根据税务登记证或组织机构代码证中登记的注册类型填写;纳税人是企业的,根据国家统计局《关于划分企业登记注册类型的规定》填写。该项可由系统根据纳税人识别号自动带出,无须纳税人填写。

4. 所属行业:根据《国民经济行业分类》(GB/T 4754—2011)填写。该项可由系统根据纳税人识别号自动带出,无须纳税人填写。

5. 主管部门:按纳税人隶属的管理部门或总机构填写。外商投资企业不填。

(二)表中项目

土地增值税纳税申报表(三)的各主要项目内容,应根据纳税人转让的房地产项目作为填报对象。纳税人如果同时转让两个或两个以上房地产的,应分别填报。

1. 表第1栏"转让房地产收入总额",按纳税人转让房地产所取得的全部收入额(不含增值税)填写。

2. 表第2栏"货币收入",按纳税人转让房地产所取得的货币形态的收入额(不含增值税)填写。

3. 表第3、4栏"实物收入""其他收入",按纳税人转让房地产所取得的实物形态的收入和无形资产等其他形式的收入额(不含增值税)填写。

4. 表第6栏"取得土地使用权所支付的金额",按纳税人为取得该房地产开发项目所需要的土地使用权而实际支付(补交)的土地出让金(地价款)及按国家统一规定交纳的有关费用的数额填写。

5. 表第7栏"旧房及建筑物的评估价格",是指根据《中华人民共和国土地增值税暂行条例》(国务院令第138号,以下简称《条例》)和《中华人民共和国土地增值税暂行条例实施细则》(财法字〔1995〕6号,以下简称《细则》)等有关规定,按重置

成本法评估旧房及建筑物并经当地税务机关确认的评估价格的数额。本栏由第8栏与第9栏相乘得出。如果本栏数额能够直接根据评估报告填报,则本表第8、9栏可以不必再填报。

6. 表第8栏“旧房及建筑物的重置成本价”,是指按照《条例》和《细则》规定,由政府批准设立的房地产评估机构评定的重置成本价。

7. 表第9栏“成新度折扣率”,是指按照《条例》和《细则》规定,由政府批准设立的房地产评估机构评定的旧房及建筑物的新旧程度折扣率。

8. 表第10栏“评估费用”,是指纳税人转让旧房及建筑物时因计算纳税的需要而对房地产进行评估,其支付的评估费用允许在计算增值额时予以扣除。

9. 表第11栏“购房发票金额”,区分以下情形填写:提供营业税销售不动产发票的,按发票所载金额填写;提供增值税专用发票的,按发票所载金额与不允许抵扣进项税额合计金额数填写;提供增值税普通发票的,按照发票所载价税合计金额数填写。

10. 表第12栏“发票加计扣除金额”是指购房发票金额乘以房产实际持有年数乘以5%的积数。

11. 表第13栏“房产实际持有年数”是指,按购房发票所载日期起至售房发票开具之日止,每满12个月计一年;未满12个月但超过6个月的,可以视同为一年。

12. 表第14栏“购房契税”是指购房时支付的契税。

13. 表第15栏“与转让房地产有关的税金等”为表第16栏至表第19栏的合计数。

14. 表第16栏至表第19栏,按纳税人转让房地产时实际缴纳的有关税金的数额填写。开具营业税发票的,按转让房地产时缴纳的营业税数额填写;开具增值税发票的,第16栏营业税为0。

15. 表第22栏“适用税率”,应根据《条例》规定的四级超率累进税率,按所适用的最高一级税率填写。

16. 表第23栏“速算扣除系数”,应根据《细则》第10条的规定找出相关速算扣除系数填写。

土地增值税纳税申报表（四）
（从事房地产开发的纳税人清算后尾盘销售适用）

税款所属时间：　年　月　日至　年　月　日　　填表日期：　年　月　日

金额单位：元至角分　　面积单位：平方米

纳税人识别号 □□□□□□□□□□□□□□□□□□□□

纳税人名称		项目名称		项目编号		项目地址	
所属行业		登记注册类型		纳税人地址		邮政编码	
开户银行		银行账号		主管部门		电话	

项目		行次	金额			
			普通住宅	非普通住宅	其他类型房地产	合计
一、转让房地产收入总额 1 = 2 + 3 + 4		1				
其中	货币收入	2				
	实物收入及其他收入	3				
	视同销售收入	4				
二、扣除项目金额合计		5				
三、增值额 6 = 1 - 5		6				
四、增值额与扣除项目金额之比（%）7 = 6 ÷ 5		7				
五、适用税率（核定征收率）（%）		8				
六、速算扣除系数（%）		9				
七、应缴土地增值税税额 10 = 6 × 8 - 5 × 9		10				
八、减免税额 11 = 13 + 15 + 17		11				

续表

项目			行次	金额			
				普通住宅	非普通住宅	其他类型房地产	合计
其中	减免税(1)	减免性质代码(1)	12				
		减免税额(1)	13				
	减免税(2)	减免性质代码(2)	14				
		减免税额(2)	15				
	减免税(3)	减免性质代码(3)	16				
		减免税额(3)	17				
九、已缴土地增值税税额			18				
十、应补(退)土地增值税税额 19 = 10 − 11 − 18			19				

以下由纳税人填写:					
纳税人声明	此纳税申报表是根据《中华人民共和国土地增值税暂行条例》及其实施细则和国家有关税收规定填报的,是真实的、可靠的、完整的。				
纳税人签章		代理人签章		代理人身份证号	
以下由税务机关填写:					
受理人		受理日期	年 月 日	受理税务机关签章	

本表一式两份,一份纳税人留存,另一份税务机关留存。

填表说明:

一、适用范围

土地增值税纳税申报表(四),适用于从事房地产开发与建设的纳税人,在清算后尾盘销售时填报,各行次应按不同房产类型分别填写。

二、土地增值税纳税申报表

(一)表头项目

1. 纳税人识别号:填写税务机关为纳税人确定的识别号。

2. 项目名称：填写纳税人所开发并转让的房地产开发项目全称。

3. 项目编号：是在进行房地产项目登记时，税务机关按照一定的规则赋予的编号，此编号会跟随项目的预征清算全过程。

4. 所属行业：根据《国民经济行业分类》(GB/T 4754—2011)填写。该项可由系统根据纳税人识别号自动带出，无须纳税人填写。

5. 登记注册类型：单位，根据税务登记证或组织机构代码证中登记的注册类型填写；纳税人是企业的，根据国家统计局《关于划分企业登记注册类型的规定》填写。该项可由系统根据纳税人识别号自动带出，无须纳税人填写。

6. 主管部门：按纳税人隶属的管理部门或总机构填写。外商投资企业不填。

7. 开户银行：填写纳税人开设银行账户的银行名称；如果纳税人在多个银行开户的，填写其主要经营账户的银行名称。

8. 银行账号：填写纳税人开设的银行账户的号码；如果纳税人拥有多个银行账户的，填写其主要经营账户的号码。

(二)表中项目

1. 表第1栏"转让房地产收入总额"，按纳税人在转让房地产开发项目所取得的全部收入额(不含增值税)填写。

2. 表第2栏"货币收入"，按纳税人转让房地产开发项目所取得的货币形态的收入额(不含增值税)填写。

3. 表第3栏"实物收入及其他收入"，按纳税人转让房地产开发项目所取得的实物形态的收入和无形资产等其他形式的收入额(不含增值税)填写。

4. 表第4栏"视同销售收入"，纳税人将开发产品用于职工福利、奖励、对外投资、分配给股东或投资人、抵偿债务、换取其他单位和个人的非货币性资产等，发生所有权转移时应视同销售房地产，其收入不含增值税。

5. 表第5栏各类型"扣除项目金额合计"应为附表"清算后尾盘销售土地增值税扣除项目明细表"中对应的该类型扣除项目金额合计数额。

6. 表第8栏"适用税率"，应根据《中华人民共和国土地增值税暂行条例》(国务院令第138号)规定的四级超率累进税率，按所适用的最高一级税率填写。

7. 表第9栏"速算扣除系数"，应根据《中华人民共和国土地增值税暂行条例实施细则》（财法字〔1995〕6号）第十条的规定找出相关速算扣除系数来填写。

8. 表第12、14、16栏“减免性质代码”：按照税务机关最新制发的减免税政策代码表中最细项减免性质代码填报。表第13、15、17栏“减免税额”填写相应“减免性质代码”对应的减免税金额，纳税人同时享受多个减免税政策应分别填写，不享受减免税的，不填写此项。

9. 表第18栏“已缴土地增值税税额”，按纳税人已经缴纳的土地增值税的数额填写。

10. 表中每栏按照“普通住宅、非普通住宅、其他类型房地产”分别填写。

附表　清算后尾盘销售土地增值税扣除项目明细表

纳税人名称：
税款所属期：自　　年　月　日至　　年　月　日　　　　　填表日期：　年　月　日
金额单位：元至角分　　　　　　　　　　　　　　　　　　面积单位：平方米
纳税人识别号 □□□□□□□□□□□□□□□□□□□□

纳税人名称		项目名称		项目编号		项目地址	
所属行业		登记注册类型		纳税人地址		邮政编码	
开户银行		银行账号		主管部门		电话	
项目总可售面积		清算时已售面积		清算后剩余可售面积			
项目			行次	普通住宅	非普通住宅	其他类型房地产	合计
本次清算后尾盘销售的销售面积			1				
单位成本费用			2				—
扣除项目金额合计 3 = 1 × 2			3				—

续表

本次与转让房地产有关的营业税		本次与转让房地产有关的城市维护建设税		本次与转让房地产有关的教育费附加	
以下由纳税人填写：					
纳税人声明	此纳税申报表是根据《中华人民共和国土地增值税暂行条例》及其实施细则和国家有关税收规定填报的，是真实的、可靠的、完整的。				
纳税人签章		代理人签章		代理人身份证号	
以下由税务机关填写：					
受理人		受理日期	年 月 日	受理税务机关签章	

填表说明：

1. 本表适用于从事房地产开发与建设的纳税人，在清算后尾盘销售时填报。

2. 项目总可售面积应与纳税人清算时填报的总可售面积一致。

3. 清算时已售面积应与纳税人清算时填报的已售面积一致。

4. 清算后剩余可售面积 = 项目总可售面积 - 清算时已售面积。

5. 本表一式两份，送主管税务机关审核盖章后，一份由地方税务机关留存，另一份退纳税人。

土地增值税纳税申报表(五)
(从事房地产开发的纳税人清算方式为核定征收适用)

税款所属时间:　　年　月　日至　　年　月　日　　　　　填表日期:　　年　月　日

金额单位:元至角分　　　　　　　　　　　　　　　　　　面积单位:平方米

纳税人识别号 □□□□□□□□□□□□□□□□□□□□

纳税人名称		项目名称		项目编号		项目地址	
所属行业		登记注册类型		纳税人地址		邮政编码	
开户银行		银行账号		主管部门		电话	

项目		行次	金额			
			普通住宅	非普通住宅	其他类型房地产	合计
一、转让房地产收入总额		1				
其中	货币收入	2				
	实物收入及其他收入	3				
	视同销售收入	4				
二、扣除项目金额合计		5				
1. 取得土地使用权所支付的金额		6				
2. 房地产开发成本		7				
其中	土地征用及拆迁补偿费	8				
	前期工程费	9				
	建筑安装工程费	10				
	基础设施费	11				
	公共配套设施费	12				
	开发间接费用	13				

续表

<table>
<tr><th colspan="3" rowspan="2">项目</th><th rowspan="2">行次</th><th colspan="4">金额</th></tr>
<tr><th>普通住宅</th><th>非普通住宅</th><th>其他类型房地产</th><th>合计</th></tr>
<tr><td colspan="3">3. 房地产开发费用</td><td>14</td><td></td><td></td><td></td><td></td></tr>
<tr><td rowspan="2">其中</td><td colspan="2">利息支出</td><td>15</td><td></td><td></td><td></td><td></td></tr>
<tr><td colspan="2">其他房地产开发费用</td><td>16</td><td></td><td></td><td></td><td></td></tr>
<tr><td colspan="3">4. 与转让房地产有关的税金等</td><td>17</td><td></td><td></td><td></td><td></td></tr>
<tr><td rowspan="3">其中</td><td colspan="2">营业税</td><td>18</td><td></td><td></td><td></td><td></td></tr>
<tr><td colspan="2">城市维护建设税</td><td>19</td><td></td><td></td><td></td><td></td></tr>
<tr><td colspan="2">教育费附加</td><td>20</td><td></td><td></td><td></td><td></td></tr>
<tr><td colspan="3">5. 财政部规定的其他扣除项目</td><td>21</td><td></td><td></td><td></td><td></td></tr>
<tr><td colspan="3">6. 代收费用</td><td>22</td><td></td><td></td><td></td><td></td></tr>
<tr><td colspan="3">三、增值额</td><td>23</td><td></td><td></td><td></td><td></td></tr>
<tr><td colspan="3">四、增值额与扣除项目金额之比(%)</td><td>24</td><td></td><td></td><td></td><td></td></tr>
<tr><td colspan="3">五、适用税率(核定征收率)(%)</td><td>25</td><td></td><td></td><td></td><td></td></tr>
<tr><td colspan="3">六、速算扣除系数(%)</td><td>26</td><td></td><td></td><td></td><td></td></tr>
<tr><td colspan="3">七、应缴土地增值税税额</td><td>27</td><td></td><td></td><td></td><td></td></tr>
<tr><td colspan="3">八、减免税额 28 = 30 + 32 + 34</td><td>28</td><td></td><td></td><td></td><td></td></tr>
<tr><td rowspan="6">其中</td><td rowspan="2">减免税(1)</td><td>减免性质代码(1)</td><td>29</td><td></td><td></td><td></td><td></td></tr>
<tr><td>减免税额(1)</td><td>30</td><td></td><td></td><td></td><td></td></tr>
<tr><td rowspan="2">减免税(2)</td><td>减免性质代码(2)</td><td>31</td><td></td><td></td><td></td><td></td></tr>
<tr><td>减免税额(2)</td><td>32</td><td></td><td></td><td></td><td></td></tr>
<tr><td rowspan="2">减免税(3)</td><td>减免性质代码(3)</td><td>33</td><td></td><td></td><td></td><td></td></tr>
<tr><td>减免税额(3)</td><td>34</td><td></td><td></td><td></td><td></td></tr>
<tr><td colspan="3">九、已缴土地增值税税额</td><td>35</td><td></td><td></td><td></td><td></td></tr>
<tr><td colspan="3">十、应补(退)土地增值税税额 36 = 27 − 28 − 35</td><td>36</td><td></td><td></td><td></td><td></td></tr>
</table>

续表

以下由纳税人填写:					
纳税人声明	此纳税申报表是根据《中华人民共和国土地增值税暂行条例》及其实施细则和国家有关税收规定填报的,是真实的、可靠的、完整的。				
纳税人签章		代理人签章		代理人身份证号	
以下由税务机关填写:					
受理人		受理日期	年 月 日	受理税务机关签章	

本表一式两份,一份纳税人留存,另一份税务机关留存。

填表说明:

一、适用范围

土地增值税纳税申报表(五),适用于从事房地产开发与建设的纳税人,清算方式为核定征收时填报,各行次应按不同房产类型分别填写。纳税人在填报土地增值税纳税中报表(五)时,应同时提交税务机关出具的核定文书。

二、土地增值税纳税申报表

(一)表头项目

1. 纳税人识别号:填写税务机关为纳税人确定的识别号。

2. 项目名称:填写纳税人所开发并转让的房地产开发项目全称。

3. 项目编号:是在进行房地产项目登记时,税务机关按照一定的规则赋予的编号,此编号会跟随项目的预征清算全过程。

4. 所属行业:根据《国民经济行业分类》(GB/T 4754—2011)填写。该项可由系统根据纳税人识别号自动带出,无须纳税人填写。

5. 登记注册类型:单位,根据税务登记证或组织机构代码证中登记的注册类型填写;纳税人是企业的,根据国家统计局《关于划分企业登记注册类型的规定》填写。该项可由系统根据纳税人识别号自动带出,无须纳税人填写。

6. 主管部门:按纳税人隶属的管理部门或总机构填写。外商投资企业不填。

7. 开户银行:填写纳税人开设银行账户的银行名称;如果纳税人在多个银行开户的,填写其主要经营账户的银行名称。

8. 银行账号：填写纳税人开设的银行账户的号码；如果纳税人拥有多个银行账户的，填写其主要经营账户的号码。

（二）表中项目按税务机关出具的核定文书要求填写。

土地增值税纳税申报表（六）
（纳税人整体转让在建工程适用）

税款所属时间：　年　月　日至　年　月　日　　填表日期：　年　月　日

金额单位：元至角分　　面积单位：平方米

纳税人识别号 □□□□□□□□□□□□□□□□□□□□

纳税人名称		项目名称		项目编号		项目地址	
所属行业		登记注册类型		纳税人地址		邮政编码	
开户银行		银行账号		主管部门		电话	
项目					行次	金额	
一、转让房地产收入总额 1 = 2 + 3 + 4					1		
其中	货币收入				2		
	实物收入及其他收入				3		
	视同销售收入				4		
二、扣除项目金额合计 5 = 6 + 7 + 14 + 17 + 21					5		
1. 取得土地使用权所支付的金额					6		
2. 房地产开发成本 7 = 8 + 9 + 10 + 11 + 12 + 13					7		
其中	土地征用及拆迁补偿费				8		
	前期工程费				9		
	建筑安装工程费				10		
	基础设施费				11		
	公共配套设施费				12		
	开发间接费用				13		

续表

<table>
<tr><td colspan="4">项目</td><td>行次</td><td>金额</td></tr>
<tr><td colspan="4">3.房地产开发费用 14=15+16</td><td>14</td><td></td></tr>
<tr><td rowspan="2">其中</td><td colspan="3">利息支出</td><td>15</td><td></td></tr>
<tr><td colspan="3">其他房地产开发费用</td><td>16</td><td></td></tr>
<tr><td colspan="4">4.与转让房地产有关的税金等 17=18+19+20</td><td>17</td><td></td></tr>
<tr><td rowspan="3">其中</td><td colspan="3">营业税</td><td>18</td><td></td></tr>
<tr><td colspan="3">城市维护建设税</td><td>19</td><td></td></tr>
<tr><td colspan="3">教育费附加</td><td>20</td><td></td></tr>
<tr><td colspan="4">5.财政部规定的其他扣除项目</td><td>21</td><td></td></tr>
<tr><td colspan="4">三、增值额 22=1-5</td><td>22</td><td></td></tr>
<tr><td colspan="4">四、增值额与扣除项目金额之比(%)23=22÷5</td><td>23</td><td></td></tr>
<tr><td colspan="4">五、适用税率(核定征收率)(%)</td><td>24</td><td></td></tr>
<tr><td colspan="4">六、速算扣除系数(%)</td><td>25</td><td></td></tr>
<tr><td colspan="4">七、应缴土地增值税税额 26=22×24-5×25</td><td>26</td><td></td></tr>
<tr><td colspan="4">八、减免税额(减免性质代码:________)</td><td>27</td><td></td></tr>
<tr><td colspan="4">九、已缴土地增值税税额</td><td>28</td><td></td></tr>
<tr><td colspan="4">十、应补(退)土地增值税税额 29=26-27-28</td><td>29</td><td></td></tr>
<tr><td colspan="6">以下由纳税人填写:</td></tr>
<tr><td>纳税人声明</td><td colspan="5">此纳税申报表是根据《中华人民共和国土地增值税暂行条例》及其实施细则和国家有关税收规定填报的,是真实的、可靠的、完整的。</td></tr>
<tr><td>纳税人签章</td><td></td><td>代理人签章</td><td></td><td>代理人
身份证号</td><td></td></tr>
<tr><td colspan="6">以下由税务机关填写:</td></tr>
<tr><td>受理人</td><td></td><td>受理日期</td><td>年
月 日</td><td>受理税务机关
签章</td><td></td></tr>
</table>

填表说明：

一、适用范围

土地增值税纳税申报表(六)，适用于从事房地产开发与建设的纳税人，及非从事房地产开发的纳税人，在整体转让在建工程时填报，数据应填列至其他类型房地产类型中。

二、土地增值税纳税申报表

(一)表头项目

1. 纳税人识别号：填写税务机关为纳税人确定的识别号。

2. 项目名称：填写纳税人所开发并转让的房地产开发项目全称。

3. 项目编号：是在进行房地产项目登记时，税务机关按照一定的规则赋予的编号，此编号会跟随项目的预征清算全过程。

4. 所属行业：根据《国民经济行业分类》(GB/T 4754—2011)填写。该项可由系统根据纳税人识别号自动带出，无须纳税人填写。

5. 登记注册类型：单位，根据税务登记证或组织机构代码证中登记的注册类型填写；纳税人是企业的，根据国家统计局《关于划分企业登记注册类型的规定》填写。该项可由系统根据纳税人识别号自动带出，无须纳税人填写。

6. 主管部门：按纳税人隶属的管理部门或总机构填写。外商投资企业不填。

7. 开户银行：填写纳税人开设银行账户的银行名称；如果纳税人在多个银行开户的，填写其主要经营账户的银行名称。

8. 银行账号：填写纳税人开设的银行账户的号码；如果纳税人拥有多个银行账户的，填写其主要经营账户的号码。

(二)表中项目

1. 表第1栏"转让房地产收入总额"，按纳税人在转让房地产开发项目所取得的全部收入额(不含增值税)填写。

2. 表第2栏"货币收入"，按纳税人转让房地产开发项目所取得的货币形态的收入额(不含增值税)填写。

3. 表第3栏"实物收入及其他收入"，按纳税人转让房地产开发项目所取得的实物形态的收入和无形资产等其他形式的收入额(不含增值税)填写。

4. 表第4栏“视同销售收入”,纳税人将开发产品用于职工福利、奖励、对外投资、分配给股东或投资人、抵偿债务、换取其他单位和个人的非货币性资产等,发生所有权转移时应视同销售房地产,其收入不含增值税。

5. 表第6栏“取得土地使用权所支付的金额”,按纳税人为取得该房地产开发项目所需要的土地使用权而实际支付(补交)的土地出让金(地价款)及按国家统一规定交纳的有关费用的数额填写。

6. 表第8栏至表第13栏,应根据《中华人民共和国土地增值税暂行条例实施细则》(财法字〔1995〕6号,以下简称《细则》)规定的从事房地产开发所实际发生的各项开发成本的具体数额填写。

7. 表第15栏“利息支出”,按纳税人进行房地产开发实际发生的利息支出中符合《细则》第7条(三)规定的数额填写。如果不单独计算利息支出的,则本栏数额填写为“0”。

8. 表第16栏“其他房地产开发费用”,应根据《细则》第7条(三)的规定填写。

9. 表第18栏至表第20栏,按纳税人转让房地产时所实际缴纳的税金数额(不包括增值税)填写。

10. 表第21栏“财政部规定的其他扣除项目”,是指根据《中华人民共和国土地增值税暂行条例》(国务院令第138号,以下简称《条例》)和《细则》等有关规定所确定的财政部规定的扣除项目的合计数。

11. 表第24栏“适用税率”,应根据《条例》规定的四级超率累进税率,按所适用的最高一级税率填写。

12. 表第25栏“速算扣除系数”,应根据《细则》第10条的规定找出相关速算扣除系数来填写。

13. 表第27栏“减免性质代码”:按照税务机关最新制发的减免税政策代码表中的最细项减免性质代码填报。

14. 表第28栏“已缴土地增值税税额”,按纳税人已经缴纳的土地增值税的数额填写。

15. 数据应填列至其他类型房地产类型中。

土地增值税纳税申报表（七）
（非从事房地产开发的纳税人核定征收适用）

税款所属时间：　　年　月　日至　　年　月　日　　　　　　填表日期：　　年　月　日

金额单位：元至角分　　　　　　　　　　　　　　　　　　　　面积单位：平方米

纳税人识别号 □□□□□□□□□□□□□□□□□□□□

<table>
<tr><td>纳税人名称</td><td></td><td>项目名称</td><td colspan="2"></td><td>项目地址</td><td colspan="2"></td></tr>
<tr><td>所属行业</td><td></td><td>登记注册类型</td><td></td><td>纳税人地址</td><td></td><td>邮政编码</td><td></td></tr>
<tr><td>开户银行</td><td></td><td>银行账号</td><td></td><td>主管部门</td><td></td><td>电话</td><td></td></tr>
<tr><td colspan="5">项目</td><td>行次</td><td colspan="2">金额</td></tr>
<tr><td colspan="5">一、转让房地产收入总额</td><td>1</td><td colspan="2"></td></tr>
<tr><td rowspan="3">其中</td><td colspan="4">货币收入</td><td>2</td><td colspan="2"></td></tr>
<tr><td colspan="4">实物收入</td><td>3</td><td colspan="2"></td></tr>
<tr><td colspan="4">其他收入</td><td>4</td><td colspan="2"></td></tr>
<tr><td colspan="5">二、扣除项目金额合计</td><td>5</td><td colspan="2"></td></tr>
<tr><td rowspan="5">（1）提供评估价格</td><td colspan="4">1. 取得土地使用权所支付的金额</td><td>6</td><td colspan="2"></td></tr>
<tr><td colspan="4">2. 旧房及建筑物的评估价格</td><td>7</td><td colspan="2"></td></tr>
<tr><td rowspan="2">其中</td><td colspan="3">旧房及建筑物的重置成本价</td><td>8</td><td colspan="2"></td></tr>
<tr><td colspan="3">成新度折扣率</td><td>9</td><td colspan="2"></td></tr>
<tr><td colspan="4">3. 评估费用</td><td>10</td><td colspan="2"></td></tr>
<tr><td rowspan="4">（2）提供购房发票</td><td colspan="4">1. 购房发票金额</td><td>11</td><td colspan="2"></td></tr>
<tr><td colspan="4">2. 发票加计扣除金额</td><td>12</td><td colspan="2"></td></tr>
<tr><td colspan="4">其中：房产实际持有年数</td><td>13</td><td colspan="2"></td></tr>
<tr><td colspan="4">3. 购房契税</td><td>14</td><td colspan="2"></td></tr>
</table>

续表

<table>
<tr><th colspan="4">项目</th><th>行次</th><th>金额</th></tr>
<tr><td colspan="4">4. 与转让房地产有关的税金等</td><td>15</td><td></td></tr>
<tr><td rowspan="4">其中</td><td colspan="3">营业税</td><td>16</td><td></td></tr>
<tr><td colspan="3">城市维护建设税</td><td>17</td><td></td></tr>
<tr><td colspan="3">印花税</td><td>18</td><td></td></tr>
<tr><td colspan="3">教育费附加</td><td>19</td><td></td></tr>
<tr><td colspan="4">三、增值额</td><td>20</td><td></td></tr>
<tr><td colspan="4">四、增值额与扣除项目金额之比(%)</td><td>21</td><td></td></tr>
<tr><td colspan="4">五、适用税率(核定征收率)(%)</td><td>22</td><td></td></tr>
<tr><td colspan="4">六、速算扣除系数(%)</td><td>23</td><td></td></tr>
<tr><td colspan="4">七、应缴土地增值税税额</td><td>24</td><td></td></tr>
<tr><td colspan="4">八、减免税额(减免性质代码：________)</td><td>25</td><td></td></tr>
<tr><td colspan="4">九、已缴土地增值税税额</td><td>26</td><td></td></tr>
<tr><td colspan="4">十、应补(退)土地增值税税额 27 = 24 - 25 - 26</td><td>27</td><td></td></tr>
<tr><td colspan="6">以下由纳税人填写：</td></tr>
<tr><td>纳税人声明</td><td colspan="5">此纳税申报表是根据《中华人民共和国土地增值税暂行条例》及其实施细则和国家有关税收规定填报的，是真实的、可靠的、完整的。</td></tr>
<tr><td>纳税人签章</td><td></td><td>代理人签章</td><td></td><td>代理人
身份证号</td><td></td></tr>
<tr><td colspan="6">以下由税务机关填写：</td></tr>
<tr><td>受理人</td><td></td><td>受理日期</td><td>年
月　日</td><td>受理税务机关
签章</td><td></td></tr>
</table>

本表一式两份，一份纳税人留存，另一份税务机关留存。

填表说明：

一、适用范围

土地增值税纳税申报表(七)适用于非从事房地产开发的纳税人，清算方式为核定征收时填报。该纳税人应在签订房地产转让合同后的 7 日内，向房地产所在地主管税务机关填报土地增值税纳税申报表(七)。

土地增值税纳税申报表(七)还适用于以下从事房地产开发的纳税人核定征收时填报:将开发产品转为自用、出租等用途且已达到主管税务机关旧房界定标准后,又将该旧房对外出售的。

纳税人在填报土地增值税纳税申报表(七)时,应同时提交税务机关出具的核定文书。

二、土地增值税纳税申报表(七)主要项目填表说明

(一)表头项目

1. 纳税人识别号:填写税务机关为纳税人确定的识别号。

2. 项目名称:填写纳税人转让的房地产项目全称。

3. 登记注册类型:单位,根据税务登记证或组织机构代码证中登记的注册类型填写;纳税人是企业的,根据国家统计局《关于划分企业登记注册类型的规定》填写。该项可由系统根据纳税人识别号自动带出,无须纳税人填写。

4. 所属行业:根据《国民经济行业分类》(GB/T 4754—2011)填写。该项可由系统根据纳税人识别号自动带出,无须纳税人填写。

5. 主管部门:按纳税人隶属的管理部门或总机构填写。外商投资企业不填。

(二)表中项目按税务机关出具的核定文书要求填写。